그런즉 너희는 먼저 그의 나라와 그의 의를 구하라
그리하면 이 모든 것을 너희에게 더하시리라
마태복음 6:33

알고 싶어요 하나님의 나라

지은이 | 손기철
초판 발행 | 2013년 9월 5일
10쇄 발행 | 2025. 9. 13

등록번호 | 제3-203호
등록된 곳 | 서울특별시 용산구 서빙고동 95번지
발행처 | 사단법인 두란노서원
영업부 | 2078-3333 FAX 080-749-3705
출판부 | 2078-3477

책 값은 뒤표지에 있습니다.
ISBN 978-89-531-1967-3 03230

편집부에서 독자의 의견을 기다립니다.
tpress@duranno.com   http://www.Duranno.com

두란노서원은 바울 사도가 3차 전도여행 때 에베소에서 성령 받은 제자들을 따로 세워 하나님의 말씀으로 양육하던 장소입니다. 사도행전 19장 8-20절의 정신에 따라 첫째 목회자를 돕는 사역과 평신도를 훈련시키는 사역, 둘째 세계선교(TIM)와 문서선교(단행본·잡지) 사역, 셋째 예수문화 및 경배와 찬양 사역, 그리고 가정·상담 사역 등을 감당하고 있습니다. 1980년 12월 22일에 창립된 두란노서원은 주님 오실 때까지 이 사역들을 계속할 것입니다.

알고싶어요

하나님의 나라

손기철

두란노

추천의 글

신앙생활이란 무엇일까? 그것은 하나님나라의 백성으로 사는 삶이다. 그렇다면 신앙생활을 잘하기 위해서 우리는 '하나님의 나라'가 무엇인지를 바로 알아야 하고, 하나님나라의 '백성으로 사는 삶'이 무엇인지를 바로 이해해야 한다. 손기철 장로의 《알고 싶어요 하나님의 나라》와 《알고 싶어요 하나님의 의》는 이러한 질문에 자세하고 설득력 있는 대답을 제시하고 있다. 그리고 오늘날 한국 교회 신자들의 신앙생활의 문제점들을 하나하나 짚어 나가며 나름대로의 건전한 방향 설정을 위해 노력한 흔적이 보인다. 수없이 많이 인용한 성경 구절의 기초 위에 저자의 신앙적 체험이 든든한 버팀목이 되어, 읽는 이들의 마음에 잔잔한 감동과 결단을 선물하는 책이다.

• 문성모 | 서울장신대학교 총장

손기철 장로님은 최근 한국 교회에 새로운 치유운동을 일으키신 분이다. 과거 한국 교회에는 김익두 목사님과 같은 위대한 치유사역자가 계셨고, 해방 후에도 조용기 목사님을 비롯하여 많은 분이 치유사역을 하셨다. 하지만 최근에는 한국 교회의 침체 가운데 치유사역도 많이 약해진 것 같아 안타깝다. 손 장로님은 이와 같은 현실 속에서 치유운동의 맥을 이으며 한국 교회에 많은 은혜를 끼치고 있어 매우 기쁘게 생각한다.

　손 장로님의 치유사역은 '하나님의 나라와 의' 사상에 근거하고 있는데, 이번에 이에 대한 귀한 책을 출판하셨다. 이 책은 무엇보다도 성경적이고, 체험적이고, 명료하다는 특징을 갖고 있다. 틀에 박힌 교리의 나열이 아니라 본인의 체험적인 확신이 녹아 있어서 더 큰 감동이 된다.

• 박명수 | 서울신학대학교 신학과 교수

이 책은 많은 사람들에게 충격으로 다가올 것이다. 그 동안 우리가 당연히 여겨왔던 믿음의 주제들에 대해서 심각한 재고를 요구하기 때문이다. 저자는 예수 믿고 천국에 소망을 두고 살아가는 것이 기독교의 핵심이 아니라, 하나님나라의 회복과 하나님나라 복음의 실현이 바로 기독교라고 말하면서 중요한 믿음의 주제들을 '하나님나라'의 관점에서 풀어나가고 있다. 저자가 말하는 것처럼 그동안 우리는 너무나 축소되고 제한된 복음을 말해 왔다. 복음이 나를 구원하는 기쁜 소식이 되긴 했지만, 세상을 바꾸는 하나님나라의 복음이 되기에는 너무나도 우리의 이해가 소극적이고 이기적이었다. 그래서 많은 교회들이 성장했지만 하나님나라를 추구하고 있지 않기 때문에 점점 더 악해지고 있는 세상에서 교회는 무기력할 수밖에 없었다. 우리에게 필요한 것은 내세중심의 도피적인 신앙이 아니라 지금 이 세상을 하나님의 통치 아래로 바꾸는 적극적인 신앙이다. 비록 저자의 모든 포인트에 동의하지 않을지라도, 우리는 저자의 결론을 귀담아 들을 필요가 있다. 바로 '킹덤 멘털리티'이다. 그것은 하나님나라의 현재적 삶과 더불어 천국에 대한 소망을 동시에 가지고 이 세상을 하나님의 나라로 변화시키는 진정한 하나님의 백성들이 갖는 세계관이다. 이 세계관을 올바로 이해하기 위해서 모든 그리스도인들이 반드시 읽어야 할 책이다.

・**송민호** | 토론토영락교회 담임목사

많은 사람이 저에게 손기철 장로님과 월요치유집회에 대해 묻습니다. 제 목회 스타일과 신학적인 입장이 일치하는 것도 아닌 것 같고, 저희 교회 장로님도 아니고, 교회 안팎에서 이런저런 소리가 많은데도 매주 집회를 하도록 허락한 이유가 궁금한 모양입니다. 그 질문에 대해서 저는 이렇게 대답합니다.

"첫째는 제게 없는 은사가 손기철 장로님께 있기 때문이고, 둘째는 이런 은사사역일수록 교회 안에서 품고 검증하면서 사역하도록 하는 것이 한국 교회에 유익하다고 생각했기 때문입니다."

그러던 중에 이번에 출간된 책을 통해 손기철 장로님의 신앙과 신학에 대해 좀 더 구체적으로 소개해 드릴 수 있어서 기쁩니다. 이제는 제게 손기철 장로님이 어떤 분이냐고 질문하는 분들에게 이 책을 추천해 드릴 것입니다. 손기철 장로님은 이 책을 통해 자신의 사역에 대한 신학적 배경과 소명에 대해 공개적으로 밝힌 것으로 이해가 됩니다. 그래서 누구나 장로님에 대해 잘 이해할 수 있게 된 것이 기쁩니다. 그리고 활발한 신학적 성경적 논의가 이어지기를 기대합니다. 저도 이 책을 읽으면서 손기철 장로님께서 어떤 신학적인 배경에서 치유사역을 하시는지 잘 알게 되었습니다. 손기철 장로님은 스스로도 고백했지만 치유사역자이기보다는 하나님나라의 복음 전도자입니다. 책을 통해 하나님나라에 대한 손기철 장로님의 확고한 믿음과 사명감에 깊이 공감할 수 있었습니다.

이 책은 그저 하나님의 나라라는 주제에 대한 피상적인 견해를 기술한 책이 아닙니다. 상당히 깊은 성경 연구와 여러 책을 통해 검토를 거친 것입니다. 그래서 더욱 소중한 책이라 여겨지며, 저 역시 이 책을 통해 하나님의 나라에 대한 연구에 큰 도움을 받았음에 감사합니다.

• **유기성** | 선한목자교회 담임목사

성경 속에 나타난 하나님의 나라는 많은 경우 '죽음 이후 우리가 누리게 될 영원한 하나님의 나라'를 뜻하지만, 때로는 예수 그리스도를 믿는 바로 그 순간부터 '우리의 삶에 임한 하나님의 나라'를 뜻하기도 합니다. 그래서 신학자들은 하나님나라가 '이미 임한, 그러나 아직'이라는 이중적인 특징이 있음을 강조합니다. 그런데 지금까지 한국의 많은 교회가 죽음 이후 우리가 누리게 될 천국은 많이 강조해 왔지만, 현재 이 땅에 사는 동안 우리가 체험하고 누려야 할 하나님의 나라에 대해서는 다소 소홀히 다루어 왔습니다. 그 결과 많은 평신도가 하나님나라에 대한 편향된 이해를 갖고 신앙생활을 하게 되었습니다. 감사하게도 손기철 장로님이 쓰신《알고 싶어요 하나님의 나라》는 하나님나라의 현재성에 대해서 강조함으로써 하나님나라에 대한 인식을 균형 있게 잡아줄 뿐 아니라, 쉬운 언어로 쓰여 있어 특별히 평신도들의 하나님나라 이해에 많은 도움을 주리라 기대합니다.

• **이영훈** | 여의도순복음교회 담임목사

손기철 장로님은 온누리교회 장로로서 교회 공동체를 섬기는 종뿐만 아니라 세상 속에서 복음을 전하는 종으로서의 사명을 충실하게 감당하고 계시는 분입니다. 2013년 온누리교회의 표어가 "먼저 그의 나라와 그의 의를 구하라"(마 6:33)인데 손 장로님께서 하나님의 나라에 대한 책을 쓰신 것은 이 말씀에 대한 구체적인 실천이라고 생각할 수 있겠습니다. 예수님은 분명히 하나님의 나라가 임했다고 말씀하셨지만 이 땅에 임한 하나님의 나라를 체험하고 그 나라의 백성으로 살고 있는 사람들은 많지 않습니다. 심지어 교회 공동체 안에서도 끊임없이 전해야 할 소식은 여전히 하나님나라의 복음입니다. 이 땅에서 예수님의 하나님나라 사역은 '가르치고, 전파하고, 치유하시는' 사역이었습니다. 이 책은 예수님이 전하신 하나님나라에 대하여 가르치고, 하나님나라를 전파하고, 하나님나라의 치유의 권능에 대하여 이야기하고 있습니다. 성경 시대 문화권에 갇힌 하나님의 나라가 아니고, 죽어서야 비로소 만나는 하나님의 나라가 아니라 현재 세상 속에서 살아 역사하시는 하나님나라의 실재를 증거하고 있습니다. 오늘 이 시대의 공허한 신비주의나 편협한 교리주의는 하나님나라의 복음을 체험하지 못하게 막는 걸림돌입니다. 이 책을 통해 하나님나라 복음의 실재와 능력을 다시 한번 체험할 수 있기를 기대하며 추천합니다.

• **이재훈** | 온누리교회 담임목사

러시아 화가인 바실리 칸딘스키는 "19세기가 '이것이냐 저것이냐'(or)의 세기였다면, 20세기는 '와'(and)의 세기가 될 것이다"라고 말했다. 시간이 갈수록 이 말이 참 마음에 든다. 'A or B'라며 한 가지를 선택하고 다른 한 가지를 버리는 것이 아니라 'A and B'로서 두 가지를 모두 가지고 갈 수는 없을까?

기독교계, 특히 한국의 기독교계에서는 오랜 동안 'A or B'의 상태가 지속됐다. A는 말씀이요, B는 성령이다. 말씀과 성령이 함께 가야 하는 것이 분명한데도 현실에서는 말씀과 성령이 분리됐다. 소위 '말씀파'는 성령을 무시했고, '성령파'는 말씀에 소홀했다. 그럼으로써 한국 교회에 사탄이 뿌려 놓은 거짓이 만연하게 됐다. "자, 이제 선택하라. A를 택할 것인가, B를 택할 것인가?" 사탄의 소리가 들리는 듯하다. 'A or B'의 세계 속에서 한국 교회는 많이 약해졌다. 이제 우리는 "'A and B'의 삶도 가능하다"고 말해야 한다. 말씀과 성령이 온전한 조화를 이룰 때, 하나님의 나라는 더욱 견고히 설 것이다. 지금도 한국 교회 곳곳에서 'A or B'의 선택을 거부하고, 'A and B'가 더불어 갈 수 있음을 실증하고 있는 사람들이 많다. 그것이 우리에겐 희망이요, 사탄에겐 절망이다.

내가 보기에 손기철 장로님은 지금 자신의 삶을 던져 말씀과 성령, 즉 'A and B'의 융합이 가능하다는 사실을 증거하고 있다. 그것은 현실에선 위험한 시도일 수 있지만 하나님나라를 위해선 유익한 실험이다. 나는 손 장로님을 치유사역자로만 한정짓는 데 반대한다. 수차례 인터뷰와 만남을 통해서 나는 그가 '하나님나라의 복음'을 전하는 데 얼마나 매진하고 있는지를 알게 됐다. 그는 우리가 복음을, 하나님나라를 너무나 내세적으로 보고 있음을 안타까워했다. 분명하게 "예수님이 전한 복음은 하나님나라의 복음"이라면서 "죽은 뒤에 가는 그 나라만이 아니라 바로 우리가 살고 있는 이 세계 역시 하나님나라라는 사실을 알아야 한다"고 강조했다.

내가 아는 한 손 장로님은 교회를 배척하고 자신의 왕국을 건설하려는 사이비 치유사역자가 아니다. 그의 가슴에는 언제나 교회가 있다. 그에 따르면, 현세에 도래한 하나님나라와 미래에 가게 될 하나님나라가 균형을 잡아야 하는데 거기서 가장 중요한 것이 교회다. 성도가 교회를 통해 현세에서 하나님나라의 삶을 살도록 하는 것이 바로 하나님의 뜻이라는 것이다.

《알고 싶어요 하나님의 나라》와 《알고 싶어요 하나님의 의》, 이 두 책에는 손 장로님이 늘 주창하는 '하나님나라의 복음'에 대한 내용이 자세히 들어 있다. '하나님의 나라'와 '하나님의 의'에 대한 저자의 생각을 나눌 수 있는 귀한 책이다. 바라기는 이 책을 통해서 한국 교회 내에 'A and B'의 정신이 확산되기를 바란다. 존중하는 마음으로 이 책을 읽는다면 A의 진영이나, B의 진영 모두에게 큰 도움이 되리라 믿는다. 그래서 결국 우리 모두 진영 밖으로 나와 '하나님나라의 복음'으로 인한 '킹덤 멘털리티'를 가지고 서로를 부둥켜안게 될 것을 소망해 본다.

• **이태형** | 국민일보기독교연구소 소장,《더 있다》저자

《알고 싶어요 하나님의 나라》는 한국 교회를 향한 하나님의 심정과 예수님의 사랑 그리고 성령님의 감동을 담은 거룩한 저서입니다. 이 책은 삼위일체 하나님을 철저하게 거역하다가 '다메섹' 경험을 한 손기철 장로님이 성령님의 임재와 역사 가운데 수행하는 사역의 실천적 고백서입니다. 동시에 창세기부터 요한계시록을 관통하는 대 주제 '하나님의 나라'에 관한 조직신학서이기도 합니다.

구약의 유대민족이 '하나님의 나라'를 그토록 갈망하면서도 잘못 이해하고 있었다면, 오늘의 그리스도인들 역시 '하나님의 나라'를 참으로 앙망하면서도 무지 가운데 헤매고 있지는 않습니까? 왜 그럴까요? 율법과 전통과 학식과 지도력 등에 있어서 당시 최상의 본(本)이 되었던 니고데모가 그토록 기다리던 '하나님의 나라'였지만 볼 수 없었고 들어갈 수 없었다면, 성경의 복음을 철저하게 믿고 있는 오늘의 교인들 역시 니고데모와 같지는 않습니까? 왜 그럴까요?

저는 이 책을 읽을 때 위의 질문들에 대한 답을 찾을 수 있다고 봅니다. 마틴 루터의 복음을 넘어 예수 그리스도의 복음을 바로 이해할 수 있을 것입니다. 저자처럼 하나님나라를 볼 수 있을 뿐만 아니라 보여줄 수도 있을 것입니다. 이 시대, 특별히 위기에 직면한 우리 한국 교회를 위하여 간절히 기도하는 목회자와 평신도들이, 하나님나라의 복음에 관한 성경의 가르침을 배울 수 있을 뿐만 아니라 경험하고 누릴 수 있는 귀한 안내서가 될 것이라고 확신합니다.

• **임승안** | 나사렛대학교 전 총장, 아시아태평양나사렛신학대학원 총장 내정자

손기철 장로는 매주 월요일 치유집회를 인도한다. 성령의 나타나심을 통해서 수많은 사람이 예수님을 마음의 주인으로 모시고, 질병을 치유 받고 귀신의 얽매임에서 벗어나고 있다. 성령의 역사가 나타난다는 것은 하나님의 나라가 임재했다는 증거다. 예수님이 공생애를 시작하실 때 첫 번째 메시지가 "하나님의 나라가 가까이 왔으니"(막 1:15)였고, 승천하시기 전 40일 동안 사람들에게 보이시며 주신 메시지도 '하나님 나라의 일'(행 1:3)에 관한 것이었다. 예수님의 사역 가운데 하나님의 나라는 일괄되게 흐르는 가장 중요한 주제였다. 하나님의 나라란 하나님의 주권과 통치를 말하는 것이다. 우리는 믿는 순간부터 하나님께서 은혜와 진리와 사랑으로 통치하시는 나라의 백성이 된다. 그런데 이러한 하나님의 나라에 대해서 잘못 이해하고, 특히 천국을 사후의 축복으로만 착각하는 많은 사람들을 만날 때 손 장로는 몹시 안타까워 했다. 이것이 이 책을 쓰게 된 동기 가운데 하나이다.

저자는 하나님나라의 원형을 에덴동산으로 이해하고 있다. 아담과 하와는 에덴동산에서 놀라운 복을 받았는데 범죄로 인하여 하나님나라의 통치권과 복을 사탄에게 빼앗기고 말았다. 예수님이 오셔서 십자가에서 피 흘려 돌아가심으로 빼앗겼던 것을 다시 찾아와 하나님의 나라를 회복하셨다. 성도들은 현세에 살면서 하나님나라의 백성으로서 로열 패밀리의 특권을 누려야 한다. 사탄이 통치하고 있는 세상에 담대히 들어가서 악한 영들을 짓밟아야 한다고 저자는 주장한다. 특히 자살, 낙태, 이혼율이 증가하고 동성연애와 같은 비성경적인 것들이 득세하는 현실에 교회가 영향력을 행사하지 못하는 것을 안타깝게 여긴다. 저자는 그 이유를 그리스도인들이 하나님의 나라를 잘못 이해하고 있는 데서 찾는다. 이 책을 통해 많은 성도가 하나님의 나라를 성경적으로 밝히 이해하여 하나님나라의 능력과 통치가 우리 현실의 모든 영역과 분야에 나타나도록 해야 할 것이다.

· **임열수** |복음신학대학원대학교 총장

중세의 가톨릭교회가 점점 권력과 부를 좇을 때, 아시시의 프란체스코가 나타나 청빈의 삶으로 교회를 정화시켰다. 16세기 가톨릭교회가 연옥과 면죄

부로 타락의 극에 달했을 때, 종교개혁자들이 나타나 하나님의 말씀을 바로 세우기 위해 목숨을 바쳤다. 독일의 루터교회가 점점 교조적인 신학 해석으로 시대의 빛이 되지 못할 때, 경건주의자들이 나타나 살아 있는 기독교 복음을 전파했으며, 영국의 개혁교회가 생명력을 잃어갈 때 청교도와 존 웨슬리가 나타나 교회를 정화시켰다. 이처럼 교회가 그 빛을 잃어갈 때, 하나님은 당신의 뜻을 온전히 좇는 사람들을 세우셔서 교회를 새롭게 하셨다.

그렇다면 지금 한국 교회의 모습은 어떠한가? 한국 교회는 처음 가졌던 복음의 확신과 사회변화의 열망을 갖고 있는가? 손기철 장로님의 책은 한국 교회가 잃어버린 야성(野性)을 일깨운다. 그것은 복음을 통한 사회변혁이며, 그 복음은 하나님나라의 기쁜 소식이다. 이 책이 역사의 흐름을 바꾸는 티핑 포인트(tipping point)가 되길 바란다.

• **정성진** | 거룩한빛광성교회 담임목사

손기철 장로님은 무한한 열정을 가진 복음 전도자입니다. 그분을 만날 때마다 끊임없이 솟구치는 하나님나라 복음을 향한 열심과 구도의 성실성을 느낍니다. 손 장로님은 성령님의 임재를 통한 치유사역으로 새로운 시대의 치유사역자로서의 길을 열어 가셨습니다. 그러나 거기서 그치지 않고 이제는 치유사역을 뛰어넘는 하나님나라의 복음을 새롭게 제시하고 있습니다. 이 책이 열어 가는 세상을 변혁시키는 '킹덤 빌더'로서의 관점은 신선하고 탁월합니다. 교회들을 향한 세상의 따가운 시선, 쇄도하는 비판과 더불어 교회의 무기력함과 율법적 관성이 가속화되는 안타까운 시점입니다. 이 책에는 이러한 현실을 극복하며 교회가 걸어가야 할 새로운 활로를 밝히 보여주는 성경적 비전이 담겨 있습니다. 손 장로님은 이제 단순한 치유사역자가 아닌 일터로부터 시작하여 사회의 모든 영역에 이르기까지 하나님나라의 모습들을 담대히 선포하며 이 땅을 변혁시키는 담대한 실험을 시도하고 있습니다. 이 책은 새시대를 열어 가고자 꿈꾸는 모든 하나님의 백성에게 필독서가 되리라 확신합니다.

• **정인수** | 애틀랜타 연합장로교회 담임목사

차례

추천의 글 4
인사말 14
프롤로그
이 땅에 이미 도래한 하나님나라 19

Part 1 복음이란 무엇인가?

CHAPTER 1
우리는 정말로 복음을 전하고 있는가? 32

CHAPTER 2
복음은 타락 이전의 완전함을 보여주는 것이다 51

CHAPTER 3
예수님은 하나님나라의 복음을 선포하셨다 64

Part 2 하나님나라의 관점으로 전환하라

CHAPTER 1
하나님나라는 이런 곳이다 92

CHAPTER 2
성경은 하나님나라를 어떻게 가르치는가? 107

CHAPTER 3
종교와 복음은 이렇게 다르다 139

CHAPTER 4
율법과 하나님나라는 이렇게 다르다 150

CHAPTER 5
이스라엘, 교회, 하나님나라 160

CHAPTER 6
세상과 하나님나라 190

CHAPTER 7
종말과 미래적 하나님나라 219

Part 3 비유를 통해서 본 하나님나라

CHAPTER 1
하나님나라의 몇 가지 속성들 242

CHAPTER 2
하나님나라의 비밀과 비유 246

CHAPTER 3
예수님의 비유를 통해 본 하나님나라 255

Part 4 이 땅에서 하나님나라가 나타나게 하라

CHAPTER 1
우리는 하나님나라를 어떻게 이해해야 하는가? 302

CHAPTER 2
교회와 세상 모두를 하나님나라로 320

CHAPTER 3
성령님이 하나님나라를 살게 하신다 343

CHAPTER 4
하나님나라의 법으로 은혜를 누리라 362

에필로그
이 시대에 절대적으로 필요한 하나님나라의 복음 416
참고문헌 420

인사말

　예수님은 우리에게 하나님나라가 도래했기 때문에 뜻이 하늘에서 이미 이루어진 것같이 땅에서도 이루어진다고 말씀하셨다. 실제로 그 일이 우리의 삶에서 일어나기 위해서는 먼저 그의 나라와 의를 구하라고 말씀하셨다. 그리고 예수님은 이 땅에 하나님나라를 이루시기 위해서 교회를 세우셨다. 따라서 하나님나라 없는 교회나 교회 없는 하나님나라는 있을 수 없다.

　이 사회를 변혁시킬 수 있는 유일한 대안은 교회다. 교회는 먼저 하나님의 영광을 구해야 하며, 성도들이 성령님의 감동에 의해 말씀에 온전히 반응하도록 가르쳐야 한다. 말씀을 통하여 예수님을 생명적으로 만나게 하고 성령과 말씀에 인도함을 받는 삶을 살도록 가르쳐야 하는 것이다. 그래서 사회의 모든 영역에 종사하는 성도들이 성령충만하여 자신의 일터에서 기사와 표적으로 말씀을 증거함으로써 그곳에 하나님의 통치가 임하도록 해야 한다. 이 책《알고 싶어요 하나님의 나라》는《알고 싶어요 성령님》에 이어 바로 이러한 일들을 준비하기 위해 쓴 책이다.

　지금까지 하나님은 나에게 세 가지의 비전을 주셨다. 첫 번째는 1999년에 치유사역에 대한 비전이었고, 두 번째는 2005년에 하나님나라 복음 선포에 대한 비전이었고, 세 번째는 2008년에 교회를 통한 사회 변혁에 대한 비전이었다. 그리고 2012년 1월 미국 노스캐롤라이나에 있을 때 성령님께서 강력하게 임하셔서 하나님나라 복음 선포에 대한 비전을 재확인시켜 주셨다. 나는 지금도 이 비전들을 이루는 데 쓰임 받기 위해서 HTM을 통하여 믿음의 선한 싸움을 하고 있는 중이다. 그러나 나의 처음 사역이 치유사역으로부터 시작되었기 때문인지 사람들이 나의 사역의 범위를 거기에 제한시키는데, 사실은 그렇지 않다. 치유는 하나님나라의 복음을 선포할 때 현장에서 곧바로 누릴 수 있는 은혜 중 하나일 뿐이다. 이것에 대해서는 그동안 국내외 수많은 집회에서 전한 메시지가 입증하고 있다. 나는 이 책을 계기로 앞으로는 치유사역자뿐만 아니라 하나님나라의 복음 전도자로 불리길 소망한다.

2005년에 《기름 부으심이 넘치는 치유와 권능》(두란노)을 집필할 때 하나님이 처음으로 하나님나라에 대한 비전을 주셨고, 하나님나라의 복음을 선포하라고 말씀하셨다. 그러나 그때만 해도 나 역시 하나님나라에 대해서 제대로 아는 바가 없었기에 원론적인 수준에서 기술할 수밖에 없었다. 그러나 그 후 하나님은 킹덤 멘털리티

(kingdom mentality)의 측면에서 성경과 많은 책들을 읽게 하시고, 실제적으로 하나님나라와 의를 구하는 것이 무엇인지에 대해 알려 주시고 체험하게 하셨다. 그리고 시간이 지날수록 오늘날 우리가 회복해야 할 복음이 바로 하나님나라의 복음임을 확신하게 되었다.

그동안 하나님나라와 관련해 접한 책들은 너무 신학적이거나 다양한 이론들에 대한 견해를 밝힌 것이 대부분이었다. 하나님나라의 현재성과 미래성이 한 개인과 어떤 관련이 있으며, 실제로 그 나라의 삶을 어떻게 살아가야 하는지에 대해서는 추상적이고 불명확하게 느껴졌다. 나는 하나님나라에 대한 포괄적인 이해와 그 적용을 위해 이 책을 썼다. 다양한 이론들을 소개한 것이 아니라 그동안 신앙의 선배들이 집필한 책들과 말씀에 기초한 나의 말씀 묵상과 기도, 그리고 실제적인 체험을 통해서 깨닫게 된 내용을 정리한 것이다. 따라서 흔히 알고 있는 주장들과 일치하지 않는 부분도 있을 것이다. 이에 대해서는 독자들의 판단에 맡기고자 한다.

이 책은 함께 출간되는 《알고 싶어요 하나님의 의》 그리고 이미 출간된 《알고 싶어요 성령님》(규장)과 함께 '킹덤신앙'의 기초를 이룬다고 볼 수 있다. 그리고 추후 발간될 '킹덤 빌더의 실제적인 삶'에 대한 책을 통해서 이 땅에 도래한 하나님나라를 어떻게 살아야 할지 구체적으로 나눌 예정이다.

《알고 싶어요 하나님의 나라》는 첫째, 복음과 하나님나라의 상관관계, 둘째, 이 땅에 이미 도래한 현재적 하나님나라와 미래적 하나님나라의 속성과 특징들, 셋째, 하나님나라의 법과 실제적 적용, 넷째, 천국에 대한 소망을 올바르게 전하고자 한다. 더불어 각 교회에서 하나님나라의 복음을 좀 더 쉽게 선포함으로써 성도들이 그의 나라와 의를 구하도록 하고, 그 결과 실제로 하나님의 은혜를 누리는 삶을 살도록 하는 데 그 목적을 두었다.

지난 수년 동안 기도와 더불어 수많은 책 속에서 주의 계시로 기록된 하나님나라 복음에 대한 진리의 편린들을 읽을 때마다 마치 퍼즐을 맞추는 듯한 말할 수 없는 기쁨을 누리곤 했다. 따라서 이 책에 기여한 분들은 수없이 많다고 할 수 있다. 그중 '하나님나라'의 뼈대를 세워 주신 몇 분에게 진심으로 감사드리고 싶다.

먼저 무엇보다 말씀과 성령의 균형 잡힌 시각을 가질 수 있도록 가르쳐 주시고, 성령 하나님의 실체를 나타낼 수 있는 길을 열어 주신 고(故) 하용조 목사님께 감사드린다. 그리고 한 번도 뵌 적은 없지만 현재적 하나님나라와 미래적 하나님나라의 실체를 알게 해 준 조지 앨든 래드(George Eldon Ladd), 헤르만 리덜보스(Herrmann Ridderbos), 비슬리-머리(Beasley-Murray), 그레이엄 골즈워디(Graeme Goldsworthy), 양용의 교수님, 그리고 하나님의 통치와 인간의 구원 관점 안에서 예수 그리스도를 보게 하신 김세윤 박사님께 깊은 감사를 드린다.

그리고 "먼저 그의 나라와 의를 구하라"를 표방하며 이 책의 출판을 진심으로 축복해 주신 온누리교회의 이재훈 목사님께 감사드린다. 특별히 초고를 읽고 신학적 조언과 문장을 다듬어 주신 이기성 목사님과 김태섭 목사님께도 깊은 감사를 드린다. 또한 그동안 수많은 어려움 속에서도 함께 기쁨으로 동역하고 있는 사랑하는 아내 윤현숙 목사, 국내외 HTM 스태프 분들과 규장의 여진구 대표, 그리고 하나님나라의 복음을 선포하고 그 실체를 증거할 수 있는 장소를 마련해 주신 선한목자교회의 유기성 목사님께도 진심으로 감사드린다. 끝으로 이 책 출판을 통하여 하나님나라 복음의 빛을 함께 깊어가는 두란노서원 금경연 목사님과 편집부에도 감사드린다.

오직 하나님께 영광을 올려드립니다.

손기철 대표
Heavenly Touch Ministry

프롤로그

이 땅에 이미 도래한 하나님나라

지금 세상은 점점 더 악해지고 있다. 자살률, 낙태율, 이혼율, 술 소비량과 흡연율, 음란과 러브호텔, 인터넷 중독, 악한 문화, 이념 중심주의, 집단이기주의, 이단의 급증 등 어두운 세력들이 영화에 나오는 것처럼 온 땅을 뒤덮고 있다. 리서치 기관들의 보고를 통해 알 수 있듯이, 더 슬프고 놀라운 사실은 그리스도인의 삶이 믿지 않는 사람들의 삶과 별다른 차이가 없다는 것이다.

그리스도인의 사회적 책임을 운운하는 정도가 아니라 무언가를 해야 한다는 절박감을 모두가 느끼고 있다. 더 이상 이 사회의 죄악을 간과해서는 안 된다. 사회를 변혁시키지 않으면, 교회가 사라질 뿐만 아니라 우리의 삶도 무너진다는 것을 지난 세기 선교의 중심지였던 유럽과 미국의 현실을 통해서 실감하고 있다.

지금 우리 중 누군가가 무엇인가를 해야 함에도 불구하고 아무도 선뜻 나서서 외치지 못하고 있다. 왜냐하면 누구든지 현재의 균형을 깨면 이단으로 몰리기 십상이기 때문이다. 교회의 메시지는 여전히 구태의연한 전도와 선교 그리고 교회 부흥에 국한되어 있다. 한편에 선 하나님의 마음을 읽고 있는 목회자들이 죽을 각오로 외치고 있지만 그럼에도 허공을 치는 메아리처럼 한계를 느끼고 있다. 왜냐하면 현재의 잘못과 문제는 올바로 비판하고 지적하지만 한마디로 그것을 해결할 능력이 없기 때문이다. 누군가는 망루에 서서 나팔을 불어 경고해야 하고 세상에 투입할 하나님의 군대를 훈련시키고 전쟁을 전략적으로 치러야 하는데, 불행히도 대부분은 방향과 전략을 알지 못하고 심지어 얼마는 나만 괜찮으면 괜찮다는 식의 안일주의에 빠진 사람들도 있다.

우리나라 전통적 개혁 복음주의에서 신앙생활을 해온 그리스도인들은 자신의 영적 성숙과 교회의 부흥 그리고 선교의 열정에도 불구하고 이 사회에 만연한 타락과 죄악의 현실을 기존의 교회 활동과 선교만으로는 바꿀 수 없다는 것에 자괴감을 느끼고 있다. 한마디로 최선을 다했는데 길을 잃어버린 것이다. 이러한 혼돈의 가장 근본적인 이유는 열정이나 소명의 부족 때문이 아니라, 복음주의 진영의 협의적인 선교관 때문일 것이다. 한 예를 들면, 마태복음 28장 18-19절의 "너희는 가서 모든 민족을 제자로 삼아"에서 '민족'이라는 뜻을 단지 '인간의 종족'으로 국한시키고 영혼 구원에만 초점을 맞춤으로써, "… 세례를 베풀고 내가 너희에게 분부한 모든 것을 가르쳐 지키게 하라"를 교회에 대한 사역으로 축소시킨 것이다. 따라서 지금까지 대부분의 사회개혁 방식은 영혼을 구원하여 교회로 들어오게 하고, 교회를 통해 구제하고 봉사하고 전도하는 것이 전부였다. 즉 세상 자체의 변혁을 포기한 채 영혼 구원을 위한 소극적 사회 변화만을 시도한 것이다.

19 그러므로 너희는 가서 모든 민족을 제자로 삼아 아버지와 아들과 성령의 이름으로 세례를 베풀고 20 내가 너희에게 분부한 모든 것을 가르쳐 지키게 하라 볼지어다 내가 세상 끝날까지 너희와 항상 함께 있으리라 하시니라 마 28:19-20

그러나 "민족"으로 번역된 헬라어 '에트노스'(ethnos)는 '민족'과 '백성'이라는 뜻뿐만 아니라 '나라'(nation), '이방'(異邦, gentile nation)이라는 의미도 포함하고 있다. 단지 민족과 종족의 의미를 넘어서 사회와 문화의 모든 영역까지 아우르는 말이라는 것이다. 실제로 영어 성경에는 민족이 "nations"로 표현되어 있다.

이제 하나님의 때가 이르매, 교회는 성령님의 도우심으로 복음을 단지 인간의 관점에서 하나님의 구속사적인 사건으로만 이해하지 않게 되었다. 삼위일체 하나님의 관점에서 하나님나라가 회복되어 가는 것임을 함께 보아야 한다는 진리를 서서히 깨닫기 시작한 것이다. 그 결과 많은 그리스도인들이 복음의 사회적 차원을 인식하게 되었고, 영혼 구원과 동시에 자신의 사회적 책임과 사회 변혁의 필요성에 대해 공감하게 되었다.

만약 우리가 지금까지 견지해 온 구속사적-교회 중심적 시각으로만 사회 변혁을 생각한다면 결국 교회가 선교의 중심인 동시에 선교의 목적이 될 수밖에 없다. 오늘날 대부분의 선교사역이 선교지에서 잃어버린 영혼을 구원하고 그곳에 교회를 설립하여 그들이 교회생활을 잘하게 하는 것에 몰두하는 이유가 바로 여기에 있다. 그러나 우리가 분명히 알아야 할 사실은 그리스도는 그리스도인들만의 주님이 아니라 온 인류의 주님이시며, 그분의 통치는 교회에만 국한되는 것이 아니라 모든 피조 세계에 미쳐야 한다는 것이다. 그것은(선교뿐만 아니라 복음전파의 대위임령) 지금까지 우리가 외면하고 포기했던 사회와 문화의 모든 영역을 다 포함한다.

지금까지 한국 교회는 교회 성장과 교회 부흥에 치중해 왔고, 시대적 상황과 맞물려 폭발적인 성장을 거듭해 왔다. 그러나 이제는 성장기, 정체기를 지나 이미 감소기에 처해 있다. 또한 교회들은 폭발적인 성장의 후유증 때문에 대내외적으로 갖가지 몸살을 앓고 있다. 그동안 부흥과 성장을 위해서라면 수단과 방법, 절차가 무시되었던 일이 너무나 많았다. 열정과 권위를 추구하면서 진정한 영성과 윤리성은 결여된 적이 얼마나 많았던가?

우리는 '더 좋은 세상'만을 바라는 것이 아니라, 새로운 피조물에 의해서 이루어질 '새로운 세상'을 꿈꿔야 한다. 그것은 하나님의 통치가 임한 사회이고, 성령과 말씀이 중심이 되는 사회이며, 표적(말씀의 실체)을 통하여 살아 계신 예수님과 그분이 하신 말씀을 증거하는 사회다(막 16:20). 종교 영역을 넘어 정치, 경제, 교육, 문화, 가정, 미디어, 의료 등 모든 분야에서 성령의 권능과 주의 말씀이 적용되는 사회인 것이다. '새로운 세상'은 제도나 체제가 변화되고 캠페인을 통한 외부적 개혁(reformation)에 의해서가 아니라 오직 내부적 변혁(transformation)을 통해서만 가능하다. 왜냐하면 변혁은 번데기가 나방이 되는 것처럼 내부적 변화를 통하여 외부적 변화에까지 이르는 총체적인 새로움을 의미하기 때문이다.

사회 변혁을 통해 새로운 세상을 만들 수 있는 방법은 무엇일까? 단지 사회와 문화의 외적 흐름을 변화시키는 것이 아니라 각 사람의 내부적 변혁을 통하여 사회와 문화를 총체적으로 변화시키는 방법 말이다. 우리는 그동안 학교에서 가르치는 교육이 변화시킬 수 있다고 생각했다. 그러나 세계에서 가장 열성적인 우리나라 교육의 현실과 그에 따른 사회와 문화의 모습은 어떤가? 공교육이 세상을 바꾸지 못함은 삼척동자도 알고 있다. 그렇다면 방법이 없다는 말인가?

이러한 문제들을 해결하기 위해서 교회는 교회생활을 하는 그리스도인의 숫자만 늘려서는 안 된다는 것을 인식하게 되었다. 한 사람이라도 예수 그리스도를 닮아 가는 제자로 만드는 사역이 필요함을 절감했다. 지난 몇 십 년 동안 교회는 예수 그리스도의 제자를 양육하기 위한 제자훈련에 모든 열정을 쏟아 부었고, 그 제자들 때문에 지금까지 교회가 붕괴되지 않고 세상의 풍랑에 의연히 맞서고 있다. 그러나 솔직히 말하자면, 이제 제자도와 제자훈련의 앞길도 풍전등

화와 같은 것이 현실이다. 왜냐하면 세상을 변화시키기는커녕, 세속화된 교회를 변화시키기에도 힘에 부치기 때문이다. 그렇다면 새로운 세상을 만들기 위해 사회를 변혁시킬 방법이 없다는 말인가?

결과적으로 교회는 지금까지 복음의 현재적 차원과 미래적 차원, 그리스도인의 내적 차원과 외적 차원, 개인적 차원과 사회적 차원, 영적 차원과 세속적 차원의 한쪽 혹은 부분만을 강조함으로써 성서적 균형을 잃어 왔다. 교회는 어떻게 이 모든 차원을 온전하게 통합시킬 수 있을까? 그 답은 이미 2천 년 전에 주어졌지만 단지 우리가 제대로 깨닫지 못하고 있었을 뿐이다. 사회를 변혁시킬 수 있는 유일한 답은 예수님이 우리에게 전하신 복음, 바로 하나님나라(통치)의 복음이다. 왜냐하면 하나님의 통치만이 모든 것을 하나로 결집시키고 각 차원에 구속, 통일, 목적, 목표를 제공해 주기 때문이다.

생각해 보라. 예수님이 공생애 동안 함께했던 제자들에게 마지막으로 가르치신 것은 더 엄격한 제자훈련이 아니었다. 주님은 각 사람에게 "먼저 하나님의 나라와 의를 구하라"고 도전하셨고, 한 인간의 내부적 변혁을 통해 세상 가운데 하나님의 통치가 이루어지도록 새로운 역사의 문을 여셨다. 이 나라는 약속하신 보혜사 성령님이 우리에게 임하실 때 이루어지는 하나님의 통치다.

20 바리새인들이 하나님의 나라가 어느 때에 임하나이까 묻거늘 예수께서 대답하여 이르시되 하나님의 나라는 볼 수 있게 임하는 것이 아니요 21 또 여기

있다 저기 있다고도 못하리니 하나님의 나라는 너희 안에 있느니라 눅 17:20-21

성령님에 의해서 예수 그리스도의 성품이 나타나며 표적으로 확증되는 말씀을 증거할 때 이 사회의 모든 영역이 변혁되고 이로써 이루어지는 것이 하나님나라다.

20 제자들이 나가 두루 전파할새 주께서 함께 역사하사 그 따르는 표적으로 말씀을 확실히 증언하시니라 막 16:20

8 오직 성령이 너희에게 임하시면 너희가 권능을 받고 예루살렘과 온 유대와 사마리아와 땅끝까지 이르러 내 증인이 되리라 하시니라 행 1:8

하나님의 통치를 무시한 복음은 다시 율법적인 신앙으로 돌아갈 수밖에 없다. 하나님의 통치를 도외시하는 복음으로는 자녀의 삶이 아닌 신자의 삶만을 살 수밖에 없고, 믿음(또는 은혜)이라는 이름으로 비윤리성을 합리화할 뿐 아니라, 말씀과 성령이 분리될 수밖에 없다. 이제는 다시 하나님나라의 복음, 온전한 복음으로 돌아가야 한다. 종말이 가까이 올수록 교회는 영적인 문제를 듣기 싫어하거나 지나치게 영적인 것을 추구하는 양극단에 빠지기 쉽다. 그 결과 이 세대에서는 예수님의 재림이 없으리라 믿고 더 교회 중심적인 신앙 생활에만 몰두하거나 반대로 혼탁한 세상을 빌미로 종말, 휴거 혹은 재림예수 같은 것을 주장하는 이단적인 교회가 계속 출몰할 것이다.

24 거짓 그리스도들과 거짓 선지자들이 일어나 큰 표적과 기사를 보여 할 수 만 있으면 택하신 자들도 미혹하리라 마 24:24

양편 모두 '이 땅에 이미 도래한 하나님나라'의 복음을 극도로 싫어하게 될 것이다. 그러나 우리는 다시 한 번 기억해야 한다. 말세에 가시적으로는 악이 더욱 팽배하겠지만 믿는 자들에게는 주님께서 성령을 한량없이 부어 주셔서 우리가 세상 끝까지 복음을 전파하게 하실 것이다. 그것이 바로 현재적인 하나님나라이며, 교회가 끝까지 행해야 할 선교적 소명이다.

14 이 천국 복음이 모든 민족에게 증언되기 위하여 온 세상에 전파되리니 그 제야 끝이 오리라 마 24:14

주의 재림은 신비한 환상이나 계시에 의해서 그때를 알 수 있는 것이 아니라, 그리스도인들이 하나님나라의 복음을 모든 민족에게 증언되도록 할 때 이루어지는 것이다. 우리는 종말의 때에는 악이 만연하고 교회가 패배할 것이라는 비관론자가 되어서는 안 된다. 그렇다고 이 세상 끝에 가면 복음이 온 세상을 뒤덮을 것이기 때문에 모든 것이 좋아질 것이라고 생각하는 낙관론자가 되어서도 안 된다.

우리는 성경의 말씀에 기초하여 하나님의 자녀로서 주의 재림을 준비하며 이 땅에 도래한 하나님나라에서 주의 뜻을 이루는 현실주의를 지향해야 한다. 현재적 하나님나라의 마지막인 종말은 빛과 어두움의 치열한 전쟁 가운데 나타날 것이기 때문이다.

part 1

복음이란 무엇인가?

이 주제와 관련된 손기철 장로의 집회 영상 보기
(QR코드 스캔 어플 설치 후 위의 QR코드를 찍어 보세요!)

One

신앙생활을 하면서 늘 마음에서 떠나지 않던 두 가지 의문 중 첫 번째는, 예수님이 전하신 복음은 하나님나라의 복음(그것도 이 땅에 도래한 하나님나라의 복음)인데, 왜 내가 들은 복음 설교의 대부분은 하나님나라를 도외시한 채 예수 그리스도에 대해서만 말하고 있으며, 그나마 하나님나라에 대해 언급하더라도 그 내용이 너무 추상적이고 모호하거나 열심히 교회생활한 후에 죽고 나서 가는 천국이 전부인가라는 것이었다. 많은 설교를 통해 접할 수 있었던 복음의 대체적인 내용은 '예수님의 대속과 부활신앙을 가지는 것', '오직 예수 그리스도를 따르는 것', '예수 그리스도를 믿고 죄사함을 받는 것', '죄사함을 받고 천국 소망을 가지는 것' 등이었기 때문이다.

두 번째 의문은, 복음의 참 뜻은 '좋은 소식'인데, 내가 처음 들었고 지금도 대부분의 사람들이 전하는 복음은 어째서 '좋은 소식'이 아니라 오히려 '의심스러운 소식'에 가깝냐는 것이다. '예수 믿으면 천당 가고 그렇지 않으면 지옥 간다'는 메시지에 따르면, 천국은 죽고 난 다음에야 누릴 수 있는 좋은 소식인데, 그것이 정말 복음이 될 수 있을까 싶었다. 또 '예수 믿고 교회생활 열심히 하면 모든 일이 잘 풀린다'고 하는데 정말 그런지, 교회에 다니는 사람들은 지금 모든 일이 잘 풀려서 항상 행복한지 의구심이 들었다.

신앙생활에 있어 가장 중요한 일은 복음이 무엇인지를 제대로 아는 것일 것이다. 왜냐하면 복음을 온전히 아는 것은 우리 인생의 목적을 아는 것과 같기 때문이다.

오늘날 복음 제시에 있어서 문제점은 하나님나라와는 별 관련성 없이 오직 예수 그리스도의 죽음과 부활에만 초점을 맞춘다는 것, 또 내 안에 계신 그리스도로 말미암아 구원을 이루어 가는 삶에 대한 강조 없이 오직 죄사함을 받고 잘 살다가 천국 가는 것에 초점을 맞춘 복음만을 제시하는 데 있다. 진정한 복음에 대한 무지 때문에 구원은 받았지만 그 구원이 진실로 무엇을 의미하는지, 구원받은 자의 삶이 어떠해야 하는지를 잘 알지 못하고 있다는 것은 참으로 가슴 아픈 현실이다.

내가 발견한 복음은 하나님나라의 좋은 소식이다. 그것은 하나님이 본래 우리를 지으신 대로 살 수 있으며, 그러한 세상이 바로 이 땅에 도래한 현재적 하나님나라라는 것이다. 그 나라로 들어가기 위해서는 오직 예수 그리스도만을 의지함으로써 하나님의 의와 은혜와 능력이 나타나야 한다. 하나님의 아들이신 예수 그리스도의 죽으심과 부활에 연합하여 내 안에 계신 그리스도(보혜사 성령)로 말미암아 지금 여기에서 하나님이 의도하신 그 나라 자녀의 삶을 실제적으로 사는 것, 이것이 바로 이 땅에 도래한 하나님나라 복음의 핵심이다.

CHAPTER

1 우리는 정말로 복음을 전하고 있는가?

오랫동안 신앙생활을 해오면서 복음(good news)에 대한 수많은 설교를 들었다. 물론 설교자마다 복음에 대한 정의와 강조하는 내용이 동일하지는 않지만, 우리가 일반적으로 알고 있는 복음의 핵심 진술은 다음과 같이 요약될 수 있을 것이다.

'하나님의 아들이신 예수 그리스도는 우리 죄를 대속하기 위해서 십자가에 못 박혀 죽으셨고, 장사한 지 사흘 만에 부활하시고 승천하셔서 지금 하나님 우편에 계신다. 이 사실을 믿을 때 우리는 죄사함을 받고, 성경의 말씀을 믿고 지켜 행하면 이 세상에서 복을 누리게 된다. 또한 우리의 육신이 죽으면 행한 일에 따라 천국에서 상급을 받게 된다.'

만약 예수님이 우리의 죄를 사해 주셨고 하늘로 올라가셨기 때문에 이제 우리가 성경의 말씀을 온전히 지켜야 한다고 생각한다면, 그 속에는 다분히 구약적인 사고가 자리 잡고 있는 것이다. 구약의 하나님께서 이스라엘 백성에게 율법과 규례를 주셨기 때문에 그것을 지켜 행해야 했던 것처럼, 이제 예수님과 그의 사도들이 우리에게 전해 준 성경의 말씀을 믿고 열심히 지켜 행하면 복과 형통을 누린다고 믿는 것이다. 이러한 신앙관에는 예수 그리스도와의 생명적인 관계 대신 성경 말씀과의 주객(主客)적인 관계만 있을 뿐이다. 좀 더 정확히 말하자면, 이 땅에 도래한 하나님나라와 그분에 의한 통치 없이(우리와 함께하시는 삼위일체 하나님과의 현재적이며 생명적인 관계 없이) 단지 말씀을 지키는 나 자신의 행위에 기초한 신앙생활이 전부일 뿐이다.

그러나 그것이 과연 복음일까? 오히려 복음이 아닌 또 다른 율법이 아닐까? 진정한 복음은 도덕적 계명을 지키는 것이나 우리가 노력하여 신이 되는 길을 알려 주는 것이 아니라, 죽을 수밖에 없는 죄인을 위해서 창조주가 이 땅에 오셔서 무엇을 하셨는가를 듣고 믿는 것이다. 우리에게 필요한 것은 지켜야 할 또 다른 율법이 아니라 듣고 믿어야 할 복음이다. 복음을 알 때 우리는 율법의 귀중함을 알게 된다. 그러나 복음 없는 율법은 우리를 사탄의 노예로 만들고 결국 죽음으로 몰아갈 뿐이다. 나에게 더 열심히 노력하도록 동기부여를 하고, 좀 더 힘을 내도록 독려하는 모든 방법이 복음을 떠나 죽은 내 영혼에 무엇을 해줄 수 있겠는가 생각해 보라.

오늘날 교회를 사로잡고 있는 복음은 무엇인가? 하나님을 기쁘시게 하기 위해서, 그 결과로 더 좋은 세상을 만들기 위해서 우리가 더 열심히 노력하고, 더 도덕적이고 선한 삶을 살고, 그 결과 평강과 형통과 복을 누릴 수 있는 방법을 가르치고 있지는 않은가? 진정한 복음은 하나님의 은혜를 말하고 있다. 은혜를 누리는 것은 나와 아무런 상관이 없어야 함에도 자신의 노력에 대한 정당한 대가로 은혜를 받는 것으로 착각하고 있다. 예수 그리스도 안에서 새로운 피조물과 하나님나라의 삶이 무엇인지를 제대로 체험하고 있지 않기 때문에 단지 인간의 개선과 복된 삶에 대해서만 선포하고 있다. 성경책은 자기계발서로 변해 가고 하나님은 우리의 문제를 해결하시고 우리에게 기쁨을 주시기 위해서 존재하는 분으로 여겨지고 있다. 참으로 슬픈 일이다.

오늘날 기독교의 가장 심각한 문제이지만 잘 깨닫지 못하는 것은 '우리를 구원하시기 위한 하나님의 말씀'을 '구원받기 위한 우리의 이야기'로 변질시키는 것이다. 우리가 구원을 얻기 위해서 무엇을 해야 하는지를 알려 주는 것이 율법이라면, 하나님이 우리를 위해서 무엇을 하셨는지를 듣고 믿는 것이 복음이다. 복음은 말씀을 이루시는 주님께 우리가 어떻게 믿음으로 동참하는지를 알려 준다. 우리는 믿음을 하나님의 선물을 얻기 위한 수단으로 착각하고 있지만, 하나님의 선물은 믿음으로만 주어진다. 우리에게 필요한 것은 우리가 무엇을 어떻게 하면 구원을 받을 수 있는가에 대한 지식이 아니라, 하나님이 완전히 타락하고 전적으로 부패한 우리를 구원하시기 위해서 친히 행하신 일을 듣고 믿음으로 받아들이는 것이다.

　흔히 우리는 예수님에게서 무엇인가를 배우려고 한다. 예를 들어 우리는 예수님에게서 지혜와 의로움과 거룩함과 구원을 배우려고 한다. 그러나 정말 우리가 알아야 할 사실은 내 안에 계신 바로 그 예수 그리스도가 우리의 지혜와 의와 거룩함과 구원이라는 것이다(고전 1:30). 따라서 우리는 '예수님이라면 어떻게 하셨을까?', 혹은 '어떻게 하면 예수님처럼 될 수 있을까?'에 대해 고심할 것이 아니라, '예수님이 어떻게 나를 통해서 나타나셔야 하는가?'에 초점을 맞추어야 한다. 왜냐하면 그리스도인의 삶은 내 안에 계신 그리스도께서 내 삶에서 그의 의와 지혜와 거룩함을 나타내는 것이기 때문이다. 스스로 무화과 나뭇잎을 여러 장 겹쳐서 덮는다고 해서 우리가 더 괜찮은 사람이 되고 더욱이 의인이 되는 것은 아니다. 이제 교회는 성도로 하여금 하나님의 의가 되도록 하기 위하여 자신들이 만든 무화과 나뭇잎을 찢어 버리고 예수 그리스도로 옷 입는 것을 가르쳐야 한다.

우리가 전하는 복음은
좋은 소식인가
나쁜 소식인가?

복음(헬: euangelion)이란 말 그대로 '좋은 소식'(good news)이다. 그런데 우리가 지금 전하고 있는 복음이 과연 믿지 않는 자들에게 정말 좋은 소식으로 들릴까?

인간은 죄를 짓고 타락함으로 죄인이 되었고, 자신의 육체와 마음이 원하는 대로 살아 왔다. 그럼에도 불구하고 그 사실을 알지 못할 뿐만 아니라, 어떻게 온전한 삶을 살 수 있는지에 대해 알고 싶어 하지도 않는다.

4 그중에 이 세상 신이 믿지 아니하는 자들의 마음을 혼미하게 하여 그리스도의 영광의 복음의 광채가 비치지 못하게 함이니… 고후 4:4

3 전에는 우리도 다 그 가운데서 우리 육체의 욕심을 따라 지내며 육체와 마음의 원하는 것을 하여 다른 이들과 같이 본질상 진노의 자녀이었더니 엡 2:3

21 하나님의 지혜에 있어서는 이 세상이 자기 지혜로 하나님을 알지 못하므로… 고전 1:21

성령의 인도함을 받지 않는 인간의 이성이나 노력으로는 하나님의 진리에 대해서 알 수 없기 때문에, 하나님은 우리에게 복음을 전하게 하셨고 그것을 믿는 자에게 구원을 주셨다. 그런데 만약 어떤 전도자가 "당신은 죄인이니 예수님을 믿고 죄사함을 받아서 바르게 살아라. 그렇지 않으면 지옥에 갈 수밖에 없다"라고만 말했다고 하자. 죄악 된 삶을 즐기는 사람들에게 그 말이 복음(good news)이 될 수 있겠는가? 그들에게 그 말은 좋은 소식이 아니라 나쁜 소식이지 않겠는가? 자기 나름대로(육체와 마음이 원하는 대로) 최선을 다해 잘살고 있는데, 당신은 죄인이니 예수 믿어야 한다고 말한다면 그 말이 좋게 들릴까? 나의 과거를 생각해 보면, 그것은 정말 듣기 싫은 소리였다. 정말이지 그 말이 머리로도 전혀 이해되지 않았을 뿐만 아니라 수긍하고 싶지도 않았다. 후에 성령님께서 내 심령을 두드릴 때에야 비로소 복음이 무엇인지 어렴풋이 느껴지기 시작했다.

14 요한이 잡힌 후 예수께서 갈릴리에 오셔서 하나님의 복음을 전파하여 **15** 이르시되 때가 찼고 하나님의 나라가 가까이 왔으니 회개하고 복음을 믿으라 하시더라 막 1:14-15

복음은 지옥에 가지 않기 위해서 필요한 것인가, 아니면 하나님나라로 들어가기 위해서 필요한 것인가? 예수님과 사도들은 지금처럼 회자되는 '예수 믿어라. 그렇지 않으면 지옥 간다'는 복음을 전하였는가, 아니면 모든 것을 다 팔고 포기하고서라도 얻고 싶은 하나님나라의 좋은 소식을 전하였는가? 우리가 전하는 복음이 정말로 좋은 소식이 되기 위해서는 복음을 어떻게 전해야 할까? 당신은 지금 복음을 어떻게 전하고 있는가? 당신은 예수님이 목숨을 버리면서까지 전하시고 우리에게 주신 '이 땅에 도래한 하나님나라'에 대해서 무엇을 어떻게 알고 체험하고 있는가? 혹시 예수는 전하지만, 그분이 말씀하신 하나님나라 복음은 전혀 알지 못한 채 다른 복음을 전하고 있는 것은 아닌가?

진정한 복음을 알 때라야만 예수님이 누구신지를 알게 되고, 비로소 그리스도 안에서 새로운 피조물이 될 수 있다. 사도들의 전도 방식을 생각해 보라. 믿지 않는 자에게는 하나님나라의 복된 소식의 실체만이 예수 그리스도가 누구신지 알게 한다.

31 하나님의 나라를 전파하며 주 예수 그리스도에 관한 모든 것을 담대하게 거침없이 가르치더라 행 28:31

죽어서 가는 천국인가, 살아서 누리는 천국인가?

그리스도인들이 가지고 있는 또 하나의 그릇된 생각은 이상한 천국 복음이다. 우리가 구원을 얻으면, 나중에 죽어서 천당(천국)에 가 영원히 산다는 것이다. 예수님이 십자가에 죽으셨고 3일 만에 부활하신 것처럼 우리도 죽으면 부활해서 천국에서 영원한 삶을 산다는 것이다. 옳은 말인 것처럼 들리지만 여기에는 생각해 보아야 할 문제가 있다.

5 만일 우리가 그의 죽으심과 같은 모양으로 연합한 자가 되었으면 또한 그의 부활과 같은 모양으로 연합한 자도 되리라 롬 6:5

8 만일 우리가 그리스도와 함께 죽었으면 또한 그와 함께 살 줄을 믿노니 롬 6:8

예수 그리스도와 함께 사는 것이 죽고 난 뒤 천국에서의 삶만 가리키는가 아니면 지금 이 땅에서의 삶에도 적용되는 것인가? 분명히 우리는 죽으면 천국에 가며, 그분이 재림하실 때 부활의 몸을 입을 것이다. 그러나 하나님이 바울을 통해 우리에게 제시하고 있는 메시지의 핵심은 이 땅에 도래한 하나님나라에서의 중생의 삶이다.

과거 '예수천당 불신지옥'이라는 슬로건으로 복음을 전한 적이 있다. 이 말은 진실이지만, 그 속에 현세는 없고 내세만 강조된다는 것이 문제다. 결국 기독교는 현세적 종교가 아니라 내세적 종교라는 사실을 부각시킨 것이나 마찬가지인데, 그렇다면 이 땅에서 우리는 이방인들과 마찬가지로 수고와 고통 속에서 인내하며 살 수밖에 없게 된다. 즉, 교회생활을 열심히 하고 주의 말씀을 온전히 지키며 살다가 죽고 나면 천당에서 온전한 삶을 살게 된다는 영원한 안식의 소망으로 위안을 삼는 것이다. 지난 세기 동안 대부분의 복음주의 교회는 세대주의적 영향 아래 하늘에 있는 천국만을 강조하는 교리를 지지해 왔기에, 이 땅에서 맛보는 고뇌와 고통을 인내하며 하늘의 소망을 붙잡는 것을 가르쳐 왔다. 그러나 예수님은 그렇게 말씀하시지 않았다.

> 43 예수께서 이르시되 내가 다른 동네들에서도 하나님의 나라 복음을 전하여야 하리니 나는 이 일을 위해 보내심을 받았노라 하시고 눅 4:43

> 1 또 그들에게 이르시되 내가 진실로 너희에게 이르노니 여기 서 있는 사람 중에는 죽기 전에 하나님의 나라가 권능으로 임하는 것을 볼 자들도 있느니라 하시니라 막 9:1

예수님은 우리가 죽고 난 뒤에 가게 될 천국보다는 이 땅에 도래한 하나님나라에 대해서 말씀하시는 데 대부분의 시간을 할애하셨다. 그분은 영원 전부터 존재하던 하나님나라가 마침내 이 땅에 임했고, 그로 인해 우리에게 주어질 그 나라의 풍성한 삶을 소개하고 있다. 예수님은 우리가 그 나라의 삶을 살도록 하기 위해서 성육신하셔서 이 땅에 오신 것이다. 부활 신앙은 단지 죽고 나서 가는 영원한 천국만을 소망하는 것이 아니다. 예수님은 죽으시고 부활하시고 승천하셨다. 그분의 부활은 이 땅에서의 부활이지 천국에서의 부활이 아니다. 하늘에 있는 천국으로 올라가신 것은 승천이라고 하지 부활이라고 하지 않는다. 부활은 승천하신 그리스도께서 다시 우리에게 임하심으로 이루어진 것이다. 그러므로 진정한 부활 신앙은 내 안에 계신 그리스도와 생명적 관계를 가짐으로써 그분을 나타내는 삶인 것이다.

27 하나님이 그들로 하여금 이 비밀의 영광이 이방인 가운데 얼마나 풍성한지를 알게 하려 하심이라 이 비밀은 너희 안에 계신 그리스도시니 곧 영광의 소망이니라 골 1:27

물론 우리의 영원한 본향인 내세적 천국에 대한 소망이 무의미하거나 불필요하다는 것은 절대 아니다. 또 그리스도인의 삶에는 고통과 고난이 존재하며 끝까지 인내해야 한다. 그러나 이 땅에 이미 도래한 하나님나라의 승리하는 삶을 알지 못한 채 현실도피적인 피안의 세계에 대한 소망만을 주장하는 것은 복음을 왜곡하는 것이다. 예수님은 우리가 저 천국에 가야만 자유와 승리를 얻게 될 것이라고 말씀하시지 않았다. 그분은 우리가 이미 이 땅에서 세상을 이기었다고 말씀하셨다.

33 이것을 너희에게 이르는 것은 너희로 내 안에서 평안을 누리게 하려 함이라 세상에서는 너희가 환난을 당하나 담대하라 내가 세상을 이기었노라 요 16:33

4 자녀들아 너희는 하나님께 속하였고 또 그들을 이기었나니 이는 너희 안에 계신 이가 세상에 있는 자보다 크심이라 요일 4:4

4 무릇 하나님께로부터 난 자마다 세상을 이기느니라 세상을 이기는 승리는 이것이니 우리의 믿음이니라 예수께서 하나님의 아들이심을 믿는 자가 아니면 세상을 이기는 자가 누구냐 요일 5:4-5

기복주의인가, 풍성한 은혜인가?

예수님이 전하신 복음은 말 그대로 좋은 소식이지 가난, 결핍, 질병과는 거리가 멀다. 이 말은 그리스도인의 삶에는 가난, 결핍, 질병이 없다는 것이 아니라, 복음으로 말미암아 그러한 고통의 삶으로부터 해방될 수 있다는 것이다. 하나님나라의 복음으로 말미암아 주의 은혜의 해가 도래하면, 우리는 이 땅에서 새 생명을 얻고 풍성한 삶을 누릴 수 있다는 것이 복음의 분명한 약속이다.

18 주의 성령이 내게 임하셨으니 이는 가난한 자에게 복음을 전하게 하시려고 내게 기름을 부으시고 나를 보내사 포로 된 자에게 자유를, 눈먼 자에게 다시 보게 함을 전파하며 눌린 자를 자유롭게 하고 19 주의 은혜의 해를 전파

하게 하려 하심이라 하였더라 눅 4:18-19

2 사랑하는 자여 네 영혼이 잘됨같이 네가 범사에 잘되고 강건하기를 내가 간구하노라 요삼 1:2

10 도둑이 오는 것은 도둑질하고 죽이고 멸망시키려는 것뿐이요 내가 온 것은 양으로 생명을 얻게 하고 더 풍성히 얻게 하려는 것이라 요 10:10

혹자는 이런 관점을 기복주의적 신앙관이라고 말한다. 그러나 하나님나라 백성의 풍성한 삶과 기복주의적 신앙은 근본적으로 구별되어야 한다. 기복신앙이란 인간이 주체가 되어 자신이 신에게 드린 행위에 대한 보상을 얻기 원하는 신앙이다.

안타깝게도 오늘날의 많은 교회는 우리가 하나님을 기쁘시게 하기 위해서 더 열심히 노력하고 도덕적이고 선한 삶을 살아 내야만 하나님의 평강과 형통과 복을 누릴 수 있다는 것을 복음이라는 이름 아래 가르치고 있다. 그 결과 하나님은 단지 우리의 문제를 해결하시고 우리에게 기쁨과 만족을 주시기 위해 존재하는 분으로 오인되고 있으며, 복음과 믿음은 자신의 문제와 결핍에 하나님을 개입시켜 해결받기 위한 수단으로 전락하고 말았다.

반면 복음이 진정으로 선포하는 풍성한 삶은 인간 자신의 주체적 삶(행위)이 아닌 하나님나라에 기초를 두고 있다는 점에서 기복신앙과 대비된다. 하나님나라에서 하나님의 뜻을 이루는 자에게 있어서 풍성함은 그가 행한 일을 통해 얻어 내는 보상이 아니라 그 뜻을 이루는 과정에서 마땅히 누려야 할 은혜다. 우리의 관점에서 보자면, 말씀의 적용은 단순히 형통과 복 또는 가난과 저주라는 이원론적인 관점으로 이해되지만, 하나님의 관점에서 말씀 적용은 우리의 노력과 행위가 아닌 예수 그리스도께서 이루신 것에 대한 믿음으로 주어진 풍성한 은혜를 누리는 것이다. 진정한 복음의 중심에는 은혜, 오직 은혜가 있다.

아울러 그 풍성한 은혜는 나를 위한 것이 아니라 주의 뜻을 이루기 위한 것임을 아는 것이 중요하다. 주의 뜻을 이루는 자는 그 과정에서 우리를 도둑질하고 죽이고 멸망시키고자 하는 사탄의 공격을 얼마든지 받을 수 있고, 고난과 어려움을 겪을 수 있다. 그러나 복음이 말하는 진정한 복은 그 모든 상황 속에서 하나님을 더욱 알아 가고, 그 결과 하나님의 뜻을 이루는 가운데 은혜로 부어지는 모든 풍성함을 누리는 것이다. 단지 내 삶의 복과 형통이라는 목적을 위해서 복음이 필요한 것이 아니다.

죄사함의 복음인가,
하나님나라의 복음인가?

지금의 복음은 주로 죄사함과 '이신칭의' (justification by faith)에 주안점을 두고 있다. 이러한 복음 제시 자체가 잘못된 것은 아니지만 본래의 뜻을 너무나 축소시킨 제한된 복음이라는 데 문제가 있다. 전통적인 복음은 이렇게 말한다. 죄로 인하여 타락한 세상에 하나님의 아들로서 오신 예수 그리스도를 믿음으로써 우리는 죄사함을 받고 구원을 얻는다. 어렵고 힘든 세상이지만 열심히 교회에 나가고 말씀으로 믿음생활을 하면 복을 받게 되고, 육신의 장막을 벗은 후에는 천국에 가서 행한 일에 따라 상급을 받게 된다.

이러한 복음관에서는 하나님이 창조하신 타락 전의 인간이 누구인지에 대해서 분명히 말하지 않으며, 미래적 하나님나라는 소망하지만 현재적 하나님나라와 그 나라 백성으로서의 삶이 어떠해야 하는지에 대해서는 아무런 언급이 없다. 마치 머리와 꼬리를 잘라 내고 몸통만 남겨 둔 생선 토막과 같아서 전체의 모습은 볼 수 없는 것이다.

우리가 잘 알고 있는 '사영리'(四靈理, 네 가지 영적 원리)를 생각해 보라.

제1원리
하나님은 당신을 사랑하시며 당신을 위해 놀라운 계획을 가지고 계신다.

제2원리

사람은 죄에 빠져 하나님으로부터 떠나 있다. 그러므로 하나님의 사랑과 계획을 알 수 없고, 또 그것을 체험할 수 없다.

제3원리

예수 그리스도만이 사람의 죄를 해결할 수 있는 하나님의 유일한 길이다. 당신은 그를 통하여 당신에 대한 하나님의 사랑과 계획을 알게 되며, 또 그것을 체험하게 된다.

제4원리

우리 각 사람은 예수 그리스도를 '나의 구주 나의 하나님'으로 영접해야 한다. 그러면 우리 각 사람에 대한 하나님의 사랑과 계획을 알게 되며, 또 그것을 체험하게 된다.

복음 제시 때 가장 많이 사용되었던 '사영리'는 전도시 필수 교안처럼 여겨졌다. 실제로 이 '사영리'를 통하여 수많은 사람들이 예수 그리스도를 영접했다. 하나님은 사랑이시며 그분이 우리와 모든 피조 세계를 주관하시지만, 우리가 죄를 지음으로 하나님의 계획을 알지 못하게 되었기 때문에 하나님은 문제 해결을 위해서 예수 그리스도를 이 땅에 보내서 십자가에 못 박히게 하셨다. 이로써 우리의 모든 죄를 사해 주셨으므로, 그것을 믿고 그분을 나의 구주로 모실 때 우리는 그리스도인이 되고 하나님의 사랑과 계획을 알게 되는 것이다.

그러나 이 복음 제시는 거듭남(죄사함)에만 초점을 맞춤으로 너무나도 중요한 세 가지 사실이 빠져 있다.

첫째, 우리가 정말로 누구였는지에 대한 설명이 없다. 하나님께서 당신을 위한 놀라운 계획을 가지고 있는 것은 사실이지만, 여기에는 지금의 당신이 아니라 하나님이 처음 창조하신 당신이 누구인지에 대한 정의가 빠져 있다. 창세기의 말씀과 예수 그리스도의 삶을 보면 본래 인간은 하나님의 자녀로서 완전한 자였다.

둘째, 죄사함 이후 어떻게 살아가야 하며, 어떻게 승리의 삶을 살 수 있는가에 대한 언급이 없다. 즉, 구원받는 복음은 제시하고 있지만, 구원을 이루어 가는 것(성화의 삶)에 대해서는 침묵하고 있는 것이다. 따라서 이 지구상에 구원받은 자는 많으나 성화의 삶을 살아가는 자는 너무나 적다.

셋째, 영혼 구원의 목적이 되는 하나님나라의 삶에 대한 언급이 없다. 우리가 다시 성경으로 돌아가서 복음에 대해 논하자면, 예수님이 제시한 복음은 하나님나라로 들어가기 위한 죄사함과 거듭남이다. 그냥 복음(good news)이 아니라 바로 하나님나라의 복음(Good News of Kingdom of God)인 것이다. 하나님나라 없는 죄사함과 거듭남은 이 세상에서 단지 교회생활이 전부가 되게 할 뿐이며, 우리에게 위로와 평강은 줄지 모르지만 새로운 성품과 능력을 경험하게 할 수는 없다.

온전한 복음이란 무엇인가?

결국 올바로 이해한 복음의 핵심은 이 땅에 도래한 하나님나라다. 복음은 '하나님이 우리를 구원하시기 위해서 이 땅에 오심으로 인하여 하나님의 통치가 다시 시작되었다는 사실과 그로 말미암아 죄인이 본래 지음을 받은 형상과 모양대로 돌아갈 수 있다는 좋은 소식'인 것이다.

오늘날 그리스도인들에게 절실히 필요한 것은 이 세상에서 어떻게 살아야 하는가에 대한 것보다, 또 우리가 얼마나 신실하지 못하고 죄를 지었는가에 대한 것(우리에게 죄책감과 정죄감을 주는 것)보다, 예수 그리스도 안에서 내가 진정으로 누구인가에 대해서 아는 것이다. 우리가 하나님이 이미 주신 유업을 얼마나 누리지 못했는가를 인식하고, 자신의 새로운 태생에 합당한 삶을 사는 것이다. 이 온전한 복음의 빛으로 조명할 때, 우리 스스로 하나님의 말씀을 믿고, 또한 그 말씀을 힘써 지켜 행함으로써 이 어려운 세상을 어떻게 헤쳐 나갈 것인가에 초점을 맞추는 모든 신앙은 '율법의 행위'에 기초한 잘못된 신앙으로 치우칠 수밖에 없다.

우리가 예수 그리스도로 말미암아 구원을 얻고 의인이 되었을 때, 우리에게 필요한 것은 죄와 악에 대한 이야기가 아니라 의에 대한 진리를 듣는 것이다. 왜냐하면 우리는 그리스도 안에서 새로운 피조물이 되었기 때문이다. 새로운 피조물이 하나님나라에서 온전한 삶을 살기 위해서는 자신이 하나님의 의라는 사실을 깨닫고 그 의를 이 땅에서 어떻게 실제적으로 적용할지를 알아야 한다.

복음은 자기계발을 추구하는 것이 아니라 자기포기이고, 자신의 신분을 상승시키는 것이 아니라 새로운 영적 태생을 경험하는 것이다. 복음은 자기 신성화를 추구하는 영지주의나 뉴에이지적 신앙이 아닌 하나님의 나타나심에 있으며, 이 땅의 삶이 아니라 이 땅에 도래한 하나님나라의 삶 속에서 자신의 뜻이 아니라 하나님의 뜻을 이루는 것이고, 그 결과로 형통과 복이 아니라 하나님의 은혜를 누리는 것이다.

이 모든 것은 예수 그리스도의 십자가의 죽으심과 부활에 동참함으로 일어난다. 그러므로 복음이란 예수님이 내 죄를 대신하여 지신 그 십자가를 단지 믿는 것만이 아니라, 내 육체의 생명(자존적이고 자기중심적이며 자기를 사랑하고 자신의 육체에 기초한 모든 삶의 태도)을 포기하고 그 십자가에 동참함으로써(함께 십자가에 못 박혀 죽음으로써) 그리스도의 영으로 새롭게 태어난 우리가 이제 하나님의 자녀로서 이 땅의 삶이 아닌 이 땅에 도래한 하나님나라의 삶을 사는 것으로 정의될 수 있다. 이것이 온전한 복음이다. 복음은 우리를 지금보다 더 나은 사람으로 변화시켜 주는(changing) 것이 아니라, 우리를 예수님의 죽으심과 부활에 연합시킴으로써 새로운 피조물로 바꾸어 주는 것이다(exchanging). 옛 자아의 죽음을 통해서 말이다.

8 너희는 그 은혜에 의하여 믿음으로 말미암아 구원을 받았으니 이것은 너희에게서 난 것이 아니요 하나님의 선물이라 엡 2:8

"은혜에 의하여 믿음으로 말미암아 구원을 받았다"는 것은 성령님의 도우심으로 인하여 '내 삶의 태도가 잘못되었다는 것과 오직 예수님이 그리스도시며 살아 계신 하나님의 아들이심과 오직 그분을 통하여 영생을 얻을 수 있다는 것'이 (내가 노력하여 믿는 것이 아니라) 믿어짐에 따라 죽음과 중생(그리스도의 죽으심과 부활에 동참함)을 통해 이 땅에 도래한 하나님나라에서 그리스도의 삶(내 안에 계신 예수 그리스도께서 나를 통해 세상 속에 나타나시는 삶)을 사는 것이다.

CHAPTER

2 복음은 타락 이전의 완전함을 보여주는 것이다

**창세기의 창조는
복음의 원형이다**

오늘날 심리학을 포함한 모든 학문이 하는 인간 본질에 대한 논의는 타락한 인간에서부터 출발하고 있다. 그러나 하나님은 그렇게 말씀하시지 않는다. 하나님은 우리가 원래 하나님의 형상을 따라 모양대로 지음을 받았으며 완전한 존재라고 말씀하신다. 우리는 하나님이 만드신 참 인간이 무엇인지를 제대로 알지 못하고 있다. 하나님이 처음 만드신 인간의 원본을 알지 못한다면 우리가 어떻게 진정으로 회복될 수 있겠는가? 하나님이 우리를 어떻게 창조하셨는지와 그로 말미암아 인간이 누구인지를 정확히 아는 것은 신앙에 있어서 매우 중요하다.

그것을 알 때,

1. 우리가 수정하고 회복되어야 할 것이 무엇인지를 알 수 있게 된다.

2. 현재의 우리가 본래의 모습으로부터 얼마나 많이 타락했는지를 알 수 있게 된다.

3. 타락의 깊이를 알 때 비로소 복음의 진정한 가치가 무엇인지도 알 수 있게 된다. 오늘날 복음이 마치 보약을 먹는 정도로 받아들여지고 있다. 없어도 살 수 있지만 좀 더 건강하게 살기 위해서 먹는 보약처럼 너무나도 값싼 복음이 제시되고 있다.

4. 하나님이 우리를 얼마나 사랑하셨는지를 알 수 있게 된다.

5. 지금 우리가 이 땅에서 어떻게 살아야 하는지를 알 수 있게 된다.

오늘날 그리스도인들이 이 땅을 하나님나라로 만들지 못하고 패배하는 삶을 사는 결정적인 이유는 제한된 복음의 영향 아래 인간의 원본이 무엇인지를 알지 못하기 때문이다. 그렇기에 구속함을 받고도 창조된 의도대로 살지 못하고 교회생활 외에는 이방인들과 동일한 삶을 살고 있는 것이다. 참으로 인간의 창조에 대해서 새롭게 알아야 할 때다.

하나님은 말씀으로 천지를 창조하셨다.

1 태초에 하나님이 천지를 창조하시니라 2 땅이 혼돈하고 공허하며 흑암이 깊음 위에 있고 하나님의 영은 수면 위에 운행하시니라 3 하나님이 이르시되 빛

이 있으라 하시니 빛이 있었고 창 1:1-3

그분은 6일 동안 모든 피조 세계를 창조하고 안식하셨다. 그리고 만드신 모든 것을 보시고 심히 좋아하셨다. 왜냐하면 피조 세계에는 그분의 성품과 창조성이 나타나 있기 때문이다.

31 하나님이 지으신 그 모든 것을 보시니 보시기에 심히 좋았더라 저녁이 되고 아침이 되니 이는 여섯째 날이니라 창 1:31

20 창세로부터 그의 보이지 아니하는 것들 곧 그의 영원하신 능력과 신성이 그가 만드신 만물에 분명히 보여 알려졌나니 그러므로 그들이 핑계하지 못할지니라 롬 1:20

하나님이 인간을 어떻게 창조하셨는지 살펴보자.

27 하나님이 자기 형상 곧 하나님의 형상대로 사람을 창조하시되 남자와 여자를 창조하시고 창 1:27

하나님의 형상대로 사람을 창조하셨다는 것은 우리가 하나님의 모양을 지닌 형상(likeness-image)대로 지음 받았다는 것을 뜻한다. 또한 우리가 하나님처럼(like) 되었고, 이 땅에서 우리가 그분의 대표(representative)인 동시에 그분의 구현(representation)이기도 하다는 것이다. 따라서 하나님은 우리를 통하여 그분의 성품을 나타내기 원하시며, 우리가 그분의 성품을 온전히 나타낼 때 기뻐하시고 영광을 받으신다. 이 진리를 깨달을 때, 우리는 타락한 세상에서 영혼의 진정한 자유함을 얻게 되며 자신의 참된 가치를 발견하게 된다. 인간의 가치가 그가 가진 소유와 능력에 의해서 평가되는 타락한 세상 속에서 하나님이 본래 정하신 정체성과 소명이 우리의 유일무이한 가치를 결정하기 때문이다.

26 하나님이 이르시되 우리의 형상을 따라 우리의 모양대로 우리가 사람을 만들고 그들로 바다의 물고기와 하늘의 새와 가축과 온 땅과 땅에 기는 모든 것을 다스리게 하자 하시고 27 하나님이 자기 형상 곧 하나님의 형상대로 사람을 창조하시되 남자와 여자를 창조하시고 28 하나님이 그들에게 복을 주시며 하나님이 그들에게 이르시되 생육하고 번성하여 땅에 충만하라, 땅을 정복하라, 바다의 물고기와 하늘의 새와 땅에 움직이는 모든 생물을 다스리라 하시니라 창 1:26-28

7 여호와 하나님이 땅의 흙으로 사람을 지으시고 생기를 그 코에 불어넣으시니 사람이 생령이 되니라 창 2:7

우리가 상상조차 할 수 없는 가장 놀라운 사실은 하나님께서 피조물 중에 하나일 뿐인 인간에게 다음과 같이 행하셨다는 것이다.

첫째, 하나님의 형상을 따라 모양대로 사람을 지으셨고,

둘째, 하나님의 뜻을 인간을 통해서 이루기를 원하셨으며,

셋째, 그 일을 위해서 하나님 자신이 우리 안에 오셨다는 것이다.

천지를 창조하신 하나님이 그분의 생명을 우리에게 주셨기 때문에 한낱 피조물에 불과한 우리가 그분의 뜻을 나타내는 자녀가 되었다는 사실이 정말 놀랍지 않은가? 하나님의 생명으로 말미암아 우리는 이 땅에서 그분의 뜻에 동참하는 존재가 된 것이다.

만약 그분의 생명이 우리 안에 들어오시지 않았다면, 우리는 육신으로 이 땅에 태어나서 비가역적(非可逆的)인 시간 속에서 자신의 욕망을 채우기 위해 몸부림치다가 생을 마감해야 하는 제한된 존재로 살 수밖에 없다. 다른 생명체들을 생각해 보라. 그들은 피조 세계의 환경과 상황에 따라 나름대로 적응하며 살지만, 결국 시간, 공간, 물질에 의해 규정되는 가시적인 세계 안에서 자연의 법칙에 따라 살아갈 뿐이다.

하나님은 그가 지으신 자녀들을 지극히 사랑하셨기 때문에, 그분의 생명과 함께 전권을 우리에게 이양하셨다. 그분이 친히 우리 안에 들어오셔서, 우리로 하여금 지으신 그 법대로 이 땅을 다스리도록 하신 것이다. 이러한 위임은 천사나 사탄에게는 주어진 적이 없고 오직 그분의 자녀에게만 주어졌다.

6 주의 손으로 만드신 것을 다스리게 하시고 만물을 그의 발아래 두셨으니

시 8:6

    그분의 생명이 우리 안에 거한다는 것은 우리가 그분을 대표하는 존재, 즉 그분의 뜻을 나타내는 존재가 되었다는 것을 의미한다. 우리의 심령에 계신 그분께서 날마다 우리의 마음 판에 그분의 창조성과 성품을 나타내셨기 때문에 우리는 그분의 자녀로서 이 땅에서 그분을 대신한다는 것이다. 만물 속에 그분의 신성이 드러남으로 인하여 기뻐하시는 하나님은 자녀들을 통하여 그러한 일들이 더 일어나고 온전해지기를 원하신다. 그렇기에 우리에게 청지기 직분을 주셨다. 즉, 소유권, 통치권, 공급권이 그분에게 있지만, 우리에게 그분의 전부를 가지고 그분을 나타내는 삶의 특권을 허락하신 것이다.

    진정한 삶이란 하나님의 것을 가지고 하나님의 창조성과 성품을 나타내는 것이며, 이것을 다른 말로 순종이라고 한다. 우리는 이 땅에서 하나님이 우리를 그분의 형상으로 창조하셨다는 것을 보여 주어야 한다. 하나님나라의 풍성한 삶을 위해서 지혜와 지식, 아름다움, 창조성, 사랑, 친절, 공평, 거룩, 자유, 의지의 실천, 축복, 즐거움 등과 같은 하나님의 성품을 나타내야 한다. 본래 일을 통하여 하나님을 나타내는 것은 하나님의 명령인 동시에 복인 것이다.

    그렇다면 하나님의 자녀인 인간이 어떻게 하나님의 일에 동참할 수 있는가? 온 우주에 편재하시는 하나님은 동시에 우리 안에도 계

신다. 그렇기에 그분의 말씀이 우리를 통해 선포되고 역사하도록 하셨다. 태초에 하나님이 말씀으로 천지 만물을 창조하신 것처럼, 지금도 그분은 우리가 예수 그리스도 안에서 예수 그리스도의 이름으로 주의 말씀대로 믿고 선포함으로써 이 땅에 그분의 뜻을 이루도록 하셨다. 할렐루야!

복음은 타락한 세상을 전제(前提)한다

복음이 '좋은 소식'이 되기 위해서는 그것이 절실히 필요한 결핍과 상실의 현실이 전제되어야 한다. 창세기의 세 번째 장은 그러한 현실의 원인이 바로 인간의 타락이라고 말하고 있다. 사탄은 하나님의 형상과 모양대로 창조된 그분의 자녀에게 하나님처럼 지혜로워질 수 있다는 생각을 가지게 하였다. 이에 인간은 하나님에 대한 순종을 자신에 대한 속박으로 여기며 스스로를 피조세계의 중심으로 높이고자 하는 죄를 범했고, 이 때문에 하나님의 영광은 떠났으며, 그 결과 우리 안에는 세상 신이 들어오게 되었다.

5 너희가 그것을 먹는 날에는 너희 눈이 밝아져 하나님과 같이 되어 선악을 알 줄 하나님이 아심이니라 창 3:5

2 그때에 너희는 그 가운데서 행하여 이 세상 풍조를 따르고 공중의 권세 잡은 자를 따랐으니 곧 지금 불순종의 아들들 가운데서 역사하는 영이라 3 전에는 우리도 다 그 가운데서 우리 육체의 욕심을 따라 지내며 육체와 마음의 원하는 것을 하여 다른 이들과 같이 본질상 진노의 자녀이었더니 엡 2:2-3

타락의 결과로 우리는 하나님의 참 생명으로부터 분리된 채 마귀의 지배 아래 살아야 하는 비참한 존재로 전락하고 말았다. 이것은 다음과 같은 세 가지 일들이 일어났음을 의미한다.

첫째, 하나님의식(God-consciousness)이 부재한 자아의식(self-consciousness)의 자기중심적 사고방식으로 모든 것을 바라보고 판단하게 되었다. 타락 후 모든 피조 세계의 질서는 하나님 중심에서 인간 중심으로 변질되었다. 그로 인해 인간은 각자 자기가 세상의 주인인 것처럼 행세하며 자신의 생각과 판단만을 중요하게 여기게 되었다. 마귀의 영에 묶인 자신의 사고체계를 절대적인 기준으로 삼아 각 사람이 자신과 타인과 세상에 대해 옳고 그름을 판단하고 정죄하게 되었다.

둘째, 하나님의 진리를 알지 못하기 때문에 오직 오감을 통한 정보와 경험에 기초한 삶을 살 수밖에 없다. 하나님의 말씀은 보이지 않는 영적 세계의 진리를 모든 것의 근본적인 실체로 제시한다. 그러나 하나님과 단절된 타락의 상태에서 더 이상 그 진리에 대해 알 수 없게 된 인간은 육신의 오감을 통해서 들어오는 정보와 경험으로 모든 사고와 행동을 결정하게 되었다. 그래서 눈에 보이는 대로 생각하고 말하고 행동하게 되는 것이다.

셋째, 자신의 내재적인 자원으로만 살 수밖에 없는 제한된 존재가 되었다. 인간이 창조주 하나님에 대해서 독립을 선언한 것은 그분의 완전한 소유, 통치, 공급으로부터 독립하여 이제 자신의 내재적인 자원(자신의 지혜와 능력, 소유와 권세 등)만을 가지고 살겠다는 의지의 표명이기도 하다. 그러나 마귀의 지배 아래 놓여 있는 세상의 자원은 유한하고 제한된 자원일 뿐이다.

결과적으로 타락한 인간은 하나님을 대표하며 그분의 뜻대로 이 세상을 다스리는 존재에서 오히려 세상에 묶이고 상황과 환경의 지배를 받아야 하는 존재로 전락하고 말았다. 은혜는 없어지고 인과에 따른 보응(일에 대한 삯 또는 행위에 대한 보상과 같은)이 삶의 법칙이 되었다. 따라서 인간의 모든 행위는 자신의 노력과 수고에 대한 보상을 받기 위한 수단으로 변질되었고, 일은 더 이상 하나님의 영광을 드러내는 것이 아니라 자신의 소유, 통치, 공급을 확보하기 위한 수단으로 변질되었다. 하지만 자신의 제한된 내재적 자원을 가지고 결핍의 삶을 살 수밖에 없는 인생은 마치 뿌리가 뽑힌 잡초처럼 당장 보기에는 그럴듯해 보여도 시간이 지남에 따라 고통과 절망과 죽음의 증상들을 피할 수 없다. 끊임없는 불안과 두려움, 갈망과 집착, 자신이 옳다는 것을 증명하고자 하는 마음, 삶에 대한 염려, 허무함과 공허감 등이 바로 그러한 증상들이다. 이러한 제한과 결핍을 해결하기 위한 유일한 방법은 다른 사람들을 짓밟고 그들에게서 착취함으로써 스스로 하나님의 소유, 통치, 공급을 대신하는 것이었다. 인간의 이러한 시도가 바로 죄된 세상에서 벌어진 생존경쟁의 역사이며, 전쟁의 궁극적인 원인이기도 하다.

**복음은 본래
창조하신 상태로
돌아가는 것이다**

복음은 바로 이러한 타락의 결과와 그 실상을 직시하게 하고, 마침내 타락 전 하나님이 처음 우리를 지으셨을 때 그분이 통치하시는 그 나라가 도래하였으며, 예수 그리스도를 통하여 우리가 그 나라의 자녀가 되어 본래 하나님이 의도하신 그 삶을 살 수 있게 되었음을 선포한다. 우리가 예수 그리스도로 말미암아 구원을 얻을 때 그리스도 안에 있는 새로운 피조물이 되었다는 사실은 우리가 다시 하나님께서 본래 우리를 만드신 원상태로 돌아갔다는 것을 의미한다.

8 우리가 아직 죄인 되었을 때에 그리스도께서 우리를 위하여 죽으심으로 하나님께서 우리에 대한 자기의 사랑을 확증하셨느니라 롬 5:8

17 그런즉 누구든지 그리스도 안에 있으면 새로운 피조물이라 이전 것은 지나갔으니 보라 새 것이 되었도다 고후 5:17

21 하나님이 죄를 알지도 못하신 이를 우리를 대신하여 죄로 삼으신 것은 우리로 하여금 그 안에서 하나님의 의가 되게 하려 하심이라 고후 5:21

14 그가 우리를 대신하여 자신을 주심은 모든 불법에서 우리를 속량하시고 우리를 깨끗하게 하사 선한 일을 열심히 하는 자기 백성이 되게 하려 하심이라 딛 2:14

예수 그리스도 안에 있는 새로운 피조물에게 일어나는 가장 본질적인 변화는 성령 하나님으로 인한 '하나님의식'의 회복이다. 하나님의식이 회복되었다는 것은 우리의 진정한 정체성을 알게 되었다는 것이고, 더불어 하나님의 뜻대로 살게 된다는 것을 의미한다. 하나님께서 그분의 독생자를 죽이는 희생을 감수하면서까지 우리를 자녀로 삼으신 이유는 우리가 본래 지으신 목적대로 살기를 원하시는 하나님의 간절한 소망 때문이다. 우리가 죄사함을 받고 하나님의 생명이 다시 우리 안에 오실 때, 우리는 이제 위대하신 하나님의 뜻을 이루는 데 쓰임받을 뿐 아니라 영원한 삶을 누리는 새로운 인생으로 변화된다. 그분의 뜻을 이룬다는 것은 우리 안에 계신 하나님의 생명으로 말미암아 우리가 하나님의 뜻대로 이 땅을 다스리며 마귀의 일을 멸할 수 있는 권세와 능력을 부여받았다는 것을 의미한다. 또한 우리가 다시 하나님의 창조성과 성품을 나타내는 존재가 되었다는 것이다.

4 이로써 그 보배롭고 지극히 큰 약속을 우리에게 주사 이 약속으로 말미암아 너희가 정욕 때문에 세상에서 썩어질 것을 피하여 신성한 성품에 참여하는 자가 되게 하려 하셨느니라 벧후 1:4

29 이와 같이 하나님의 소생이 되었은즉 하나님을 금이나 은이나 돌에다 사람의 기술과 고안으로 새긴 것들과 같이 여길 것이 아니니라 행 17:29

하나님은 지금도 이 땅을 다스릴 자를 찾고 계신다. 즉, 죄사함을 받고 다시금 새로운 피조물이 되어 하나님의 자녀로서 그분의 성품을 나타내는 자를 찾고 계시며, 그들을 통해서 이 땅을 정복하고 다스리기를 원하신다는 것이다. 이 땅을 본래 하나님이 목적하신 모습으로 회복시킬 수 있는 자는 하나님 자녀 외에는 없다. 왜냐하면 오직 자녀에게만 이 땅을 정복하고 다스릴 권세를 주셨기 때문이다.

26 하나님이 이르시되 우리의 형상을 따라 우리의 모양대로 우리가 사람을 만들고 그들로 바다의 물고기와 하늘의 새와 가축과 온 땅과 땅에 기는 모든 것을 다스리게 하자 하시고 창 1:26

28 하나님이 그들에게 복을 주시며 하나님이 그들에게 이르시되 생육하고 번성하여 땅에 충만하라, 땅을 정복하라, 바다의 물고기와 하늘의 새와 땅에 움직이는 모든 생물을 다스리라 하시니라 창 1:28

이러한 일들은 하나님나라(통치 안에서)에서 이루어지는 역사이며, 그 하나님의 통치가 이제 이 땅에 도래했다고 선포하는 것이 바로 복음이다. 예수님은 이 하나님나라의 복음을 전하시기 위해서 성육신하셨다. 그러므로 복음이란 인간의 타락 때문에 잃어버렸던 하나님의 통치가 다시 임했으며, 그 결과 하나님 자녀들의 회복과 더불어 피조 세계를 다스리는 권능이 회복되었다는 기쁜 소식이다. 이 복음의 풍성한 약속은 오직 예수 그리스도 안에서만 누릴 수 있다.

CHAPTER

3 예수님은 하나님나라의 복음을 선포하셨다

예수님은 타락 전

자녀의 삶을 나타내신다

때가 차매 하나님께서는 예수님을 이 땅에 보내셨다. 예수님은 영원하신 말씀이 육신이 되어 이 땅에 오신 하나님의 독생자이시다.

1 옛적에 선지자들을 통하여 여러 부분과 여러 모양으로 우리 조상들에게 말씀하신 하나님이 2 이 모든 날 마지막에는 아들을 통하여 우리에게 말씀하셨으니 이 아들을 만유의 상속자로 세우시고 또 그로 말미암아 모든 세계를 지으셨느니라 히 1:1-2

예수님은 타락한 이 세상 속으로 타락 전 아담이 하나님의 영광 가운데 거했던 바로 그 인성을 입고 오셨다. 아담을 통해 유전되던 죄성의 굴레를 끊기 위하여 동정녀 마리아의 몸에 성령으로 잉태되신 예수님은 이 땅에 나타나신 하나님의 형상, 곧 가장 완벽하고 완전한 하나님 자신의 인간적인 표현이시다.

9 예수께서 이르시되 빌립아 내가 이렇게 오래 너희와 함께 있으되 네가 나를 알지 못하느냐 나를 본 자는 아버지를 보았거늘 어찌하여 아버지를 보이라 하느냐 요 14:9

15 그는 보이지 아니하는 하나님의 형상이시요 모든 피조물보다 먼저 나신 이시니 **16** 만물이 그에게서 창조되되 하늘과 땅에서 보이는 것들과 보이지 않는 것들과 혹은 왕권들이나 주권들이나 통치자들이나 권세들이나 만물이 다 그로 말미암고 그를 위하여 창조되었고 **17** 또한 그가 만물보다 먼저 계시고 만물이 그 안에 함께 섰느니라 **18** 그는 몸인 교회의 머리시라 그가 근본이시요 죽은 자들 가운데서 먼저 나신 이시니 이는 친히 만물의 으뜸이 되려 하심이요 **19** 아버지께서는 모든 충만으로 예수 안에 거하게 하시고 골 1:15-19

원래 하나님의 형상으로 인간을 창조하셨던 하나님은 성육신하신 그의 독생자를 통해서 타락 전 인간의 삶이 무엇을 의미하는지를 세상 속에 나타내셨다. 두 번째 아담으로 오신 예수님은 타락 전의 인간이 누구이며 그 삶이 무엇인지, 우리의 아버지가 누구시며 그분과 어떤 관계로 어떻게 살아야 하는지를 몸소 보여 주셨다. 바로 하나님이 처음 인간에게 주셨던 하나님나라의 삶을 이 땅에서 보여 주신 것이다.

예수님은 하나님나라의 복음을 전하셨다

예수님이 오시는 길을 예비하기 위하여 광야에서 외치는 자로 사역했던 세례 요한은 "회개하라 천국이 가까이 왔다"고 선포했다.

3 외치는 자의 소리여 이르되 너희는 광야에서 여호와의 길을 예비하라 사막에서 우리 하나님의 대로를 평탄하게 하라 사 40:3

2 회개하라 천국이 가까이 왔느니라 하였으니 **3** 그는 선지자 이사야를 통하여 말씀하신 자라 일렀으되 광야에 외치는 자의 소리가 있어 이르되 너희는 주의 길을 준비하라 그가 오실 길을 곧게 하라 하였느니라 마 3:2-3

그 뒤에 오신 예수님도 성령충만함을 받으신 후 비로소 "회개하라 하나님나라가 가까이 왔다"라는 말씀을 선포하심으로 공생애 사역을 시작하셨다. 예수님은 어디서든지 하나님나라의 복음을 전하셨다.

17 이때부터 예수께서 비로소 전파하여 이르시되 회개하라 천국이 가까이 왔느니라 하시더라 마 4:17

15 이르시되 때가 찼고 하나님의 나라가 가까이 왔으니 회개하고 복음을 믿으라 하시더라 막 1:15

43 예수께서 이르시되 내가 다른 동네들에서도 하나님의 나라 복음을 전하여야 하리니 나는 이 일을 위해 보내심을 받았노라 하시고 눅 4:43

16 율법과 선지자는 요한의 때까지요 그 후부터는 하나님나라의 복음이 전파되어 사람마다 그리로 침입하느니라 눅 16:16

"이르시되 때가 찼고 하나님의 나라가 가까이 왔으니 회개하고 복음을 믿으라"(막 1:15)는 말씀을 다시 한 번 생각해 보자.

"이르시되 때가 찼고": 하나님이 정하신 약속의 때가 이르렀다는 것이다. 그 약속은 바로 옛적부터 항상 계셨던 메시아 예수님께서 이 땅에 오셔서 하나님의 자녀들을 위해서 원한을 풀어 주시고, 마침내 그 자녀들이 그 나라를 얻을 때가 되었다는 것이다. 할렐루야!

22 옛적부터 항상 계신 이가 와서 지극히 높으신 이의 성도들을 위하여 원한을 풀어 주셨고 때가 이르매 성도들이 나라를 얻었더라 단 7:22

"하나님의 나라가 가까이 왔으니": 예수님은 공생애 사역을 시작하면서 하나님나라의 복음을 전하셨지만, 그 나라가 아직 우리에게 임하지 않았기 때문에 가까이 왔다고 말씀하셨다. 그 나라가 우리에게 임하기 위해서는 그분이 먼저 우리의 죄를 사하시고 부활 승천하셔서 약속하신 보혜사 성령님을 우리에게 보내셔야 하기 때문이다.

28 그러나 내가 하나님의 성령을 힘입어 귀신을 쫓아내는 것이면 하나님의 나라가 이미 너희에게 임하였느니라 마 12:28

"회개하고": 회개란 단지 "주님! 내가 이런저런 좋지 않은 일을 행하고, 나쁜 감정과 생각들을 하면서 살았습니다"라고 고백하고 후회하는 것을 의미하지 않는다.

생각해 보라. 우리가 죄로 인하여 타락한 후 첫째, 하나님의 영에 인도함을 받지 않는 자기의식, 자기중심적 사고방식으로 세상을 보고 판단하게 되었다. 둘째, 하나님의 지혜와 진리를 알지 못하기 때문에 사실과 경험에 기초한 삶을 살 수밖에 없게 되었다. 셋째, 자신의 내재적 자원으로만 살 수밖에 없는 존재가 되었다. 하지만 그렇다 해도 타락 전 이 땅에서 하나님의 대리인으로, 하나님 자녀로서 특권을 누리던 그 흔적은 여전히 남아 있다. 단지 그 일을 자신이 주인이 되어 하고자 하는 것만 바뀐 것이다. 결국 유한하고 제한적인 존재로서, 끊임없는 불안과 두려움, 선악을 가리고자 하는 마음(자신이 옳다는 것을 증명하고자 하는 마음), 끊임없는 갈망과 집착 그리고 허무함의 존재로 전락한 것이다. 무엇을 입을까, 무엇을 먹을까, 무엇을 마실까 등으로 염려하는 삶을 살게 된 것이다.

신약에서 세례 요한으로부터 시작된 '회개'(헬: 메타노이아)라는 단어는 그의 나라로 부르시는 하나님의 초청에 응하기 위한 자기부인에 해당하는 단어이지, 자신의 죄를 후회하는 단어가 아니다. 이 말의 뜻은 지금 우리가 알고 있는 죄의 고백이 아니라 마음의 변화를 의미한다. 결국, 회개란 우리가 타락해서 갖게 된 옛 본성에 기초한 사고체계로 인하여 행한 죄와 죄악을 고백하고 후회하는 것이 아니라, 바로 그 죄와 죄악을 지을 수밖에 없는 타락한 옛 본성을 십자가에 못 박음으로 하나님 중심의 새로운 사고체계로 돌이키는 것이다.

회개는 하나님이 이루시고자 하는
1. 하나님나라의 기쁜 소식을 듣고
2. 자신이 하나님을 알지 못했고,
3. 자신의 삶의 방식이 잘못되었다는 것을 깨닫고,
4. 그동안 그렇게 살았던 자신의 삶을 후회하고 분노를 느끼고,
5. 마음을 돌이켜 의지적으로 하나님께 순종하는 새로운 삶을 사

는 것이다.

10 하나님의 뜻대로 하는 근심은 후회할 것이 없는 구원에 이르게 하는 회개를 이루는 것이요 세상 근심은 사망을 이루는 것이니라 고후 7:10

"복음을 믿으라": 옛 삶으로부터 방향을 전환하는 회개는 자연스럽게 믿음의 초청으로 이어진다. 하나님나라가 왔다는 기쁜 소식(Good News of Kingdom of God)을 믿으라는 것이다. 오늘날 흔히 듣는 '예수 믿으면(또는 교회에 나가면) 형통하고 복을 얻게 된다' 또는 '예수 믿으면 죽은 후 천당 간다'라는 메시지는 복음의 완전성을 나타내지 못한다. 예수님이 전하신 복음은 우리가 그렇게도 기다리고 기다리던 하나님나라가 마침내 이 땅에 왔으며, 그 나라에 들어감으로써 하나님의 자녀가 되고, 하나님의 뜻을 이루는 삶을 살 수 있다는 것이다.

예수님은 우리가 하나님나라의 삶을 살게 하기 위해 오셨다

예수님은 공생애 사역을 하는 동시대에 하나님 나라가 우리에게 임할 것이라고 그 나라의 도래를 선포하셨을 뿐만 아니라 실제로 그 나라의 삶이 무엇인지를 가르치고 보여 주셨다.

23 예수께서 온 갈릴리에 두루 다니사 그들의 회당에서 가르치시며 천국 복음을 전파하시며 백성 중의 모든 병과 모든 약한 것을 고치시니 마 4:23

1 또 그들에게 이르시되 내가 진실로 너희에게 이르노니 여기 서 있는 사람 중에는 죽기 전에 하나님의 나라가 권능으로 임하는 것을 볼 자들도 있느니라 하시니라 막 9:1

32 적은 무리여 무서워 말라 너희 아버지께서 그 나라를 너희에게 주시기를 기뻐하시느니라 눅 12:32

20 바리새인들이 하나님의 나라가 어느 때에 임하나이까 묻거늘 예수께서 대답하여 이르시되 하나님의 나라는 볼 수 있게 임하는 것이 아니요 **21** 또 여기 있다 저기 있다고도 못하리니 **하나님의 나라는 너희 안에 있느니라** 눅 17:20-21

또한 예수님은 제자들을 부르시고 그들에게 하나님나라의 비밀을 말씀하시면서, 동일한 복음을 전하고 보여 주도록 명령하셨다.

1 예수께서 그의 열두 제자를 부르사 더러운 귀신을 쫓아내며 모든 병과 모든 약한 것을 고치는 권능을 주시니라 마 10:1

7 가면서 전파하여 말하되 **천국이 가까이 왔다 하고** 8 병든 자를 고치며 죽은 자를 살리며 나병환자를 깨끗하게 하며 귀신을 쫓아내되 너희가 거저 받았으니 거저 주라 마 10:7-8

1 예수께서 열두 제자를 불러 모으사 모든 귀신을 제어하며 병을 고치는 능력과 권위를 주시고 2 **하나님의 나라를 전파하며** 앓는 자를 고치게 하려고 내보내시며 눅 9:1-2

1 그 후에 주께서 따로 칠십 인을 세우사 친히 가시려는 각 동네와 각 지역으로 둘씩 앞서 보내시며 눅 10:1

9 거기 있는 병자들을 고치고 **또 말하기를 하나님의 나라가 너희에게 가까이 왔다 하라** 눅 10:9

또한 예수님은 그 나라가 임할 때 어떤 일들이 일어날지, 그 일을 위해서는 우리가 어떻게 해야 하는지에 대해서 말씀하셨다.

9 그러므로 너희는 이렇게 기도하라 하늘에 계신 우리 아버지여 이름이 거룩히 여김을 받으시오며 **10 나라가 임하시오며 뜻이 하늘에서 이루어진 것같이 땅에서도 이루어지이다** 마 6:9–10

33 그런즉 너희는 먼저 그의 나라와 그의 의를 구하라 그리하면 이 모든 것을 너희에게 더하시리라 마 6:33

베드로가 아버지께서 보내신 성령의 감동으로 예수님이 그리스도이시고 살아 계신 하나님의 아들이심을 고백하자 예수님은 비로소 메시아 공동체인 교회를 통해서 세상을 하나님나라로 만들겠다고 말씀하셨다. 이것이 바로 예수님이 언급하신 교회의 시작이고 목적이다.

16 시몬 베드로가 대답하여 이르되 주는 그리스도시요 살아 계신 하나님의 아들이시니이다 마 16:16

18 또 내가 네게 이르노니 너는 베드로라 내가 이 반석 위에 내 교회를 세우리니 음부의 권세가 이기지 못하리라 **19** 내가 천국 열쇠를 네게 주리니 네가 땅에서 무엇이든지 매면 하늘에서도 매일 것이요 네가 땅에서 무엇이든지 풀

면 하늘에서도 풀리리라 하시고 마 16:18-19

마침내 예수님은 모든 인류가 하나님나라의 삶을 살 수 있도록 하기 위해서 자신이 앞으로 해야 할 일에 대해서 말씀하셨다. 그러나 베드로는 그 일이 무엇인지를 제대로 알지 못했다.

> **21** 이때로부터 예수 그리스도께서 자기가 예루살렘에 올라가 장로들과 대제사장들과 서기관들에게 많은 고난을 받고 죽임을 당하고 제삼일에 살아나야 할 것을 제자들에게 비로소 나타내시니 마 16:21

> **45** 인자가 온 것은 섬김을 받으려 함이 아니라 도리어 섬기려 하고 자기 목숨을 많은 사람의 대속물로 주려 함이니라 막 10:45

> **22** 베드로가 예수를 붙들고 항변하여 이르되 주여 그리 마옵소서 이 일이 결코 주께 미치지 아니하리이다 **23** 예수께서 돌이키시며 베드로에게 이르시되 사탄아 내 뒤로 물러가라 너는 나를 넘어지게 하는 자로다 네가 하나님의 일을 생각하지 아니하고 도리어 사람의 일을 생각하는도다 하시니 마 16:22-23

예수님은 모든 인류가 하나님나라의 삶을 살기 원하셨기에, "하나님나라가 가까이 왔으니 회개하고 복음을 믿으라"고 말씀하셨다. 그런데 과연 죄를 지은 뒤 회개만 하면 되는지 생각해 보라. 예를 들어 누군가가 살인을 한 뒤 단지 "잘못했습니다. 진심으로 회개합니다"라고 고백만 하면 죄사함을 받고 모든 문제가 해결되는가? 그렇지 않다. 회개로 인한 죄사함이 성립되기 위해서는 누군가가 죄 값을 치러야 한다. 그것이 바로 하나님이 정하신 법이다. 따라서 예수님은 우리로 하여금 이 하나님나라의 복음을 누리게 하기 위해서 스스로 십자가에 못 박혀 죽으심으로 우리 죄를 대속하실 것과 사흘 만에 부활하실 것을 예고하셨다. 모든 인류가 그 나라의 삶을 누릴 수 있는 비밀을 제자들에게 알려 주신 것이다. 이것이 바로 기독교의 핵심인 구원 사건이며, 인간의 관점으로는 이해할 수 없는 하나님의 은혜다. 할렐루야!

죽으신 예수님

공생애 기간 동안 예수님은 당시 종교인들이 보기에 참람한 말을 하고, 용납할 수 없는 일들을 행하셨다. 예를 들면, 하나님을 "아바 아버지"라고 부르셨고, "나와 아버지는 하나"라고 말씀하셨다. 또한 "이 성전을 헐라 내가 사흘 동안에 일으키리라"고 선포하셨으며, 자신이 메시아이심을 나타내셨다. 종교 지도자들에게 하나님과 생명적 관계없이 (하나님께 돌아오는 것 없이) 단지 율법을 지키고 행하는 것만으로 의롭다 여기는 것은 하나님이 원하시는 온전한 삶이 아니라고 꾸짖으셨고, 그들이 엄격하게 지키는 안식일에 주의 일을 행하셨으며, "나는 하늘로부터 온 것처럼 하늘로 올라갈 것이다"고 말씀하셨다. 또한 인간이 할 수 없는 수많은 기사와 표적을 나타내셨다.

이 예수님을 이스라엘 백성이 호산나 외치며 오실 왕으로 맞이하자, 두려움을 느낀 유대 종교 지도자들은 담합하여 예수님께 신성모독 혐의를 씌워 십자가에 못 박아 죽임으로써, 예수님이 저주를 받았다고 말하기를 원했다.

4 예수를 흉계로 잡아 죽이려고 의논하되 마 26:4

59 대제사장들과 온 공회가 예수를 죽이려고 그를 칠 거짓 증거를 찾으매 마 26:59

18 유대인들이 이로 말미암아 더욱 예수를 죽이고자 하니 이는 안식일을 범할 뿐만 아니라 하나님을 자기의 친아버지라 하여 자기를 하나님과 동등으로 삼으심이러라 요 5:18

47 예수께서 날마다 성전에서 가르치시니 대제사장들과 서기관들과 백성의 지도자들이 그를 죽이려고 꾀하되 눅 19:47

22 사람이 만일 죽을 죄를 범하므로 네가 그를 죽여 나무 위에 달거든 **23** 그

시체를 나무 위에 밤새도록 두지 말고 그 날에 장사하여 네 하나님 여호와께서 네게 기업으로 주시는 땅을 더럽히지 말라 나무에 달린 자는 하나님께 저주를 받았음이니라 신 21:22-23

26 이 율법의 말씀을 실행하지 아니하는 자는 저주를 받을 것이라 할 것이요 모든 백성은 아멘 할지니라 신 27:26

마침내 예수님은 하나님의 뜻대로 우리의 죄를 대속하기 위해서 대적들의 손에 잡히시고 십자가를 지셨다. 한편 제자들은 예수님이 십자가를 지시기 전에 이미 앞으로 올 하나님나라와 예수님이 행하실 일들에 대해서 많은 가르침을 받았지만 제대로 깨닫지 못했다. 그리고 예수님이 마지막으로 십자가를 질 때조차도 하나님의 능력으로 모든 것을 뒤집는 기적이 일어나기를 바라고 믿었다. 그렇지만 제자들이 보기에는 예수님이 너무나 허무하게 자신도 구원하지 못하고, 십자가에 달려 죽으셨다. 그리고 "이제 나는 끝났다"(I am finished)가 아니라, "다 이루었다"(It is finished)를 마지막 유언으로 남기셨다. 제자들은 3년 동안 모든 것을 버리고 오직 예수님만을 따라 다녔는데 모든 것이 일장춘몽처럼 사라져 버린 것이다.

30 예수께서 신 포도주를 받으신 후에 이르시되 다 이루었다 하시고 머리를 숙이니 영혼이 떠나가시니라 요 19:30

부활하신 예수님

죽음이 끝인 줄 알았지만 놀랍게도 예수님은 3일 만에 부활하셔서 막달라 마리아로부터 시작해서 제자들에게 다시 나타나셨다. 부활하신 주님은 십자가를 지시기 전에 그들에게 가르친 것을 다시 가르치셨고, 이제 하나님의 뜻을 이루는 삶을 살기 위해서 성령충만함을 받으라고 하셨다. 그들은 비로소 예수님이 십자가를 지기 전에 말씀하신 모든 것이 사실임을 알게 되었다.

> 18 막달라 마리아가 가서 제자들에게 내가 주를 보았다 하고 또 주께서 자기에게 이렇게 말씀하셨다 이르니라 19 이 날 곧 안식 후 첫날 저녁 때에 제자들이 유대인들을 두려워하여 모인 곳의 문들을 닫았더니 예수께서 오사 가운데 서서 이르시되 너희에게 평강이 있을지어다 요 20:18-19

제자들은 예수님의 죽으심만이 아니라 그분의 부활을 목도함으로써, 또한 그분의 말씀을 다시 들음으로써, 예수님이 바리새인들의 말처럼 저주받아 나무에 달려 죽으신 것이 아니라, 우리로 하여금 하나님나라의 삶을 살도록 하기 위해서(이를 다른 말로 하면 구원하시기 위해서), 십자가에 못 박히시고 부활하셨다는 사실을 확신하게 되었다. 부활하신 주님은 40일 동안 제자들과 함께하며 하나님나라의 진리에 대해서 다시 알려 주셨다.

16 내가 아버지께 구하겠으니 그가 또 다른 보혜사를 너희에게 주사 영원토록 너희와 함께 있게 하리니 **17** 그는 진리의 영이라 세상은 능히 그를 받지 못하나니 이는 그를 보지도 못하고 알지도 못함이라 그러나 너희는 그를 아나니 그는 너희와 함께 거하심이요 또 너희 속에 계시겠음이라 **18** 내가 너희를 고아와 같이 버려두지 아니하고 너희에게로 오리라 **19** 조금 있으면 세상은 다시 나를 보지 못할 것이로되 너희는 나를 보리니 이는 내가 살아 있고 너희도 살아 있겠음이라 **20** 그날에는 내가 아버지 안에, 너희가 내 안에, 내가 너희 안에 있는 것을 너희가 알리라 요 14:16-20

3 그가 고난 받으신 후에 또한 그들에게 확실한 많은 증거로 친히 살아 계심을 나타내사 사십 일 동안 그들에게 보이시며 하나님나라의 일을 말씀하시니라 행 1:3

4 사도와 함께 모이사 그들에게 분부하여 이르시되 예루살렘을 떠나지 말고 내게서 들은 바 아버지께서 약속하신 것을 기다리라 **5** 요한은 물로 세례를 베풀었으나 너희는 몇 날이 못되어 성령으로 세례를 받으리라 하셨느니라 행 1:4-5

8 오직 성령이 너희에게 임하시면 너희가 권능을 받고 예루살렘과 온 유대와 사마리아와 땅끝까지 이르러 내 증인이 되리라 하시니라 행 1:8

마침내 제자들은 예수님이 오순절에 약속하신 성령충만을 경험하게 되었다.

1 오순절 날이 이미 이르매 그들이 다같이 한 곳에 모였더니 **2** 홀연히 하늘로부터 급하고 강한 바람 같은 소리가 있어 그들이 앉은 온 집에 가득하며 **3** 마치 불의 혀처럼 갈라지는 것들이 그들에게 보여 각 사람 위에 하나씩 임하여 있더니 **4** 그들이 다 성령의 충만함을 받고 성령이 말하게 하심을 따라 다른 언어들로 말하기를 시작하니라 행 2:1-4

제자들이 전한
하나님나라 복음

예수님의 부활을 목도하고 그분의 말씀을 다시 듣고 약속하신 성령충만을 경험함으로써 제자들은 마침내 하나님이 친히 통치하시는 그 나라가 왔다는 사실을 알게 되었다. 그들은 예수님이 전하신 그 하나님나라의 복음을 모든 백성이 누리도록 하기 위해서 오직 길이요 진리요 생명이신 예수 그리스도(요 14:6)를 전하기 시작했다. 제자들은 백성과 관원들이 죽인 예수가 바로 그리스도이시며 그분의 대속과 다시 우리 안에 오심을 통해서만 하나님나라에 들어갈 수 있다고 전파했다. 다시 말해서, 그들은 예수님이 전한 하나님나라를 선포함과 동시에 예수가 그리스도라는 사실을 구약을 통해서 가르치면서 오직 예수 그리스도를 통해서 구원을 얻을 수 있고, 약속하신 하나님나라의 삶을 살 수 있다고 전했다.

23 그들이 날짜를 정하고 그가 유숙하는 집에 많이 오니 바울이 아침부터 저녁까지 강론하여 하나님의 나라를 증언하고 모세의 율법과 선지자의 말을 가지고 예수에 대하여 권하더라 행 28:23

31 하나님의 나라를 전파하며 주 예수 그리스도에 관한 모든 것을 담대하게 거침없이 가르치더라 행 28:31

약속하신 성령으로 충만함을 받은 후 제자들은 자신들 안에 예수님이 함께하시고 그분께서 진리의 영으로 말씀을 가르쳐 주심으로 아무런 두려움 없이 담대하게 복음을 전하며 기사와 표적을 행할 수 있었다.

14 베드로가 열한 사도와 함께 서서 소리를 높여 이르되 유대인들과 예루살렘에 사는 모든 사람들아 이 일을 너희로 알게 할 것이니 내 말에 귀를 기울이라 행 2:14

20 제자들이 나가 두루 전파할새 주께서 함께 역사하사 그 따르는 표적으로 말씀을 확실히 증언하시니라 막 16:20

구슬이 서 말이라도 꿰어야 보배인 것처럼, 놀라운 하나님나라의 복음을 우리 삶에서 실제로 어떻게 누릴 수 있는가? 바로 회개하고 예수 그리스도를 믿을 때 하나님나라의 자녀로서 그 나라의 삶을 살 수 있게 된다. 따라서 사도들은 회개하고 예수 그리스도를 믿어 죄 사함을 얻음으로써 성령을 받으라고 백성에게 선포했다.

> **36** 그런즉 이스라엘 온 집은 확실히 알지니 너희가 십자가에 못 박은 이 예수를 하나님이 주와 그리스도가 되게 하셨느니라 하니라 **37** 그들이 이 말을 듣고 마음에 찔려 베드로와 다른 사도들에게 물어 이르되 형제들아 우리가 어찌할꼬 하거늘 **38** 베드로가 이르되 너희가 회개하여 각각 예수 그리스도의 이름으로 세례를 받고 죄 사함을 받으라 그리하면 성령의 선물을 받으리니
>
> 행 2:36-38

하나님나라의 복음은
그리스도가 내 안에 사는 것으로
시작된다

예수 그리스도의 죽음과 부활은 첫째, 하나님나라의 복음 확실성을 증명한 것이고, 둘째, 우리로 하여금 그 복음을 누리기 위한 길을 여신 것이다. 할렐루야! 하나님께 대한 회개와 예수 그리스도를 믿고 우리의 죄가 그분에게 전가되었음을 알 때 우

리는 예수 그리스도와 함께 연합하여 죽고 예수 그리스도와 함께 연합하여 산 자로서 새로운 피조물의 삶을 살 수 있다. 그리스도의 영에 의해 인도함을 받는 하나님나라의 삶이 활짝 열리는 것이다. 우리 안에 계신 그리스도는 이 땅에서 누리는 복음의 성취다.

4 그러므로 우리가 그의 죽으심과 합하여 세례를 받음으로 그와 함께 장사되었나니 이는 아버지의 영광으로 말미암아 그리스도를 죽은 자 가운데서 살리심과 같이 우리로 또한 새 생명 가운데서 행하게 하려 함이라 **5** 만일 우리가 그의 죽으심과 같은 모양으로 연합한 자가 되었으면 또한 그의 부활과 같은 모양으로 연합한 자도 되리라 롬 6:4-5

20 바리새인들이 하나님의 나라가 어느 때에 임하나이까 묻거늘 예수께서 대답하여 이르시되 하나님의 나라는 볼 수 있게 임하는 것이 아니요 **21** 또 여기 있다 저기 있다고도 못하리니 하나님의 나라는 너희 안에 있느니라 눅 17:20-21

24 나는 이제 너희를 위하여 받는 괴로움을 기뻐하고 그리스도의 남은 고난을 그의 몸 된 교회를 위하여 내 육체에 채우노라 **25** 내가 교회의 일꾼 된 것은 하나님이 너희를 위하여 내게 주신 직분을 따라 하나님의 말씀을 이루려 함이니라 **26** 이 비밀은 만세와 만대로부터 감추어졌던 것인데 이제는 그의 성도들에게 나타났고 **27** 하나님이 그들로 하여금 이 비밀의 영광이 이방인 가운데 얼마나 풍성한지를 알게 하심이라 **이 비밀은 너희 안에 계신 그**

리스도시니 곧 영광의 소망이니라 골 1:24-27

하나님은 우리가 예수 그리스도 안에서 하나님의 자녀로 살기를 원하신다. 예수님과 우리는 한 아버지를 모시는 가족이 된 것이다. 바로 로얄 킹덤 패밀리(royal kingdom family)가 된 것이다.

17 자녀이면 또한 상속자 곧 하나님의 상속자요 그리스도와 함께한 상속자니 우리가 그와 함께 영광을 받기 위하여 고난도 함께 받아야 할 것이니라 롬 8:17

29 하나님이 미리 아신 자들로 또한 그 아들의 형상을 본받게 하기 위하여 미리 정하셨으니 이는 그로 많은 형제 중에서 맏아들이 되게 하려 하심이니라 (and he chose them to become like his Son, so that his Son would be the firstborn, among many brothers and sisters, NLT) 롬 8:29

10 그러므로 만물이 그를 위하고 또한 그로 말미암은 이가 많은 아들들을 이끌어 영광에 들어가게 하시는 일에 그들의 구원의 창시자를 고난을 통하여 온전하게 하심이 합당하도다 **11** 거룩하게 하시는 이와 거룩하게 함을 입은 자들이 다 한 근원에서 난지라 그러므로 형제라 부르시기를 부끄러워하지 아니하시고 히 2:10-11

이 대목에서 기독교 신앙의 핵심을 다시 한 번 생각해 볼 필요가 있다. 그동안 우리는 너무나 오랫동안 십자가에만 머물러 있었던 것 같다. 이렇게 주장하는 것은 십자가의 중요성을 무시하는 것이 결코 아니다. 십자가 없는 기독교 신앙은 있을 수 없다. 그러나 기독교 신앙은 결코 십자가만 좇는 것이 아니라, 십자가와 동시에 부활을 제시하는 신앙이다. 죄사함과 그분 안에 거하는 새로운 삶(하나님 자녀의 삶), 이것이 바로 기독교 신앙의 정수다. 그동안 오직 말씀과 십자가를 붙들고 살아 왔으나 이제는 동전의 다른 면에 해당하는 성령과 부활을 함께 보아야 할 때다.

하나님나라 복음의 성취는 이전의 잘못된 삶을 회개하고, 죽으시고 부활하신 예수 그리스도를 믿어 죄사함을 받고, 성령충만함을 입을 때 이루어진다. 사도 바울이 어떻게 복음을 전했는가를 생각해 보라. 그가 예루살렘으로 들어가기 전에 에베소 장로들을 만나서 전했던 복음은 '하나님께 대한 회개', '주 예수 그리스도께 대한 믿음', 그리고 '하나님나라'의 세 가지로 요약되며, 바울은 이것을 가리켜 하나님의 은혜의 복음이라고 말했다.

18 오매 그들에게 말하되 아시아에 들어온 첫날부터 지금까지 내가 항상 여러분 가운데서 어떻게 행하였는지를 여러분도 아는 바니 행 20:18

21 유대인과 헬라인들에게 **하나님께 대한 회개와 우리 주 예수 그리스도께**

대한 믿음을 증언한 것이라 행 20:21

24 내가 달려갈 길과 주 예수께 받은 사명 곧 하나님의 은혜의 복음을 증언하는 일을 마치려 함에는 나의 생명조차 조금도 귀한 것으로 여기지 아니하노라 **25** 보라 내가 여러분 중에 왕래하며 **하나님의 나라를 전파**하였으나 이제는 여러분이 다 내 얼굴을 다시 보지 못할 줄 아노라 행 20:24-25

결국, 복음의 약속과 성취를 논리적으로 설명하기에는 무리가 있지만 그 순서를 볼 때 첫째, 하나님나라는 복음의 약속이고 둘째, 예수님의 죽으심과 부활은 약속의 증거인 동시에 그 약속을 누릴 수 있는 전제 조건이며 셋째, 오직 각 개인이 예수 그리스도를 믿음으로써 자신의 자아가 십자가에 못 박히고 자신 안에 그리스도가 오시는 것이 복음의 성취인 것이다. 이것을 하나님의 통치와 구원론적 관점에서 본다면, 복음의 성취는 예수 그리스도로 인하여 구원을 받고, 하나님의 통치 안에서 구원을 이루어 가는 삶을 살며, 예수님이 재림하실 때 마침내 구원을 완성시키는 것이 될 것이다.

구원 복음만을 강조한다면 새생명을 얻는 것에 그치지만 진정한 복음은 하나님나라 복음으로 새생명뿐만 아니라 이 땅에 도래한 하나님나라에서 풍성한 삶을 사는 것까지도 포함해야 한다.

10 …내가 온 것은 양으로 생명을 얻게 하고 더 풍성히 얻게 하려는 것이라 요 10:10

복음을 단지 '예수 그리스도의 죽으심과 구원에 대한 믿음'으로만 받아들인다면 하나님나라는 죽고 난 다음에 가는 천당으로밖에 인식되지 않을 것이다. 또한 복음을 '부활하신 예수 그리스도에 대한 믿음'으로만 받아들인다면 이 땅은 인간이 자신의 복과 형통만을 추구하는 하나님나라로 변질될 것이다. 한편, 복음을 '예수 그리스도가 없는 하나님나라에 대한 믿음'으로만 받아들인다면 기독교는 불교나 다른 여타 종교의 피안 세계와 아무런 차이가 없을 것이다. 기독교는 인간이 신을 믿는 종교가 아니라 하나님께서 그의 나라를 회복하시는 좋은 소식이다.

Two

part 2

하나님나라의 관점으로 전환하라

이 주제와 관련된 손기철 장로의 집회 영상 보기
(QR코드 스캔 어플 설치 후 위의 QR코드를 찍어 보세요!)

회개하고 예수 그리스도를 믿는 것이 구원을 받는 것(칭의)이라면, 구원받은 자가 이 땅에 도래한 하나님나라의 삶을 사는 것은 구원을 이루어 가는 것(성화)이다. 칭의와 성화는 순서적으로 나눌 수 있는 것이 아니라 논리적 구분이며, 이 두 가지가 온전히 이루어질 때 비로소 온전한 복음이 된다. 그렇다면 구원받은 우리는 그동안 왜 구원을 이루어 나가는 삶에 대해 관심이 없었을까? 그것은 오늘날 구원(죄사함과 칭의) 복음은 널리 강조되고 있지만, 구원받은 자가 단지 이 땅에서의 삶이 아니라 이 땅에 도래한 하나님나라에서의 삶을 사는 것에 대한 복음은 잘 알지 못하기 때문이다.

하나님나라의 복음은 기독교 신앙의 전부이지 신학적 이론이나 성경공부 주제 중의 하나가 아니다. 그렇다면 지난 1980~1990년대를 풍미하던 하나님나라의 신학이 왜 슬그머니 사라져 버렸을까? 여러 가지 이유가 있겠지만, 가장 결정적인 이유는 하나님나라의 선포에 따른 실체가 없었기 때문이라고 생각된다. 하나님나라는 신조도, 관념도, 이론도 아닌 실체다.

20 하나님의 나라는 말에 있지 아니하고 오직 능력에 있음이라 고전 4:20

하나님나라는 하나님 영광의 임재로 인하여 그분의 통치권과 영향력이 미치는 영적 세계다. 따라서 하나님나라는 내 안에 계신 그리스도의 영과 그분의 인도함을 받을 때 가능한 것이다. 전통적인 개혁 복음주의 신학은 성령님의 내주(indwelling)는 인정하지만, 우리를 통한 그분의 현재적 나타나심과 역사하심에 대해서는 부정적이거나 거부하는 입장을 견지해 왔다. 성령님의 현재적 나타나심과 역사하심을 인정하지 않는 신앙 노선은 하나님나라에 대해서 이론적으로 논할 수는 있지만 그 나라가 실체적으로 임하게 할 수는 없다. 그것이 바로 하나님나라의 신학이 과거사로 끝날 수밖에 없었던 이유다.

우리가 하나님나라의 삶을 이해하기 위해서는 본래 우리가 누구인가부터 알아야 한다. 너무나 안타까운 사실은 구원받은 후에도 우리가 우리의 참된 정체성에 대해 제대로 알지 못하고 있다는 것이다. 하나님은 처음에 우리를 하나님의 형상과 모양대로 지으셨고, 타락 상태에 있던 우리를 구원하심으로써 그리스도 안에 있는 새로운 피조물로 만드셨다. 그런데 오늘날 많은 성도는 편협된 복음의 영향 아래 스스로를 '예수 그리스도를 믿고 죄사함을 받은 존재'로만 규정하고 있다. 즉, 자신은 육적인 삶의 주인으로 여전히 남아 있으면서, 죄는 용서받은 존재로 믿고 있는 것이다. 그러나 진정한 거듭남은 예수 그리스도의 죽으심과 부활하심에 연합함으로 말미암아 육적인 존재였던 자신이 영적인 존재로 변화되어 이 땅에서 하나님나라의 삶을 사는 것이다.

CHAPTER

1 하나님나라는 이런 곳이다

예수님의 제자들이 전한 복음은 이스라엘의 종교·정치 지도자들과 백성이 죽인 예수가 바로 종말의 구원자인 메시아(그리스도)이시고, 오직 그분을 통하여 구원을 얻을 수 있으며, 그분이 말씀하신 하나님나라가 이 땅에 왔다는 것이었다. 우리가 하나님나라의 온전한 복음을 이해하고 받아들이기 위해서는 이 땅과 하늘이라는 공간적 차원과 이 세상의 삶과 하나님나라라는 차원적인 측면(물리적 세계와 영적 세계의 관점에서)과 이 세대(현재적 하나님나라)와 오는 세대(미래적 하나님나라)라는 시간적인 측면을 동시에 고려해야 한다. 그리고 현실 세계에서 하나님나라를 바라보는 관점과 더불어 하나님나라에서 이 세상을 바라보는 관점도 가져야 한다.

하늘과 천국은 어떻게 다른가?

창세기에는 하나님의 창조 사건이 나온다. 창세기 1장 1절은 창조에 대한 선포이며 실체다. 스스로 존재하시는 하나님이 시간, 공간 그리고 물질을 창조하셨다고 선포한다.

1 태초에 하나님이 천지를 창조하시니라 창 1:1

그 결과로 다층 구조의 하늘들(heavens)과 땅 그리고 모든 생명체가 만들어졌다. 하나님은 유일하게 인간을 하나님의 형상과 모양대로 지으시고, 인간을 통해 이 땅을 하나님나라로 만들기 원하셨다. 그러나 인간이 사탄에게 속아 죄를 지음으로써 타락하게 되자, 하나님은 독생자 예수 그리스도를 이 땅에 보내셔서 인간의 죄를 대속하시고, 사망에서 생명으로 옮겨 놓으셨다. 하나님은 인간을 통해 본래 그분이 뜻하신 나라를 다시 회복시키기 원하셨다. 그리고 허락하신 이 땅에서 주의 뜻을 이루는 육신의 삶을 다 산 후에는 인간의 영혼을 하늘나라로 올리시고, 예수님이 재림하실 때 다시 몸의 부활을 입게 하셔서 이 땅에서 예수 그리스도와 함께 통치하도록 하셨다.

그렇다면 하늘은 어떤 곳일까? 하늘(heaven)에 해당하는 히브리어 '샤마임'과 헬라어 '우라노스'는 성경에서 세 가지 의미로 사용된다. 첫째, 앞서 언급한 하늘과 땅이라는 표현에서 나타난 바와 같이 우주적인(cosmological), 즉 모든 천체를 포함하는 공간의 의미를 지니고 있다(창 1:1). 둘째, 하늘은 하나님과 동의어로 사용되었다(눅 15:18). 그리고 셋째, 가장 중요한 의미는 하나님의 거처(the abode of God)다. 성경에는 '하늘'이 세 번째의 뜻으로 곳곳에 사용되었다.

예를 들어 "하늘에 계신 우리 아버지여"(마 6:9)에서부터 "천사가 하늘로부터 내려와"(마 28:2), "하늘로 올라가니"(눅 2:15), "그의 아들이 하늘로부터 강림하실 것"(살전 1:10), "너희를 위하여 거처를 예비하러 가노니… 거처를 예비하면 내가 다시 와서 너희를 내게로 영접하여 나 있는 곳에 너희도 있게 하리라"(요 14:2-3), "오직 너희를 위하여 보물을 하늘에 쌓아 두라"(마 6:20), "하늘에 있는 것이나 땅에 있는 것이"(엡 1:10), "그리스도 예수 안에서 함께 하늘에 앉히시니"(엡 2:6) 등이다.

우리는 또한 예수님이 십자가에 못 박히실 때 행악자 중의 한 사람과 나누신 낙원(참조, 고후 12:4; 계 2:7)에 대한 대화나 바울 서신에 나오는 하늘에 대한 언급을 생각해 보아야 한다.

42 이르되 예수여 당신의 나라에 임하실 때에 나를 기억하소서 하니 43 예수께서 이르시되 내가 진실로 네게 이르노니 오늘 네가 나와 함께 **낙원**에 있으리라 하시니라 눅 23:42-43

20 그러나 우리의 시민권은 **하늘**에 있는지라 거기로부터 구원하는 자 곧 주

예수 그리스도를 기다리노니 21 그는 만물을 자기에게 복종하게 하실 수 있는 자의 역사로 우리의 낮은 몸을 자기 영광의 몸의 형체와 같이 변하게 하시리라 빌 3:20–21

우리는 흔히 하늘을 '하나님의 거처'라는 장소적 의미에서 '천국'(하늘나라)과 동일한 의미로 생각한다. 그러나 성경에서 천국(Kingdom of Heaven) 혹은 하나님나라(Kingdom of God)의 주된 의미는 하나님의 통치와 주권을 의미하며, 문맥에 따라 부차적으로 그 통치와 주권의 영향력이 미치는 영역을 나타내기도 한다. 따라서 하늘(heaven)이 단지 하나님의 거처라는 장소적 의미에 초점을 둔 말이라면, 천국(혹은 하늘나라)은 주로 하나님의 통치와 그에 따른 영역적 용어로 보는 것이 좋다.

예를 들어,

10 나라(kingdom)가 임하시오며 뜻이 하늘(heaven)에서 이루어진 것같이 땅에서도 이루어지이다 마 6:10

이때 "나라"는 하나님의 '통치, 주권'이라는 상태적 의미를 나타내는 반면, "하늘"은 땅과 비교되는 '하나님의 거처'라는 장소적 의미를 지닌다. '하나님의 거처'로서 하늘은 영원의 영역, 영광의 영역이며, 이 물질 세계와는 다른 초자연의 영역을 가리킨다. 즉 시간, 공간, 물질에 국한된 현실 세계에서는 상상도 할 수 없는 차원이 다른 영적 세계다.

우리는 하나님나라(천국)를
어떻게 이해해야 하는가?

그러나 여전히 천국과 하나님나라라는 용어 때문에 야기되는 가장 큰 혼돈은 그 뜻이 '통치 그 자체', '통치에 따른 영역', 혹은 두 가지 모두를 포함하는가가 모호하다는 데 있다. 사복음서 중 마가, 누가, 요한복음에서는 하나님나라(Kingdom of God)가 언급되어 있지만, 마태복음에서는 천국(Kingdom of Heaven)과 하나님나라(6:33, 12:28, 19:24, 21:31, 21:43)가 혼용되어 있다. 천국과 하나님나라를 이해하는 데 실마리가 되는 성경 구절은 다음과 같다.

> **23** 예수께서 제자들에게 이르시되 내가 진실로 너희에게 이르노니 부자는 **천국에 들어가기가 어려우니라 24** 다시 너희에게 말하노니 낙타가 바늘귀로 들어가는 것이 부자가 **하나님의 나라**에 들어가는 것보다 쉬우니라 하시니
>
> 마 19:23-24

이 말씀에 기초할 때 천국과 하나님나라는 동의어임을 알 수 있다. 천국은 히브리적 표현 방식인 반면 하나님나라는 헬라적 표현

방식인데, 유대인들에게 왕국 복음을 전하기 위해서 마태는 헬라적 표현 방식보다는 히브리적 표현 방식에 의존했던 것으로 보인다. 그렇다면 이처럼 호환적으로 사용될 수 있는 두 개념의 기본적인 의미는 무엇일까? 성경에서 천국 또는 하나님나라에 대해 언급할 때 공통적인 강조점은 일단 통치영역보다는 통치, 다스림, 치세, 왕권 그 자체에 있다. 실제로 왕국(나라)을 가리키는 단어는 히브리어로 '말쿠트'(malkuth), 헬라어로는 '바실레이아'(basileia)인데, 그 속에는 '백성이나 통치영역'에 해당하는 장소적 개념보다 '주권, 통치, 지배'의 개념이 훨씬 더 중요시 되고 있다. 다음과 같은 예수님의 말씀은 이러한 사실을 잘 보여 준다.

33 그런즉 너희는 먼저 그의 나라와 그의 의를 구하라 그리하면 이 모든 것을 너희에게 더하시리라 마 6:33

20 바리새인들이 하나님의 나라가 어느 때에 임하나이까 묻거늘 예수께서 대답하여 이르시되 하나님의 나라는 볼 수 있게 임하는 것이 아니요 **21** 또 여기 있다 저기 있다고도 못하리니 하나님의 나라는 너희 안에 있느니라 눅 17:20-21

한편 천국(Kingdom of Heaven)을 '땅의 나라들'과 대비되는 '하늘의 나라'로서, 영원 전부터 계신 하나님의 초월적인 영역이라는 의미가 주이고 그에 따른 통치는 부차적인 의미로 본다는 견해도 있다. 그렇게 본다면 하나님나라의 개념은 하나님의 통치와 주권을 나타내는 주된 의미와 그 통치가 미치는 영역이라는 부차적인 의미를 지닌다고 볼 수 있다.

초월적인 천상의 통치영역으로서 천국(하늘나라)이 무엇인지(실체)는 다음과 같이 생각을 정리해 볼 수 있겠다.

- 천국은 태양계나 은하계가 있는 우주의 어느 곳을 말하는 것이 아니다.
- 또한 천국은 관념적으로만 각자의 마음에 자리 잡고 있는 어떤 정신 상태가 아니다.
- 더욱이 천국은 우리가 이 세상에서 인식하는 것으로만 그려 볼 수 있는 곳도 아니다.
- 천국은 모든 사람이 가는 곳이 아니라, 오직 하나님의 자녀들에게 허락되는 곳이다.
- 천국은 하나님의 보좌가 있는, 영원한 기쁨과 생명의 장소다.
- 천국은 우리가 보좌에 앉으신 어린양께 경배를 드리며, 그분과 진정으로 하나가 되는 곳이다.

결국 성경에서 천국과 하나님나라의 개념을 대면할 때는, 하나님의 통치(행위) 자체의 주된 의미와 그 통치가 시행되는 영역(장소)의 부차적인 의미 모두를 포함하여 묵상해 보라. 그러면 더욱 풍성한 의미를 깨달을 수 있을 것이다. 예를 들어 유대인을 위한 왕국 복음인 마태복음에서 천국의 개념은 이스라엘 백성이 고대하던 회복될 이스라엘 왕국과 대비되는 의미로 사용되었다. 또한 마태는 하나님 나라는 하나님의 통치가 이루어짐으로써 가능하다고 말하고 있다. 천국이 임했다는 사실은 하나님이 다스리는 통치영역이 마침내 이 땅에 도래했음을 의미한다. 그러나 그것은 하나님의 통치와 주권이 임하심으로 말미암아 이루어지는 것이다.

천국이 종착점이 아니다

성경의 전체 구조에서 발견되는 놀라운 대조점은 창세기가 하늘과 땅 그리고 인간의 창조로부터 시작되는 반면, 요한계시록은 인간의 (부활의 몸을 입음으로 이루어지는) 재창조 그리고 새 하늘과 새 땅의 도래로 끝난다는 사실이다. 오늘날 인간의 삶은 바로 그 가운데 놓여 있다. 우리는 흔히 이 땅에서 살다가 죽으면 육신은 죽어서 사라지지만 영혼은 살아서 우주 공간 어디엔가 존재하는 천당(혹은 천국)에서 영원히 산다고 믿고 있다. 대부분의 사람들이 이러한 믿음을 무의식적으로 가지고 있지만, 이는 성경의 말씀과는 전혀 일치하지 않는 동양적인 개념일 뿐이다. 사실 이러한 비기독교적이고 인간 중심적인 관점 때문에 기독교 신앙이 종교화 및 윤리화로 변질된 측면이 적지 않다. 즉, 종교화란 신앙이 현재 삶과 분리된 채 내세의 영생복락을 지향하고 교회가 단지 천국을 준비하는 곳으로 변질된 것을 뜻하며, 윤리화란 나중에 지옥에 가지 않고 천국에 가려면 착하고 바르게 살아야 한다는 것으로 변질된 신앙을 의미한다.

많은 사람들이 이생의 삶과 사후의 삶을 이 땅과 천당이라는 관념으로 대치시킨다. 즉, 현재는 이 땅에서 살고 있지만, 우리의 육신이 죽으면 천국 혹은 천당에 간다고 생각하는 것이다. 그러나 예수님은 이 땅과 천국(천당)의 삶에 대해 이분법적으로 말씀하시지 않았다. 그분과 사도들이 전한 복음에 따르면 하나님나라는 이미 이 땅에 왔으며, 아직 우리 육신(몸)의 생명이 끝나지 않았어도 우리가 예수 그리스도 안에 있을 때 우리의 시민권은 천국(하늘나라)에 있는 것이다. 다시 말해서 나의 영적인 국적은 내 육신의 삶(이생)과 죽음(내세)에 기초하는 것이 아니라 하나님의 생명이 내 안에 있는가 그렇지 않은가에 달려 있다는 것이다.

또 하나 중요한 사실은, 우리가 영원히 살게 될 곳은 천국(하늘나라)이 아니라 새 하늘과 새 땅이라는 것이다. 물론 하늘에 있는 천국은 실제로 존재하고 죽은 성도가 그곳에 머무르지만, 예수님이 재림하시는 그날에 우리는 부활의 새로운 몸을 입게 되고, 종국에는 예수 그리스도와 함께 이 땅에서 왕 노릇하게 될 것이다. 그리고 천년왕국이 지난 다음 새 하늘과 새 땅에서 살게 될 것이다. 그렇다면 우리가 사후에 가는 천국은 영원한 처소가 아니라 우리가 새 땅에서 살기 전까지 머무르는 중간 단계일 뿐이다. 이 땅은 사라질 곳이 아니라 지금 우리를 통해 하나님나라가 도래해야 할 현장이고, 마지막에는 온전히 새롭게 되어 하나님께서 우리와 영원히 함께 계실 새 땅으로 나타나게 될 곳이다.

> 1 또 내가 새 하늘과 새 땅을 보니 처음 하늘과 처음 땅이 없어졌고 바다도 다시 있지 않더라 2 또 내가 보매 거룩한 성 새 예루살렘이 하나님께로부터 하늘에서 내려오니 그 준비한 것이 신부가 남편을 위하여 단장한 것 같더라 3 내가 들으니 보좌에서 큰 음성이 나서 이르되 보라 하나님의 장막이 사람들과 함께 있으매 하나님이 그들과 함께 계시리니 그들은 하나님의 백성이 되고 하나님은 친히 그들과 함께 계셔서 계 21:1-3

현재적 하나님나라와 미래적 하나님나라

하나님나라의 복음에 대한 우리의 주된 관심사는 이 땅에 도래한 하나님나라와 그 나라 백성의 삶에 대한 것이다. 그러나 우리가 그러한 삶을 살기 위해서는 하나님나라의 현재적 의미뿐만 아니라 완성에 대해서도 알아야 한다. 많은 신앙인은 하나님나라, 천국, 영생, 구원 등을 미래적으로만 이해하는 데 익숙하다. 이러한 이해에 따르면, 성경에서 천국에 들어간다는 것은 사후에 내세에서 무한히 좋은 곳으로 간다는 것을 의미하며, 이 천국은 속성상 미래적이기 때문에 현세(이생)에서는 그 체험이 불가능하다는 것이다. 그러나 다음의 구절은 분명히 지금의 삶 동안에도 하나님나라의 능력을 체험하는 것이 가능하다고 말하고 있다.

5 하나님의 선한 말씀과 내세의 능력을 맛보고도 히 6:5

그 때문에 하나님나라의 시간적 이해를 설명할 때 신학자들은 주로 '현재적-미래적' 하나님나라(already but not yet)의 개념을 제시한다. 예수 그리스도께서 부활 승천하신 후 보혜사 성령님을 우리에게 보내 주신 시점부터 이미 현재적 하나님나라가 시작되었지만 예수 그리스도께서 다시 재림하시기 전까지는 아직 완전한 하나님나라가 이루어지지 않았다고 보는 견해다. 그리고 예수 그리스도의 재림 후의 시기를 미래적 하나님나라라고 부른다.

조지 앨든 래드에 따르면, "하나님나라는 현재적 실체이면서(마 12:28) 또한 미래적 축복이다(고전 15:50). 하나님나라는 다시 태어난 자들만이 경험할 수 있는(요 3:3) 영적인 내적 축복이면서(롬 14:17) 또한 이 세상 나라의 통치와도 관련이 있다(계 11:15). 하나님나라는 사람들이 실제로 들어갈 수 있는 현재적 영역이면서(마 11:11-12) 또한 나중에 들어갈 수 있는 미래적 영역이기도 하다(마 8:11). 하나님의 나라는 믿는 자에게 상속되는 미래적 축복의 나라이면서(눅 12:32) 또한 현재에 믿는 자들이 누릴 수 있는 나라이기도 하다(막 10:15). 이러한 하나님나라의 다양성과 풍요로움 때문에 하나님나라에 대한 명쾌한 해석을 내리기란 쉬운 일이 아니다."

하나님나라를 이 땅에 이미 도래한 현재적 하나님나라와 우리가 장차 들어갈 미래적 하나님나라라는 시간적 구조 안에서만 이해할 경우, 자칫하면 영원부터 영원까지 존재하고 있고, 이 땅에 영향을 미치는 초월적인 하늘나라 자체를 간과할 수도 있다. 앞서 언급한 것처럼, 하나님나라를 시공간을 초월한 하나님의 통치주권적인 개념으로 이해한다면, 하나님나라를 단순히 '현재적-미래적'이라는 시간상의 틀 안에서만 해석하는 것은 불충분할 수밖에 없다. 그보다는 세상을 장소적 개념(코스모스)과 시간적 개념(세대)의 상관관계 속에서 이해할 때, 영원불변하는 하나님나라의 통치주권이 영원한 영적 세계뿐만 아니라 이 땅에 임하는 시기와 그 뜻에 대해 더욱 잘 설명할 수 있을 것이다(자세한 내용은 part 2의 6장 '세상과 하나님나라' 참조).

하나님나라를 이 땅의 현실 세계와 천상의 영적 세계라는 두 차원에 대한 통치주권의 개념으로 보면, 하나님의 자녀된 자가 영원한 천국(위)으로부터 이 땅(아래)을 바라보는 차원적 관점을 올바로 이해할 수 있다. 즉, 우리 안에 계신 예수 그리스도로 인하여 이러한 천국 백성의 관점(Kingdom mentality)으로 이 땅을 바라볼 때, 보이지 않고 느낄 수 없지만 하나님께서 친히 통치하시는 새로운 나라의 실체를 이 땅 위에서도 볼 수 있다는 것이다. 물론 우리는 하나님나라

태초부터 영원까지 존재하는, 시작도 끝도 없는 나라임을 항상 염두에 두어야 한다. 그러나 바로 그 나라의 통치가 예수 그리스도로 인하여 이 땅에도 실제적으로 임했다는 것이다(마 6:10).

하나님의 백성인 우리는 이미 하나님나라에 들어온 것이다. 이 땅에 도래한 하나님나라는 구원을 받은 우리가 이제 성령의 인도하심 아래 그 구원을 이루어 가는 것을 훈련하는 곳이다. 그런데 수많은 그리스도인이 하나님나라가 없는 이 세상에서 인간적인 수고와 노력으로 구원을 이루어 나갈 뿐이고, 이를 통해 죽고 나서 가는 천국에서 완성된 구원을 얻게 된다고 착각하고 있다. 이 얼마나 안타까운 일인가? 우리는 동시에 두 나라(하나님나라와 세상 나라)에 걸쳐 살고 있으며, 이 땅에 도래한 하나님나라에서 구원을 이루어 가야 한다. 그 구원의 완성은 바로 오는 세상(예수 그리스도의 재림으로 시작되는 미래적 하나님나라)을 일컫는다. 만약 우리가 하나님나라에 들어와 있지 않다면, 어떻게 하나님 뜻대로 이 땅에서 살 수 있겠는가? 하나님나라에 들어와 있지 않다면, 어떻게 하나님나라의 법을 이 땅에서 적용시킬 수 있겠는가?

33 그런즉 너희는 먼저 그의 나라와 그의 의를 구하라 그리하면 이 모든 것을 너희에게 더하시리라 마 6:33

만약 우리가 지금 하나님나라에서 살고 있지 않다면, 하나님께서 우리에게 약속하신 '이 모든 것을' 현세에서 어떻게 더할 수 있겠는가? 만약 구원을 이루어 가는 것이 이 땅(장소적 개념으로는 이 땅이지만, 차원적 개념으로는 하나님나라)에서 일어나지 않는다면 성화된 삶은 무엇을 의미하는가? 결론적으로 말하면, 하나님나라에 대해 단지 장소적 개념 또는 시간적 개념의 양자택일의 관점으로 접근하지 않는 것이 중요하다. 앞서 언급한 바와 같이, 하나님나라를 통치주권의 의미에서 비가시적(非可視的)인 영적 세계의 현시(現示: 나타나 보임)로 본다면, 이 나라는 자연계에 나타나는 초합리적인 통치주권적 실체인 것이다. 이러한 이해 속에서 우리는 첫째, 태초부터 영원토록 초자연계에서 완전한 상태로 존재하는 하나님나라가 둘째, 성령님의 역사하심을 통해 이 땅에 (비록 장소적으로는 국부적이고, 상황적으로 제한적이지만) 이미 도래하여 주의 뜻이 이루어져 가고 있고, 셋째, 아직은 완전하지 않은 그 나라의 통치는 예수 그리스도께서 재림하실 때 완성된다는 것으로 정리할 수 있다.

한편 이 땅에 도래한 하나님나라에서 살면서 초월적인 천상의 통치영역을 방문하는 것은 복된 일이다. 그러나 우리에게 영원한 천국의 방문이 허락되는 것은 이 땅에 도래한 하나님나라의 삶을 어떻게 살아야 하는지 그리고 육신의 죽음 뒤에 오는 천국에 대한 소망을 알리기 위해서이지, 단지 그곳에 머무는 것이나 신비한 체험 자체가 목적은 아니라는 점을 분명히 알아야 한다. 마음의 눈이 열려서 그 마음이 천국(위)에 있는 자에게 하나님은 이 땅을 맡기신다. 반면 이 땅의 보이는 것에 매인 채 하늘만 쳐다보며 사는 자에게는 주의 뜻을 이루어야 할 이 땅을 맡길 수 없다. 그리고 우리가 오늘 이 땅에서 도래한 하나님나라의 삶을 사는 이유는 단순히 오늘의 풍성함을 누리기 위해서가 아니라, 예수 그리스도의 재림과 함께 임하게 될 미래적 하나님나라를 준비하기 위해서다.

CHAPTER

2 성경은 하나님나라를 어떻게 가르치는가?

**우리는 성경을
어떻게 보아야 하는가?**

성경은 성령의 감동으로 기록된 하나님의 말씀이다. 이 말씀을 온전하게 이해하기 위해 우리가 고수해야 할 해석의 세 가지 기본 원칙은 다음과 같다.

첫째, 구약은 신약의 복음적 토대 위에서 이해해야 한다.

둘째, 하나님께서 그의 나라와 의를 이루어 가신다는 구원사적-관계적 복음관의 토대 위에서, 예수 그리스도 안에서 성령을 통하여 하나님과 개인적이며 주관적인 관계를 이루어 가도록 해야 한다.

셋째, 그리스도의 생명 안에서 진리의 말씀이 우리의 영으로부터 마음에 풀어지도록 해야 한다.

우리가 구약을 정확히 알아야 하는 이유는 바로 신약의 온전한 이해를 위해서다. 신약은 예수 그리스도가 하나님의 모든 약속을 궁극적으로 성취하시는 분임을 보여 주는데, 이러한 성취는 구약성경을 통해서만 제대로 설명될 수 있다.

한편 구약성경이 예수 그리스도를 어떻게 증거하고 있는지는 신약성경에 근거해서 이해해야 한다. 다시 말해서, 신약성경이 구약을 제대로 해석하게 해주는 틀로서 기능한다는 것이다. 구약성경의 온전한 의미는 오직 성령의 계시를 통해서 밝혀진다. 성령의 계시를 통해서 우리는 구약의 모든 페이지마다 주 예수 그리스도와 그분의 영광스러운 나라에 대한 그림자, 모범, 교훈, 모형의 증거가 있다는 것을 발견하게 된다. 우리가 신약에 근거해서 구약을 본다는 말의 의미는 구약의 말씀이 복음의 구조 안에서 예수 그리스도의 참 빛에 비추어져야 온전하게 이해될 수 있다는 것이다. 그런 의미에서 신구약 성경에 대한 올바른 지식이 필요하다.

우리는 흔히 복음을 예수 그리스도와의 개인적이며 주관적인 경험만을 토대로 이해하려고 한다. 그러나 복음은 우리의 경험이기에 앞서 '하나님께서 어떻게 그의 나라와 의를 예수 그리스도 안에서 우리를 통하여 이루어 가시는가?'에 대한 객관적 역사의 열매다. 따라서 복음에 대한 제대로 된 이해 없이 개인적·주관적 경험만을 강조하며 신앙생활을 할 때, 신비적이고 이단적인 요소들이 쉽게 침투해 올 수 있다. 하나님이 그의 나라와 의를 이루어 가시는 객관적인 역사의 토대 위에서 예수 그리스도와 나의 개인적인 관계와 경험이 추구되어야 비로소 온전한 복음을 누릴 수 있다.

역사적인 차원에서 볼 때, 성경 말씀과 우리 사이에는 수천 년의 간격이 있다. 사회, 정치, 경제, 문화 등의 모든 면에서 그때와 오늘은 동일하지 않기에, 과거에 기록된 말씀을 지금 동일하게 적용한다는 것은 이치에 맞지 않다고 생각할 수 있다. 그러나 성경의 말씀은 본질적으로 우리가 누구인지를 알고 살아 계신 하나님을 만나게 하려고 보내진 초청장과 같다.

사회, 정치, 경제, 문화 등이 달라졌다 할지라도 아버지가 자녀를 부르시는 그 본질에는 차이가 있을 수 없다. 그 초청은 영적 세계에 계시는 하나님과 물리적 세계에서 살아가는 우리 사이에서 이루어지고 있는 것이다. 따라서 그리스도의 생명 안에서 하나님나라의 관점으로 성경을 봄으로써 진리의 말씀이 우리의 영으로부터 마음에 풀어지지 않는다면, 아무리 열심히 성경을 공부할지라도 그 말씀의 본질을 놓치고 있는 것이다.

성경에 나타난
하나님나라 이야기

우리가 하나님나라를 알지 못하면, 구원 복음을 온전히 이해할 수 없을 뿐만 아니라, 왜 그리고 어떻게 살아야 할지에 대해서도 알지 못한다. 우리가 신앙생활에서 가장 중요시하는 '하나님과 그 백성의 언약'도 하나님나라의 관점에서 볼 때라야만 비로소 우리가 그분의 마음을 온전히 이해할 수 있고, 그분이 말씀하신 약속의 성취가 무엇인지를 제대로 깨달을 수 있다. 그런데 오늘날 성도들은 하나님나라와 그 의를 구하지 않고(그의 나라와 의를 구하지 않고는 이 땅을 향하신 하나님의 뜻을 알 수 없기 때문에 그분의 뜻대로 기도할 수 없게 된다) 단지 하나님의 약속만을 붙들고 열심히 기도한다. 마치 '지성이면 감천'이란 식으로 기도 생활을 하고 있는 것이다.

우리는 성경의 구속사를 이해할 때 항상 두 가지 차원을 생각해야 한다. 하나는 역사적 차원이고 다른 하나는 하나님과의 관계적 차원이다. 역사적 차원을 인간의 관점에서 볼 때는 창조, 타락, 구속, 성화, 영화의 순서로 규정하지만, 하나님의 관점에서 볼 때는 하나님의 역사 속에서 그분이 친히 이루어 가시는 하나님나라(통치, 주권, 다스림, 치세, 왕권)의 회복에 초점을 둔다. 한편, 관계적 차원을 인간적인 관점에서 볼 때는 우리의 죄를 사하시고, 우리의 믿음을 통해서 은혜를 베푸시는 것에 초점을 두지만, 하나님의 관점에서 볼 때는 그분의 뜻인 하나님나라를 이루어 가기 위해서 하나님이 우리와 맺은 언약과 그 언약을 이루어 가심에 초점을 둔다.

성경 전체의 중심 사상은 하나님나라다. 물론 구약에는 하나님나라라는 표현이 명시적으로 나오지 않지만, 그 통일된 주제가 하나님나라라는 것은 명백한 사실이다. 우리는 하나님께서 잃어버렸던 그분의 나라를 단계적으로 회복해 가시는 과정에서 그분의 역사하심과 그에 대한 인간의 반응의 관계를 살펴볼 수 있다. 하나님나라에 관한 책들에 나온 하나님나라의 전개 과정을 나름대로 조합해 보면, 다음과 같이 정리할 수 있다(보다 구체적인 내용은 131쪽 도표 참조).

1. 하나님나라의 원형(에덴동산)
2. 사라진 하나님나라(아담과 하와의 타락)
3. 약속된 하나님나라(창세기, 아브라함을 통해서)
4. 부분적 하나님나라(출애굽, 정복, 왕정)
5. 예언된 하나님나라(포로 생활, 포로 귀환)
6. 현재적 하나님나라(오순절 성령 강림 이후부터 예수님의 재림 때까지)
7. 미래적 하나님나라(예수님의 재림 후)

한편, 마태복음의 족보를 기초해서 구약의 왕국 역사를 조명해 본다면, 세 단계로 구분할 수 있다. 즉, 아브라함에서 다윗까지를 '왕국의 건설사'로, 다윗에서 바벨론 포로 때까지를 '왕국의 분열사' 또는 '왕국 멸망의 역사'로, 그리고 바벨론에서부터 그리스도까지를 '왕국의 재건사'로 분류할 수 있다.

17 그런즉 모든 대 수가 아브라함부터 다윗까지 열네 대요 다윗부터 바벨론으로 사로잡혀 갈 때까지 열네 대요 바벨론으로 사로잡혀 간 후부터 그리스

도까지 열네 대더라 마 1:17

우리는 성경을 통해서 '하나님은 그분의 뜻, 즉 하나님나라를 이루기 위해서 언약에 기초하여 우리와 관계하신다'는 것을 알 수 있다. 우리가 이러한 하나님의 섭리에 순종할 때, 그분은 우리에게 은혜를 베푸신다. 반면에 죄로 말미암아 그분의 섭리로부터 벗어날 때, 우리는 저주와 사망 가운데 거하게 된다. 그러나 우리를 포기하지 않으시는 그분은 우리가 저주 아래 놓이는 것을 원하지 않으시고, 새로운 은혜를 주심으로써 끝까지 그분의 뜻을 우리 가운데 이루어 가신다. 그분의 말씀은 항상 그 전에 주어진 언약에 기초해서 이해해야 한다. 그리고 우리는 그 언약을 온전히 이해하기 위해서 '성경이 하나님(성부, 성자, 성령)에 대해서 무엇이라고 말하는가?', '하나님께서 우리에 대해서 어떻게 생각하시는가?', '그리스도께서 성취할 구속은 어떻게 예표되어 있는가?', 그리고 '그리스도께서 이루신 하나님나라에서 우리는 어떻게 생각하고 행동해야 하는가?' 등에 주의를 기울여야 한다.

우리는 하나님의 뜻을 다 이해할 수 없다. 어떤 경우에는 하나님께서 약속을 지키시지 않는 것처럼 여겨질 때도 있다. 그러나 성급하게 이러한 판단을 내리기에 앞서, 우리는 하나님께서 그분의 뜻을 이루어 가시는 역사와 관련하여 적어도 다음의 세 가지 진리를 되새겨 보아야 한다.

1. 하나님의 은혜는 주권적이다.
2. 우리의 시간과 하나님의 시간은 다르다.
3. 하나님은 그분의 뜻을 놀라운 기적을 통해서 이루시기도 한다.

이것은 유한한 존재인 인간의 지성으로는 다 이해할 수 없고 설명할 수 없는 영역이지만, 우리는 이 영역의 실체를 인정해야 한다. 하나님을 하나님으로 인정하는 것, 그것이 바로 하나님에 대한 순종의 시작이며 죄를 짓지 않는 것이다. 우리 당대의 삶만으로는 하나님께서 그분의 뜻을 언약을 통해서 어떻게 이루어 나가시는지를 온전히 알 수 없지만, 구약과 신약의 증언을 통해서는 그것에 대한 이해와 확증을 가질 수 있다. 이것이 바로 성경이 필요한 중요한 이유 중 하나이기도 하다.

이와 같은 관점에서 재조명된 성경의 말씀은 '하나님께서 인간의 모든 삶에 행복과 필요를 위해서가 아니라 그분의 언약을 성취하기 위해서 개입하신다'는 것을 분명히 밝혀 준다. 물론 이 말은 하나님이 우리의 기도를 들으시지 않는다거나, 우리에게 무관심하시다는 뜻이 아니다. 하나님은 우리의 마음을 아시고 우리의 모든 기도를 들으신다. 그러나 그분은 우리의 소원, 욕망, 행복에 따라 움직이시는 분이 아니라 우리가 오직 그분의 뜻을 알고 그분의 뜻대로 행할 때 주신 은혜를 통하여 풍성한 삶을 누리게 하신다.

21 나더러 주여 주여 하는 자마다 다 천국에 들어갈 것이 아니요 다만 하늘에 계신 내 아버지의 뜻대로 행하는 자라야 들어가리라 마 7:21

하나님은 자신의 형상과 모양대로 창조하신 인간이 에덴동산에서 하나님의 통치 아래 그분의 뜻을 이루기 원하셨다. 그러나 인간의 범죄로 말미암아 그분의 나라가 이루어지지 못하자, 하나님은 모든 것을 회복시키고 그분이 통치하시는 나라를 다시 세우겠다고 약속하셨다. 구약의 이스라엘 역사는 하나님께서 이 약속을 어떻게 부분적으로 성취해 나가시는지에 대해서 증거하고 있다. 그 약속은 마침내 예수 그리스도를 통하여 성취되었다. 이 땅에 오신 예수님은 하나님나라의 복된 소식을 전하셨고, 우리가 창세로부터 예비된 그 나라를 상속받을 수 있도록 모든 것을 이루셨다. 이어서 사도들은 이 모든 복음의 약속을 누리기 위해서 우리가 예수 그리스도를 믿어야 한다는 사실을 알렸다. 그것이 바로 하나님의 놀라운 구원 계획이다. 하나님은 이제 그리스도의 몸 된 교회를 통해서 온 세상 가운데 하나님나라가 이루어지도록 하셨다.

하나님나라의 원형
– 창세기 1장

하나님나라는 하나님의 백성이 하나님이 정하신 장소에서 하나님의 주권과 통치 아래 그분의 뜻을 행함으로 하나님의 복을 누리는 것이다. 하나님이 통치하시고 다스리는 나라의 원형은 '에덴에 있는 동산의 삶'이었다.

> 7 여호와 하나님이 땅의 흙으로 사람을 지으시고 생기를 그 코에 불어넣으시니 사람이 생령이 되니라 8 여호와 하나님이 동방의 에덴에 동산을 창설하시고 그 지으신 사람을 거기 두시니라 창 2:7-8

하나님나라는 하나님께서 아담과 하와를 지으시고 동방의 에덴에 동산을 창설하시고 지으신 사람을 거기에서 살도록 할 때부터 시작되었다. 그 동산은 영광의 영역인 초자연적인 세계와 이 세상의 물리적인 세계를 연결해 주는 관문과도 같은 장소일 것이다. 왜냐하면 하나님께서 친히 임하셔서 그곳에서 그분의 형상과 모양대로 지으신 사람을 두시고, 위임받은 권능으로 그들이 이 땅에 주의 영광을 지속적으로 풀어 놓도록 하셨기 때문이다. 그 동산은 영광의 영역인 초자연적 세계의 아름다움과 선함이 이 땅에 실현된 곳이고, 동시에 인간이 천상의 영역과 관계하며 알아 가는 곳이기도 하다. 모든 만물은 하나님나라(통치와 다스림) 안에 있었고, 하나님은 이것을 보고 기뻐하셨다(창 1:31).

9 여호와 하나님이 그 땅에서 보기에 아름답고 먹기에 좋은 나무가 나게 하시니 동산 가운데에는 생명나무와 선악을 알게 하는 나무도 있더라 **10** 강이 에덴에서 흘러 나와 동산을 적시고 거기서부터 갈라져 네 근원이 되었으니
창 2:9-10

하나님께서 동방의 에덴에 동산을 창설하셨다. 즉 그분이 창조하셨다는 말이다. 그렇다면 "강이 에덴에서 흘러 나와"(10절)라고 표현되어 있는 그 강물은 어디에서부터 흘러들어 왔을까? 이 땅이 다시 회복되었을 때인 요한계시록의 말씀을 살펴보면(계 22:1-2), 매우 놀라운 사실을 발견하게 된다.

1 또 그가 수정같이 맑은 생명수의 강을 내게 보이니 하나님과 및 어린 양의 보좌로부터 나와서 **2** 길 가운데로 흐르더라 강 좌우에 생명나무가 있어 열두 가지 열매를 맺되 달마다 그 열매를 맺고 그 나무 잎사귀들은 만국을 치료하기 위하여 있더라 계 22:1-2

에덴의 동산이 천상의 영역과 지상의 영역이 연결된 곳이라면 '에덴에서 흘러나온 강'은 생명수의 강일 것이고, 그곳이 수원지가 되어서 물리적인 땅인 '동산을 적시고 거기서부터 갈라져' 흘러가게

되었을 것이다. 성경의 처음 책인 창세기에서 에덴으로부터 강이 흘러나와 물리적인 동산을 적시고 갈라져 나간 것과 성경의 마지막 책인 요한계시록에서 하나님과 및 어린양의 보좌로부터 생명수의 강이 나와서 물리적인 길 가운데로 흐르는 것이 동일하다는 것을 볼 수 있다. 동산 가운데 생명나무가 있는 것과 강 좌우에 생명나무가 있는 것도 동일하다. 이 생명수는 비유적으로 볼 때 천상의 영역에서는 바로 하나님의 생명이며, 물리적 현실 세계에서는 모든 생명체에게 생명을 주는 물이다.

13 내 백성이 두 가지 악을 행하였나니 곧 그들이 생수의 근원되는 나를 버린 것과 스스로 웅덩이를 판 것인데 그것은 그 물을 가두지 못할 터진 웅덩이들이니라 렘 2:13

38 나를 믿는 자는 성경에 이름과 같이 그 배에서 생수의 강이 흘러나오리라 하시니 요 7:38

타락 전에 인간은

인간은 하나님의 형상에 따라 모양대로 지음 받았으며, 하나님의 생명이 임하심으로 영적인 존재로 창조되었다. 따라서 우리 삶의 주인은 우리가 아니라 하나님이시다. 우리는 하나님의 영으로부터 오는 주의 마음이 우리의 마음을 통치하고, 하나님의 권세와 능력을 위임받아 하나님의 성품과 창조성을 나타내고, 하나님의 자원을 이 땅에 흘려보내며, 하나님이 이루신 하나님나라에서 하나님의 자녀로서 사는 존재였다.

타락 후에 인간은

우리는 하나님께 불순종함으로써 죄를 짓게 되었고, 그 결과 하나님과의 관계가 끊어졌으며, 하나님과 교통하는 영적인 존재에서 하나님과 단절된 타락한 존재로 전락했다. 즉, 하나님을 나타내는 존재에서 자신을 나타내는 존재로 변화된 것이다.

44 너희는 너희 아비 마귀에게서 났으니 너희 아비의 욕심대로 너희도 행하고자 하느니라 그는 처음부터 살인한 자요 진리가 그 속에 없으므로 진리에 서지 못하고 거짓을 말할 때마다 제 것으로 말하나니 이는 그가 거짓말쟁이요 거짓의 아비가 되었음이라 요 8:44

1 그는 허물과 죄로 죽었던 너희를 살리셨도다 **2** 그때에 너희는 그 가운데서 행하여 이 세상 풍조를 따르고 공중의 권세 잡은 자를 따랐으니 곧 지금 불순종의 아들들 가운데서 역사하는 영이라 엡 2:1-2

본래 우리의 주인은 하나님이신데 우리는 자신이라고 생각하게 되었고, 그 결과 하나님이 우리에게 주신 모든 권세와 능력이 마귀에게 이양되었다. 그 때문에 우리와 세상은 마귀의 세력 가운데 놓이게 되었으며, 우리는 마귀의 자식으로 마귀가 지배하는 나라에서 살게 되었다.

3 전에는 우리도 다 그 가운데서 우리 육체의 욕심을 따라 지내며 육체와 마음의 원하는 것을 하여 다른 이들과 같이 본질상 진노의 자녀이었더니 엡 2:3

6 이르되 이 모든 권위와 그 영광을 내가 네게 주리라 이것은 내게 넘겨준 것이므로 내가 원하는 자에게 주노라 눅 4:6

그 결과, 죄악과 불법, 고난과 질병, 사망이 우리의 삶에 들어오게 되었다.

12 그러므로 한 사람으로 말미암아 죄가 세상에 들어오고 죄로 말미암아 사망이 들어왔나니 이와 같이 모든 사람이 죄를 지었으므로 사망이 모든 사람에게 이르렀느니라 롬 5:12

사라진 하나님나라
— 창세기 6장, 11장

사탄은 하나님을 대적하기 위한 가장 좋은 방법이 하나님의 자녀를 공격하는 것임을 알게 되었다. 인간이 하나님나라의 통치 안에 있는 한, 사탄은 하나님을 대적할 수 없다. 따라서 사탄은 인간이 하나님나라를 버리게 함으로써 하나님이 인간에게 위임하신 권능을 자신이 대신 차지하고, 하나님이 지으신 만물을 자신이 통치할 수 있도록 했다. 사탄은 인간을 하나님의 통치에서 벗어난 독립적인 존재로 만들기 위해 인간도 하나님처럼 지혜로워질 수 있다는 거짓말을 속삭였다. 유혹에 넘어간 인간은 죄를 지음으로 타락했고, 하나님의 영광이 그를 떠났다. 그 결과 이 세상은 사탄의 통치 아래로 넘어갔고, 인간은 하나님이 "아담아 네가 어디 있느냐?"라고 부르실 때, 기쁨으로 그분의 임재 안에서 교제하는 대신에 두려워하며 숨을 수밖에 없는 비극적인 존재가 되고 말았다. 에덴동산에서 추방된 사건은 타락 후 완전히 달라진 인간 삶의 실상을 상징한다.

> **24** 이같이 하나님이 그 사람을 쫓아내시고 에덴동산 동쪽에 그룹들과 두루 도는 불 칼을 두어 생명나무의 길을 지키게 하시니라 창 3:24

하나님은 인간이 회개하고 다시 하나님나라에서 그분의 통치를 받을 수 있도록 하기 위해서 하나님의 사람을 찾으셨다. 왜냐하면 이 땅에 대한 모든 권세를 하나님은 오직 그분의 자녀에게 주셨기 때문이다. 결과적으로 이제 이 땅은 사탄의 통치 아래 있는 자들과 하나님의 통치를 받는 자들 간의 전쟁터가 되어 버렸다. 인간은 하나님의 은혜에도 불구하고 하나님을 거부하며 독립적인 삶을 고집했고, 이로 인해 '대홍수' 심판과 '바벨탑' 사건을 경험하게 되었다.

5 여호와께서 사람의 죄악이 세상에 가득함과 그의 마음으로 생각하는 모든 계획이 항상 악할 뿐임을 보시고 6 땅 위에 사람 지으셨음을 한탄하사 마음에 근심하시고 7 이르시되 내가 창조한 사람을 내가 지면에서 쓸어버리되 사람으로부터 가축과 기는 것과 공중의 새까지 그리하리니 이는 내가 그것들을 지었음을 한탄함이니라 하시니라 창 6:5-7

방주를 통해 구원받은 노아와 그의 가족을 제외한 아담 이후의 모든 인류는 죄 때문에 물로 심판을 받았고, 노아로부터 새로운 인류가 시작되었다.

1 노아의 아들 셈과 함과 야벳의 족보는 이러하니라 홍수 후에 그들이 아들들을 낳았으니 2 야벳의 아들은 고멜과 마곡과 마대와 야완과 두발과 메섹과 디라스요 창 10:1-2

6 함의 아들은 구스와 미스라임과 붓과 가나안이요 창 10:6

21 셈은 에벨 온 자손의 조상이요 야벳의 형이라 그에게도 자녀가 출생하였으니 창 10:21

32 이들은 그 백성들의 족보에 따르면 노아 자손의 족속들이요 홍수 후에 이들에게서 그 땅의 백성들이 나뉘었더라 창 10:32

뒤따르는 바벨탑 사건은 또다시 인간 중심의 나라(민족, 영토, 주권)를 건설하고자 했던 인간 최고의 반역을 나타내고 있다.

3 서로 말하되 자, 벽돌을 만들어 견고히 굽자 하고 이에 벽돌로 돌을 대신하며 역청으로 진흙을 대신하고 **4** 또 말하되 자, 성읍과 탑을 건설하여 그 탑 꼭대기를 하늘에 닿게 하여 우리 이름을 내고 온 지면에 흩어짐을 면하자 하였더니 **5** 여호와께서 사람들이 건설하는 그 성읍과 탑을 보려고 내려오셨더라 **6** 여호와께서 이르시되 이 무리가 한 족속이요 언어도 하나이므로 이같이 시작하였으니 이 후로는 그 하고자 하는 일을 막을 수 없으리로다 창 11:3-6

9 그러므로 그 이름을 바벨이라 하니 이는 여호와께서 거기서 온 땅의 언어를 혼잡하게 하셨음이니라 여호와께서 거기서 그들을 온 지면에 흩으셨더라 창 11:9

하나님은 친히 이 땅에 오셔서 인간의 반역을 보시고 온 땅의 언어를 혼잡케 하셨고, 그들을 온 지면에 흩으셨다.

약속된 하나님나라
- 창세기 12장

창세기 5장에서부터 11장이 세상 나라에 대한 기술이라면, 창세기 12장은 하나님께서 한 사람을 들어서 새로운 하나님나라를 만드시겠다는 선포에 대해 기록하고 있다.

> 1 여호와께서 아브람에게 이르시되 너는 너의 고향과 친척과 아버지의 집을 떠나 내가 네게 보여 줄 땅으로 가라 2 내가 너로 큰 민족을 이루고 네게 복을 주어 네 이름을 창대하게 하리니 너는 복이 될지라 3 너를 축복하는 자에게는 내가 복을 내리고 너를 저주하는 자에게는 내가 저주하리니 땅의 모든 족속이 너로 말미암아 복을 얻을 것이라 하신지라 창 12:1-3

하나님나라의 관점에서 성경을 조명할 때, 창세기 12장 1-3절이 구약의 가장 중요한 구절로 평가되어야 한다. 그 이유는 하나님께서 이 땅 위에 그분의 나라(통치)를 이루시기 위해 아브람(아브라함)을 부르시고, 그에게 이 새로운 나라에 대한 약속을 주셨기 때문이다.

> **8** 믿음으로 아브라함은 부르심을 받았을 때에 순종하여 장래의 유업으로 받을 땅에 나아갈새 갈 바를 알지 못하고 나아갔으며 히 11:8

구약의 삶에 속한 인물임에도 불구하고 아브라함은 이미 율법이 수여되기도 전에 '믿음의 의'를 통한 하나님의 통치(그 나라)를 약속 받았다. 하나님은 아브라함을 통해서 그분이 친히 통치하시는 나라를 회복하고자 하셨기에, 그 나라를 이루기 위한 영토, 주권, 백성에 대해서도 말씀하셨다.

창세기 11장과 12장의 말씀을 비교해 보면 놀라운 통찰을 얻을 수 있다. 창세기 11장 3-4절에서는 인간들이 스스로 "우리 이름을 내고(주권), 시날 평지에 거하고(영토), 온 지면에 흩어짐을 면하자(백성)"라고 말한다. 주어(주인)는 '인간'이다. 그러나 창세기 12장의 말씀에서는 주어가 '하나님'이다. 이제 삶의 주체가 하나님이시지 더 이상 인간이 아니라는 것이다. 타락한 후부터 인간은 '나는'이라고 말하고, 자신의 오감을 통해서 인식된 세상에 반응하며 살아갈 뿐이었다. 반면 하나님이 원하시는 나라는 인간이 모든 자기중심적이며 세상적인 삶의 방식에서 벗어나, 하나님에 의해 통치되는 새로운 피조물의 삶이 실체로 나타나는 것이다.

이제 창세기 12장에서 말하는 영토, 백성, 주권의 영적인 의미에 대해서 생각해 보자.

1. 영토 : 하나님은 "너는 너의 고향과 친척과 아버지의 집을 떠나 내가 네게 보여 줄 땅으로 가라"(창 12:1)고 말씀하셨다. 아브라함이 자신의 모든 삶을 포기하고 오직 믿음으로 하나님의 부르심에 응하기를 원하셨던 것이다. 이 말씀을 오늘날의 신앙에 적용해 보면, 자신의 세상적인 삶이 잘못된 것임을 깨닫고 하나님나라로 침노하는 것이 절대적으로 필요하다고 할 수 있다. 눈에 보이는 현실 세계에 안주하지 말고, 하나님이 통치하시는 영적 세계의 실체 안으로 들어가라는 것이다.

13 그가 우리를 흑암의 권세에서 건져 내사 그의 사랑의 아들의 나라로 옮기셨으니 골 1:13

2. 백성 : 하나님은 "내가 너로 큰 민족을 이루고 네게 복을 주어 네 이름을 창대하게 하리니"(창 12:2)라고 말씀하셨다. 이는 로마서 4장 18절을 통해서 보다 구체적으로 이해할 수 있다. 말씀에서 보면 아브라함은 모든 민족의 조상이 된다. 또한 하나님은 그분을 위한 믿음의 백성을 아브라함을 통해서 이루겠다고 약속하신다. 또한 하나님은 우리가 아브라함에게 속한 믿음의 후손이 되기를 원하시며, 우리를 통해서도 수많은 믿음의 백성이 세워지기를 원하신다.

18 아브라함이 바랄 수 없는 중에 바라고 믿었으니 이는 네 후손이 이 같으리

라 하신 말씀대로 많은 민족의 조상이 되게 하려 하심이라 롬 4:18

3. 주권 : 하나님은 "너를 축복하는 자에게는 내가 복을 내리고 너를 저주하는 자에게는 내가 저주하리니 땅의 모든 족속이 너로 말미암아 복을 얻을 것이라"고 말씀하셨다. 이 구절을 잘 살펴보면, 축복과 저주의 주권은 인간 아브라함에게 있는 것이 아니라, 하나님께 있음을 알 수 있다. 지금까지 타락한 모든 인생에서 주인은 인간이었지만, 이제 하나님은 그 통치권을 회복하심으로써 이 땅에 친히 하나님의 뜻을 이루시겠다는 것이다.

아브라함이 오직 믿음으로 이 약속된 나라를 취했을 때, 하나님은 그것을 의로 여기셨다. '의'로 여기셨다는 것은 하나님이 우리를 처음 지으셨을 때 주어졌던 그분과 우리의 본래적인 관계가 회복되었다는 것을 의미한다. 다시 말해서, 하나님으로부터 독립된 존재로서 자신의 육신과 마음이 원하는 대로 살아가던 진노의 존재가 믿음으로 하나님께 순종함으로써 그분과 생명의 관계를 누리는 자녀로 돌아왔다는 것이다.

13 아브라함이나 그 후손에게 세상의 상속자가 되리라고 하신 언약은 율법으로 말미암은 것이 아니요 오직 믿음의 의로 말미암은 것이니라 롬 4:13

구약적인 의미에서 복의 개념은 신약적 의미로는 은혜에 상응하는 개념이다. 하나님이 아브라함을 통해서 약속하신 복은 세 가지 특징을 지니고 있다. 첫째, 하나님은 복을 주기 원하신다. 둘째, 하나님은 복을 받는 자가 복의 통로가 되기를 원하신다. 즉 하나님이 주시는 복을 다른 사람들에게로 흘려보내야 한다는 것이다. 셋째, 복은 순종과 믿음을 통해서 주어진다.

부분적 하나님나라

- 제사장 나라: 출애굽, 정복, 왕정

애굽에서 번성한 후 이스라엘 백성은 아브라함과 이삭과 야곱의 하나님과 그분이 조상에게 주신 약속을 잊어버렸고, 노예의 삶을 살았다.

> **24** 하나님이 그들의 고통 소리를 들으시고 하나님이 아브라함과 이삭과 야곱에게 세운 그의 언약을 기억하사 출 2:24

> **8** 내가 아브라함과 이삭과 야곱에게 주기로 맹세한 땅으로 너희를 인도하고 그 땅을 너희에게 주어 기업을 삼게 하리라 나는 여호와라 하셨다 하라 출 6:8

> **3** 내가 모세에게 말한 바와 같이 너희 발바닥으로 밟는 곳은 모두 내가 너희에게 주었노니 **4** 곧 광야와 이 레바논에서부터 큰 강 곧 유브라데 강까지 헷

족속의 온 땅과 또 해 지는 쪽 대해까지 너희의 영토가 되리라 5 네 평생에 너를 능히 대적할 자가 없으리니 내가 모세와 함께 있었던 것같이 너와 함께 있을 것임이라 내가 너를 떠나지 아니하며 버리지 아니하리니 수 1:3-5

하나님은 이스라엘 민족을 불러내어 하나님이 말씀하신 땅으로 들어가게 하시고 그들이 제사장 나라로서 거룩한 하나님의 백성이 되기를 원하셨다.

6 너희가 내게 대하여 제사장 나라가 되며 거룩한 백성이 되리라 너는 이 말을 이스라엘 자손에게 전할지니라 출 19:6

구약의 전체 역사를 살펴보면 하나님은 그분의 통치에 순종하는 자들을 끊임없이 찾으셨고, 그들과 언약을 맺으셨으며, 그들을 통하여 백성과 땅을 바꾸기를 원하셨다. 그러나 그러한 일들은 항상 일시적이었을 뿐이며 근본적인 회복을 가져오지 못했다. 결국 하나님은 예정된 예수 그리스도를 통하여 새 일을 행하기 원하셨고, 선지자들을 보내셔서 이에 대해 예언하게 하셨다.

우리는 이스라엘의 역사를 통하여 하나님이 원하신 그 나라가 어떻게 부분적으로 성취되었고, 또 어떻게 처참히 무너져 가는지를 볼 수 있다. 결국 북이스라엘과 남유다 왕국은 우상숭배와 불순종과 부도덕 등의 죄를 지어 앗수르와 바벨론 제국에 멸망했고, 많은 백성이 포로로 끌려가게 되었다.

예언된 하나님나라
– 포로 생활, 포로 귀환

하나님은 선지자들을 통해서 하나님의 언약에 근거한 심판과 소망을 선포하게 하셨다. 바벨론에서 포로 생활을 하던 이스라엘 백성은 자신들이 해방되어 고국으로 돌아가는 것이 하나님이 주신 예언의 성취라고 생각했다. 그러나 하나님은 선지자들의 말씀을 통하여 장차 이 땅에 오실 메시아(그리스도)가 하나님의 약속을 온전히 이루신다는 소망을 제시하셨다. 그 약속은 과거와 같은 '부분적 하나님나라'가 아니라, '실재적인 하나님나라'를 메시아를 통하여 세우시겠다는 것이다. 이는 하나님의 백성이 그분으로 인하여 하나님나라에서 하나님의 통치 아래 하나님이 약속하신 복을 실제적으로 누리게 됨을 의미한다.

44 이 여러 왕들의 시대에 하늘의 하나님이 한 나라를 세우시리니 이것은 영원히 망하지도 아니할 것이요 그 국권이 다른 백성에게로 돌아가지도 아니할 것이요 도리어 이 모든 나라를 쳐서 멸망시키고 영원히 설 것이라 단 2:44

22 옛적부터 항상 계신 이가 와서 지극히 높으신 이의 성도들을 위하여 원한

을 풀어 주셨고 때가 이르매 성도들이 나라를 얻었더라 단 7:22

27 나라와 권세와 온 천하 나라들의 위세가 지극히 높으신 이의 거룩한 백성에게 붙인 바 되리니 그의 나라는 영원한 나라이라 모든 권세 있는 자들이 다 그를 섬기며 복종하리라 단 7:27

예언된 하나님나라에 대한 진술들의 핵심은 첫째, 여호와의 신이 친히 우리 안에 오시는 것과 둘째, 우리 마음에 하나님의 법을 기록하신다는 것 그리고 셋째, 우리가 하나님의 백성이 된다는 것이다.

26 또 새 영을 너희 속에 두고 새 마음을 너희에게 주되 너희 육신에서 굳은 마음을 제거하고 부드러운 마음을 줄 것이며 **27** 또 내 영을 너희 속에 두어 너희로 내 율례를 행하게 하리니 너희가 내 규례를 지켜 행할지라 **28** 내가 너희 조상들에게 준 땅에서 너희가 거주하면서 내 백성이 되고 나는 너희 하나님이 되리라 겔 36:26-28

33 그러나 그날 후에 내가 이스라엘 집과 맺을 언약은 이러하니 곧 내가 나의 법을 그들의 속에 두며 그들의 마음에 기록하여 나는 그들의 하나님이 되고 그들은 내 백성이 될 것이라 여호와의 말씀이니라 렘 31:33

지금까지 설명한 구약성경의 하나님나라를 역사적으로 간략히 살펴보면 다음 도표와 같을 것이다[출처:《복음과 하나님의 나라》(성서유니온선교회)의 43쪽 그림을 수정하여 사용함)].

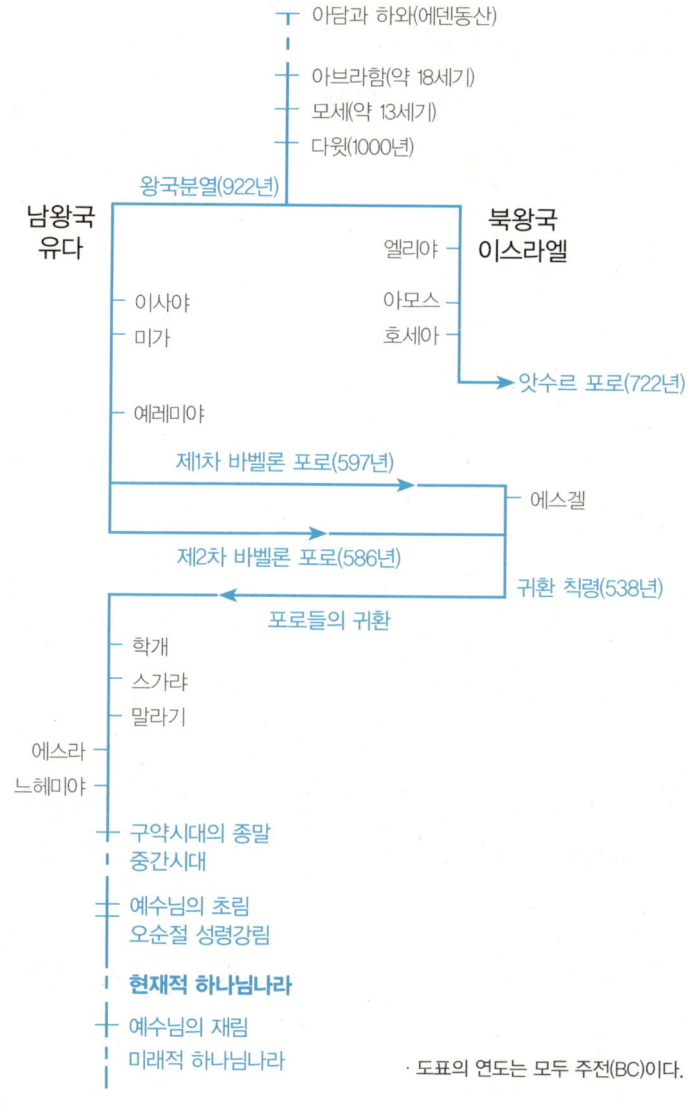

· 도표의 연도는 모두 주전(BC)이다.

현재적 하나님나라
– 오순절 이후부터 재림 전까지의 시기

400년간의 암흑기를 거치고 마침내 때가 차매, 하나님은 그분의 약속을 성취하시기 위해서 예수님을 이 땅에 보내셨다. 타락 전 아담이 하나님의 영광 가운데 거했던 바로 그 인성을 입고 동정녀 마리아의 몸에서 성령으로 잉태하신 예수님은 공생애 사역의 시작과 더불어 이 땅에 도래한 하나님나라와 그 나라의 실체를 보여주셨으며, 그 나라 안으로 들어가는 것이 가능하게 되었음을 선포하셨다.

15 이르시되 때가 찼고 하나님의 나라가 가까이 왔으니 회개하고 복음을 믿으라 하시더라 막 1:15

16 율법과 선지자는 요한의 때까지요 그 후부터는 하나님나라의 복음이 전파되어 사람마다 그리로 침입하느니라 눅 16:16

14 이 천국 복음이 모든 민족에게 증언되기 위하여 온 세상에 전파되리니 그제야 끝이 오리라 마 24:14

십자가의 죽으심과 부활을 통해서 예수님은 그분을 믿는 모든 사람이 하나님나라의 친백성으로서 살 수 있는 길을 열어 놓으셨다.

하나님은 아브라함을 통해서 주셨던 하나님나라의 약속을 마침내 예수 그리스도를 통하여 성취하셨다.

하나님은 그의 나라를 회복하시기 위해 아브라함에게 영토, 주권, 백성에 대해서 새롭게 말씀하셨다. 모세의 율법 이전에 은혜의 약속을 받았던 아브라함은 율법 아래 있는 자가 아니라 하나님의 은혜 아래 있는 자였다. 그는 아담 이후 타락한 인류가 하나님께서 친히 다스리시는 그 나라의 삶을 다시 살도록 하는 새로운 믿음의 조상이 되었다. 하나님은 아브라함에게 예수 그리스도를 통하여 성취될 새로운 약속을 주셨다. 그렇기 때문에 사도 바울은 우리도 예수 그리스도 안에서 아브라함의 유업을 이어받을 수 있다고 선포하고 있다.

> 14 이는 그리스도 예수 안에서 아브라함의 복이 이방인에게 미치게 하고 또 우리로 하여금 믿음으로 말미암아 성령의 약속을 받게 하려 함이라 갈 3:14

> 16 이 약속들은 아브라함과 그 자손에게 말씀하신 것인데 여럿을 가리켜 그 자손들이라 하지 아니하시고 오직 한 사람을 가리켜 네 자손이라 하셨으니 곧 그리스도라 17 내가 이것을 말하노니 하나님께서 미리 정하신 언약을 사백삼십 년 후에 생긴 율법이 폐기하지 못하고 그 약속을 헛되게 하지 못하리라 18 만일 그 유업이 율법에서 난 것이면 약속에서 난 것이 아니리라 그러나 하나님이 약속으로 말미암아 아브라함에게 주신 것이라 19 그런즉 율법은 무엇이냐 범법하므로 더하여진 것이라 천사들을 통하여 한 중보자의 손으로 베

푸신 것인데 약속하신 자손이 오시기까지 있을 것이라 갈 3:16-19

29 너희가 그리스도의 것이면 곧 아브라함의 자손이요 약속대로 유업을 이을 자니라 갈 3:29

하나님은 모세에게 주신 율법을 통하여 축복뿐 아니라 저주에 대해서도 분명하게 말씀하셨다. 율법을 지키지 않으면 죄를 짓게 되고, 죄를 지으면 그 죄에 대한 저주가 임한다는 것이다. 그러나 아브라함을 생각해 보자. 하나님은 그를 의로 삼으셨지만, 그것이 아브라함이 죄를 짓지 않았기 때문인가? 그는 여러 번 죄를 지었다. 그럼에도 불구하고 하나님은 그에게 저주를 내리거나 꾸중하신 적이 없다. 놀랍지 않은가? 그 이유는 하나님과 아브라함이 맺은 언약이 율법에 기초한 것이 아니라 '믿음의 의'에 기초한 것이기 때문이다. 이것은 오늘날 우리 그리스도인들이 원치 않음에도 불구하고 죄를 지을 수 있지만, 예수 그리스도의 이름으로 회개할 때 모든 죄를 사함 받는 것과 같은 원리다. 아울러 우리는 예수 그리스도를 믿음으로써 하나님이 아브라함을 통해서 주신 하나님나라의 약속과 그 나라의 유업을 이어받을 수 있는 새 언약의 백성이 되는 것이다.

6 그러나 이제 그는 더 아름다운 직분을 얻으셨으니 그는 더 좋은 약속으로 세우신 더 좋은 언약의 중보자시라 **7** 저 첫 언약이 무흠하였더라면 둘째 것을

요구할 일이 없었으려니와 **8** 그들의 잘못을 지적하여 말씀하시되 주께서 이르시되 볼지어다 날이 이르리니 내가 이스라엘 집과 유다 집과 더불어 새 언약을 맺으리라 **9** 또 주께서 이르시기를 이 언약은 내가 그들의 열조의 손을 잡고 애굽 땅에서 인도하여 내던 날에 그들과 맺은 언약과 같지 아니하도다 그들은 내 언약 안에 머물러 있지 아니하므로 내가 그들을 돌보지 아니하였노라 **10** 또 주께서 이르시되 그날 후에 내가 이스라엘 집과 맺을 언약은 이것이니 내 법을 그들의 생각에 두고 그들의 마음에 이것을 기록하리라 나는 그들에게 하나님이 되고 그들은 내게 백성이 되리라 **11** 또 각각 자기 나라 사람과 각각 자기 형제를 가르쳐 이르기를 주를 알라 하지 아니할 것은 그들이 작은 자로부터 큰 자까지 다 나를 앎이라 **12** 내가 그들의 불의를 긍휼히 여기고 그들의 죄를 다시 기억하지 아니하리라 하셨느니라 **13** 새 언약이라 말씀하셨으매 첫 것은 낡아지게 하신 것이니 낡아지고 쇠하는 것은 없어져 가는 것이니라 히 8:6-13

마침내 예수 그리스도를 통해서 이 땅에 도래한 현재적 하나님나라는 오순절 성령 강림 이후 '이미'(already)와 '아직'(not yet)의 긴장 속에서 하나님의 자녀를 통해서 실제적으로 계속 확장되고 있다.

미래적 하나님나라

예수님은 부활 승천하신 후 보내 주신 성령 안에서 현재적 하나님나라를 누리도록 할 뿐만 아니라 우리가 모든 민족에게 하나님나라를 증거할 때 다시 오셔서 자신이 친히 통치하시는 완전한 하나님나라를 이루겠다고 말씀하셨다. 예수 그리스도의 재림 후 미래적 하나님나라가 시작되며, 이때 우리는 부활의 몸을 입고 이 땅에서 주와 함께 왕 노릇하게 될 것이다.

11 이같이 하면 우리 주 곧 구주 예수 그리스도의 영원한 나라에 들어감을 넉넉히 너희에게 주시리라 벧후 1:11

11 또 너희에게 이르노니 동 서로부터 많은 사람이 이르러 아브라함과 이삭과 야곱과 함께 천국에 앉으려니와 마 8:11

41 인자가 그 천사들을 보내리니 그들이 그 나라에서 모든 넘어지게 하는 것과 또 불법을 행하는 자들을 거두어 내어 42 풀무 불에 던져 넣으리니 거기서 울며 이를 갈게 되리라 43 그때에 의인들은 자기 아버지 나라에서 해와 같이 빛나리라 귀 있는 자는 들으라 마 13:41-43

11 이르되 갈릴리 사람들아 어찌하여 서서 하늘을 쳐다보느냐 너희 가운데서 하늘로 올려지신 이 예수는 하늘로 가심을 본 그대로 오시리라 하였느니라 행 1:11

31 인자가 자기 영광으로 모든 천사와 함께 올 때에 자기 영광의 보좌에 앉으리니 **32** 모든 민족을 그 앞에 모으고 각각 구분하기를 목자가 양과 염소를 구분하는 것같이 하여 **33** 양은 그 오른편에 염소는 왼편에 두리라 **34** 그때에 임금이 그 오른편에 있는 자들에게 이르시되 내 아버지께 복 받을 자들이여 나아와 창세로부터 너희를 위하여 예비된 나라를 상속받으라 마 25:31-34

1 하나님 앞과 살아 있는 자와 죽은 자를 심판하실 그리스도 예수 앞에서 그가 나타나실 것과 그의 나라를 두고 엄히 명하노니 딤후 4:1

10 그들로 우리 하나님 앞에서 나라와 제사장들을 삼으셨으니 그들이 땅에서 왕 노릇 하리로다 하더라 계 5:10

인간의 구속사적 관점으로 볼 때 성경의 내용은 창조, 타락, 구원, 성화, 영화의 단계로 구분될 수 있지만, 하나님의 관점에서 보면 인간을 통한 하나님나라의 회복 과정을 보여 주고 있다. 역사적으로 볼 때 그 나라의 회복은 유대인으로부터 이방인에게로, 이스라엘에서 시작하여 온 세상 땅끝까지 이루어지고 있다. 하나님은 인간이 타락함으로써 그분의 나라를 잃어버렸을 때부터 그 나라를 회복하기 위해 예수 그리스도를 통한 구원 계획을 가지고 계셨다. 마침내 정하신 때가 이르매 하나님은 메시아이신 예수님을 이 땅에 보내 주셨고, 오직 그분을 통하여 죄사함을 받고 그 나라에 다시 들어올 수 있는 길을 열어 주셨다. 그리고 이제 구원받은 자들을 통하여 땅끝까지 그분의 나라가 증거될 때 승천하신 예수님이 다시 이 땅에 오셔서 이 땅을 완전한 하나님나라로 완성하겠다고 약속하셨다. 예수님은 성육신하여 행하신 지상사역을 통해서 하나님나라와 구원 그리고 그 나라의 삶을 보여 주셨고(사복음서), 죽으시고 부활 승천하신 후 하나님 우편에서 행하시는 천상사역을 통해서 하나님나라가 어떻게 확장되는지를 보여 주셨다(사도행전). 그리고 지금도 우리를 통해서 그의 나라를 확장시키고 계신다. 이것이 바로 창세기부터 요한계시록까지에 이르는 그분의 이야기(history: His story)다.

CHAPTER

3 종교와 복음은 이렇게 다르다

**종교는 문제 해결이,
복음은 본질 회복이
중요하다**

자신이 원해서 태어난 사람은 아무도 없다. 다른 말로 생명은 주어진 것이다. 각자 다른 환경에서 태어났지만, 대부분의 사람들은 자신의 상황과 처지 안에서 열심히 살아가고 있다. 왜 사는지, 무엇을 추구하는지 명확히 모른 채 살기도 하지만, 일반적으로 사람들은 더 나은 삶, 더 만족스러운 삶, 어떤 목적의 달성 또는 막연한 성공을 위해서 산다.

그러나 인간의 갈망은 타락의 결과로 탐욕으로 변했고, 우리는 끊임없이 자신의 배를 채우기 위해 사는 존재가 되고 말았다. 미국의 심리학자인 에이브러햄 매슬로(Abraham H. Maslow)가 주장한 '5단계 욕구설'은 인간의 보편적인 삶의 추구를 가장 잘 설명한 이론 중 하나다. 이에 따르면 모든 인간의 삶의 동기는 욕구인데, 다양한 욕구들은 병렬적이 아니라 단계적이며, 인간은 하위욕구가 충족될 때 더 나은 상위욕구를 채우려 한다는 것이다.

매슬로가 제시한 욕구의 위계에서 1단계인 생리적 욕구는 먹고 자고 배설하고 종족을 보존하는 등 최하위 욕구에 해당한다. 2단계 욕구는 안전과 보호 욕구로서 추위, 질병, 위험 등으로부터 자신을 보호하고자 하는 욕구다. 음식을 보존하고 저장하는 것도 이러한 안전 욕구의 표출이라 할 수 있다. 3단계 욕구는 사랑과 귀속의 욕구로서 가정을 이루거나 친구를 사귀는 등 어떤 단체에 소속되어 애정을 주고받으며 귀속감을 느끼고 싶어 하는 욕구다. 4단계 욕구인 자기존중의 욕구는 소속 단체의 구성원으로서 인정받고 명예나 권력을 누리고자 하는 욕구다. 그리고 마지막 5단계인 자아실현의 욕구는 인간이 가질 수 있는 모든 잠재력과 가능성을 표출함으로써 인간 존재를 나타내고자 하는 최고 수준의 욕구다. 인간은 이와 같은 욕구들 중 어느 한 단계에 머물려 하지 않고, 육체의 평안을 통해서, 사랑을 통해서, 명예를 통해서 또는 자신의 잠재력 개발을 통해서 나름대로 행복을 추구한다.

원하는 대로 충족이 이뤄질 때 인간은 행복감을 느낀다. 그러나 욕구들이 충족되지 못하거나 상황이 원하는 대로 통제되지 않을 때 인간은 염려와 걱정, 두려움과 불안 등의 파괴적인 감정으로 인해 고통을 받게 된다. 하나님을 알지 못하는 대부분의 사람들은 다양한 욕구를 충족시키려는 것과 불충족과 불편함으로 인해 야기되는 고통으로부터 벗어나려 한다. 그리고 그것이 자신들의 '신'이 되어 버렸다.

한편 삶에서 큰 환난이나 고통이 찾아올 때(예를 들어 치유하기 힘든 질병으로 고통을 당할 때)나 반대로 인간이 누릴 수 있는 것을 다 누린다고 느낄 때 우리는 인간의 심연에서 올라오는 다음과 같은 근원적인 질문들에 직면하게 된다. '나는 왜 존재하는가? 나는 누구인가? 내 생명은 무엇인가? 내 삶에서 진정으로 가치 있는 일은 무엇인가? 어차피 나는 유한한 인생을 사는데, 그렇다면 나는 무엇을 위해서 시간, 돈, 열정을 쏟아 부어야 하는가? 그냥 주어진 삶이니 어쩔 수 없이 한평생을 살다 가는 것이 인생인가? 내가 죽는다면 무엇을 남기게 되는가? 죽고 나면 나는 어떻게 되는가?'

이 모든 것은 인생의 존재(생명), 가치(진리) 그리고 목적(길)과 관련된 근원적인 질문들이다. 우리는 누구도 이 질문에 시원한 답을 얻지 못한다는 것을 알고 있다. 역사 이래 수많은 철학과 종교들이 이 질문에 답을 했지만, 어느 것도 시원한 답을 주지 못했다. 어쩌면 그 답이 자신의 마음에 들지 않아 받아들이지 않거나, 각자 나름대로 의식적이든 무의식적이든 정답이라고 생각하는 그것을 추구하고 있는지도 모르겠다.

그런데 더 재미있는 사실은 이런 생각과 상념이 깊어지면, 오늘 당장 해야 할 일을 못한다는 것이다. 지금 당장 처리해야 할 일들이 산더미 같으면 그런 생각들이 사치스럽게 여겨진다. 한마디로 '그런 생각들이 밥먹여 주냐?'이다. 다른 말로, 당장 내 육신이 급하게 요구하는 갈망과 욕구부터 먼저 충족시켜야 하는 것이다. 그렇지 않으면 어떤 어려움이 닥칠지 모른다는 두려움과 불안, 염려와 걱정들에 사로잡히기 때문이다. 그리하여 이 근본적인 질문들은 언제나 일상의 무거운 짐들에 밀려서 시간의 그림자 속으로 사라지게 된다.

결국, 모든 인간의 삶은 존재, 가치, 목적과 같은 본연에 대한 근원적인 질문과 일상의 삶에서 단계적 욕구들을 충족시키기를 원하는(또한 불충족으로부터 벗어나려는) 두 욕구가 긴장 관계를 이루고 있다. 대부분의 종교가 이 긴장을 풀어 주고 일종의 위안 또는 답을 주고자 한다. 모든 종교에는 이러한 근원적인 질문에 대한 답을 제시하는 동시에 인간의 욕구와 갈망을 현세 혹은 내세에서 충족시켜 줄 절대적인 신적 존재가 있다. 인간은 이러한 절대적인 신을 기쁘게 하거나 그의 노여움을 달래기 위해서 다양한 종교 행위를 한다. 한편으로 어떤 종교는 이러한 모든 묶임에서 벗어나는 것이 참 진리를 얻을 수 있는 유일한 길이라면서 무소유와 해탈을 강조한다.

그렇다면 기독교는 어떤 종교인가? 단도직입적으로 말하면, 기독교는 종교가 아니라 위의 모든 질문에 진정한 답인 하나님나라의 회복이다. 기독교는 다른 여타 종교처럼 인간의 질문들에 답을 주는 것이 아니라 그 문제가 없었던 타락 전으로 돌아가는 길을 알려 준다. 다른 말로 하나님의 생명이 다시 오셔서 우리를 처음 지으신 대로 살게 하는 것이다. 그러나 정말 안타깝게도 많은 그리스도인들이 기독교를 많은 종교 중 하나라고 생각하고 있다. 이는 진정한 복음이 무엇인지를 모르기 때문이다.

종교는 인간의 욕구로부터, 복음은 하나님의 생명으로 시작된다

모든 종교는 타락한 이 세상에 태어난 인간의 필요와 욕구로부터 시작하지만, 기독교는 하나님의 본래적인 생명으로부터 출발한다. 인간을 창조하실 때 하나님은 그분 자신의 생명을 인간에게 불어넣으셨다. 그냥 생명만 주신 것이 아니라, 그분의 특별한 목적 아래 우리를 지으시고 그의 통치 안에서 살도록 하셨다. 따라서 처음부터 인생의 존재, 가치, 목적에 대한 완전한 답이 주어졌으며 일상의 모든 욕구로 인한 허덕임이나 염려, 불안, 두려움 등은 처음부터 없었다.

26 하나님이 이르시되 우리의 형상을 따라 우리의 모양대로 우리가 사람을 만들고 그들로 바다의 물고기와 하늘의 새와 가축과 온 땅과 땅에 기는 모든

것을 다스리게 하자 하시고 창 1:26

7 여호와 하나님이 땅의 흙으로 사람을 지으시고 생기를 그 코에 불어넣으시니 사람이 생령이 되니라 창 2:7

하나님의 자녀로서 그분의 영에 의해 인도함을 받는 삶, 하나님의 말씀이 마음에 가득하여 그분의 뜻을 이루는 삶, 늘 하나님의 지혜와 명철 가운데 하나님의 성품과 창조성을 나타내며 하나님의 모든 자원을 이 땅에 흘려보내는 존재로 사는 것, 이것이 바로 본래적인 하나님나라의 삶이었다. 하나님의 통치와 다스림으로 인하여 그분의 뜻이 인간을 통해 이 땅 위에 이루어졌다는 것이다. 그러나 타락한 후 하나님이 주신 정체성이 소실되었고, 그 때문에 스스로 삶의 근원적인 질문(존재, 가치, 목적과 관련된)에 대한 답을 찾아야 했다. 인간은 일상생활에서 자신의 욕구와 갈망을 만족시켜야 하지만 늘 불충족하기 때문에 끊임없이 염려와 걱정, 불안과 두려움으로 떨 수밖에 없는 비참한 존재로 전락하고 말았다.

유사(有史) 이래 인간은 이러한 문제들에 해답을 얻기 위해 다양한 종교활동을 해 왔다. 하나님은 하나님의 생명으로 인하여 다시금 본래의 삶으로 돌아오기를 원하시는데, 인간은 자신의 문제를 해결해 줄 절대적 신을 찾고 있는 것이다. 다시 한 번 강조하자면, 기독교는 신의 도움으로 자신의 질문과 문제에 대해 해결책을 얻고자 하는 다른 종교와 달리, 그 질문과 문제가 존재하지 않던 타락 이전의 삶으로 돌아가는 길을 제시한다.

2천 년 전 예수 그리스도께서 이 땅에 오셔서 선포하신 하나님나라의 복음은 우리가 알고 있는 일반적인 종교 메시지와는 완전히 달랐다.

> 15 이르시되 때가 찼고 하나님의 나라가 가까이 왔으니 회개하고 복음을 믿으라 하시더라 막 1:15

> 43 예수께서 이르시되 내가 다른 동네들에서도 하나님의 나라 복음을 전하여야 하리니 나는 이 일을 위해 보내심을 받았노라 하시고 눅 4:43

예수님은 에덴동산의 원형적 삶과 일치하는 새로운 은혜의 삶, 하나님이 친히 통치하시는 그 나라가 도래했으므로 다시 아버지 앞으로 나아가라고 말씀하셨다.

> 6 예수께서 이르시되 내가 곧 길이요 진리요 생명이니 나로 말미암지 않고는 아버지께로 올 자가 없느니라 요 14:6

하나님을 알지 못하는 타락한 인간의 근원적인 질문(존재, 가치, 목적)에 대해서 예수님은 바로 자신이 답(생명, 진리, 길)이라고 말씀하셨다. 또한 인간이 가지고 있는 모든 갈망과 욕구에 대해서 하나님이 그 모든 것을 알고 계시며 먼저 그분의 나라와 의를 구할 때 다 이루어 주기 원한다고 말씀하셨다.

25 그러므로 내가 너희에게 이르노니 목숨을 위하여 무엇을 먹을까 무엇을 마실까 몸을 위하여 무엇을 입을까 염려하지 말라 목숨이 음식보다 중하지 아니하며 몸이 의복보다 중하지 아니하냐 **26** 공중의 새를 보라 심지도 않고 거두지도 않고 창고에 모아들이지도 아니하되 너희 하늘 아버지께서 기르시나니 너희는 이것들보다 귀하지 아니하냐 **27** 너희 중에 누가 염려함으로 그 키를 한 자라도 더할 수 있겠느냐 **28** 또 너희가 어찌 의복을 위하여 염려하느냐 들의 백합화가 어떻게 자라는가 생각하여 보라 수고도 아니하고 길쌈도 아니하느니라 **29** 그러나 내가 너희에게 말하노니 솔로몬의 모든 영광으로도 입은 것이 이 꽃 하나만 같지 못하였느니라 **30** 오늘 있다가 내일 아궁이에 던져지는 들풀도 하나님이 이렇게 입히시거든 하물며 너희일까 보냐 믿음이 작은 자들아 **31** 그러므로 염려하여 이르기를 무엇을 먹을까 무엇을 마실까 무엇을 입을까 하지 말라 **32** 이는 다 이방인들이 구하는 것이라 너희 하늘 아버지께서 이 모든 것이 너희에게 있어야 할 줄을 아시느니라 **33** 그런즉 너희는 먼저 그의 나라와 그의 의를 구하라 그리하면 이 모든 것을 너희에게 더하시리라 마 6:25-33

그런데 참으로 안타까운 사실은 진정한 복음인 하나님나라의 소식은 사라지고, 기독교가 하나의 종교로 변질되어 버린 점이다. 실제로 많은 경우 기독교는 우리의 갈망과 욕구를 채우기 위한 수단으로 전락했고, 우리는 그것을 채워 주는 절대적인 신, 하나님 아버지를 기쁘게 하거나 그분의 노여움을 달래기 위한 노력과 행위들을 하는 데 애쓰고 있다. 즉 구약의 유대인이 행한 종교생활과 다를 바 없는 신앙생활을 하고 있다 해도 과언이 아니다.

예수님이 하나님의 말씀을 유대교의 틀로 종교화시켰던 바리새인들과 서기관들에게 어떻게 말씀하셨는지 생각해 보라. 하나님께 선택받은 이스라엘 민족은 예수님을 메시아로 인정하지 않았을 뿐만 아니라 하나님에 대한 참된 믿음의 삶(하나님나라로 돌아가는 것)을 타락한 인간이 가지는 근원적인 질문과 일상적인 갈망의 해결을 위한 종교로 대치해 버렸다. 바로 이것이 예수님이 바리새인들과 서기관들, 율법사들을 강하게 책망하신 이유다. 그들은 하나님께 잘 보이고(예배 행위) 그분의 노여움을 사지 않도록 노력함으로써(율법 준수) 하나님께 보상을 받아 자신들의 갈망과 욕구를 채우고자 했던 것이다. 이처럼 하나님을 섬기는 궁극적인 목적이 하나님의 뜻을 이루는 삶이 아니라 단지 벌 받지 않고 자신의 갈망과 욕구를 채우는 데 있었기에 예수님은 유대 종교 지도자들을 심하게 질책하셨다.

13 화 있을진저 외식하는 서기관들과 바리새인들이여 너희는 천국 문을 사람들 앞에서 닫고 너희도 들어가지 않고 들어가려 하는 자도 들어가지 못하게

하는도다 14 (없음) 15 화 있을진저 외식하는 서기관들과 바리새인들이여 너희는 교인 한 사람을 얻기 위하여 바다와 육지를 두루 다니다가 생기면 너희보다 배나 더 지옥 자식이 되게 하는도다 마 23:13-15

20 내가 너희에게 이르노니 너희 의가 서기관과 바리새인보다 더 낫지 못하면 결코 천국에 들어가지 못하리라 마 5:20

거듭 강조하지만 기독교는 종교가 아니라 하나님나라 복음의 실현이다. 이 복음은 하나님나라가 도래했다는 것과 하나님과 올바른 관계를 맺는 것, 하나님나라에 들어가는 것과 그 나라의 삶에 대한 것이다. 종교는 인간이 자신의 노력으로 추구해야 하지만, 하나님나라는 하나님의 생명이 새롭게 우리 안에 들어오셔야 가능한 것이다. 종교는 죄인이 의인이 되기 위해서 끊임없이 노력해야 하지만, 진정한 기독교는 모든 죄를 자신의 행위와 상관없이 사함 받은 의인들이 하나님의 자녀로서 하나님나라의 삶을 사는 것이다.

성경은 종교서적이 아니라 하나님이 친히 통치하시는 그분의 나라에 대한 이야기다. 그 속에는 사탄에게 빼앗긴 자기 백성에 대한 하나님의 마음과 그 사탄의 사주를 받는 인간들의 마음이 나타나 있다. 또한 인간이 다시금 하나님나라의 삶을 살도록 하기 위한 하나님의 길이 제시되어 있다. 역사적인 관점에서 기술할 때 성경의 내용은 만물의 창조와 인간의 타락, 십자가로 인한 구속과 성화 그리고 종말의 완성으로 요약될 수 있지만, 그 속에서 가장 중요한 것은 하나님나라다. 하나님나라는 오직 하나님의 생명으로 인해서 이루어진다. 하나님은 우리가 그 나라의 삶을 살도록 첫째, 우리의 죄를 사하시고 둘째, 그분의 영을 우리에게 다시 부어 주셨다. 바로 그 일을 이루기 위해서 오신 분이 예수 그리스도이시다. 우리는 구약의 의미를 제대로 알아야 한다. 우리를 자유하게 하시고 구원해 주신 예수 그리스도의 빛 가운데서 구약의 말씀을 보지 않고, 단지 문자적인 말씀을 진리로 고집하며 그 모든 요구사항을 무조건 지키고자 애쓴다면, 아직도 메시아를 인정하지 않는 유대인들이 고집하는 유대교를 믿는 것과 무슨 차이가 있겠는가?

CHAPTER

4 율법과 하나님나라는 이렇게 다르다

죄와 율법의 관계

하나님은 원래 우리를 온전하게 지으셨다. 그러나 사탄이 우리를 속여서 인간은 마음에 탐심을 가지게 되었고, 그 결과 죄를 짓고 타락하게 되었다.

15 욕심이 잉태한즉 죄를 낳고 죄가 장성한즉 사망을 낳느니라 약 1:15

12 그러므로 한 사람으로 말미암아 죄가 세상에 들어오고 죄로 말미암아 사망이 들어왔나니 이와 같이 모든 사람이 죄를 지었으므로 사망이 모든 사람에게 이르렀느니라 **13** 죄가 율법 있기 전에도 세상에 있었으나 율법이 없었을 때에는 죄를 죄로 여기지 아니하였느니라 롬 5:12–13

율법이 주어지기 전에도 이 땅에는 죄가 있었으며, 죄를 지은 자는 죽음에 이른다. 하나님은 자녀들이 계속 하나님의 영광과 법 밖에 거하기 때문에 하나님께서 그들을 얼마나 사랑하시는지 그리고 죄와 저주가 무엇인지를 알게 하시기 위해서 율법을 주셨다.

12 무릇 율법 없이 범죄한 자는 또한 율법 없이 망하고 무릇 율법이 있고 범죄한 자는 율법으로 말미암아 심판을 받으리라 롬 2:12

율법은 어느 때까지 유효한가?

사도 바울은 모세의 율법이 주어진 이유와 유효성에 대해서 다음과 같이 말하고 있다.

19 그런즉 율법은 무엇이냐 **범법하므로 더하여진 것이라** 천사들을 통하여 한 중보자의 손으로 베푸신 것인데 약속하신 자손이 오시기까지 있을 것이라 갈 3:19

1. 율법은 '범법하므로' 주어진 것이다.

앞서 언급한 바와 같이 죄는 율법이 주어지기 전에도 이미 이 땅에 있었다. 아담은 죄를 지음으로 타락했고, 그의 후손으로 태어난 모든 인류 가운데 계속해서 죄가 존재했다. 그러나 율법이 주어지기 전에는 인간이 죄를 지었어도 자신이 하나님의 뜻(영광, 법)을 어긴 것을 깨달을 수 없었다. 그 뜻이 무엇인지를 알지 못했기 때문이다. 그러므로 '법을 어겼다'고 말할 수도 없었다. 율법은 죄의 본질이 범법, 즉 하나님의 법을 어기는 것(하나님의 영광 밖에 거하는 것)임을 나타내기 위해서 주어졌다.

15 율법은 진노를 이루게 하나니 **율법이 없는 곳에는 범법도 없느니라** 롬 4:15

2. 율법이 더하여졌다는 것은 이전에 다른 무엇이 있었음을 의미한다.

율법은 범법하므로 주어지되, 더하여진 것이다. 그렇다면 그것이 더하기 전에 있었던 것은 무엇일까? 놀랍게도 그것은 하나님이 아브라함과 주권적으로 맺으신 언약(은혜)이다. 그 은혜에 더해진 것이 율법이다. 흔히 우리는 은혜가 예수 그리스도로 말미암아 왔다고 생각하지만, 율법이 주어지기 전에 본래 아브라함에게 주어졌던 것이 은혜였다는 점을 상기해야 한다. 그 은혜가 인간의 범죄 때문에 끊어진 것처럼 보이지만 구약 전반에서 하나님의 은혜가 함께하였고, 마침내 예수 그리스도로 말미암아 우리가 다시 누리게 된 것이다.

17 내가 이것을 말하노니 하나님께서 미리 정하신 언약을 사백삼십 년 후에

생긴 율법이 폐기하지 못하고 그 약속을 헛되게 하지 못하리라 18 만일 그 유업이 율법에서 난 것이면 약속에서 난 것이 아니리라 그러나 하나님이 약속으로 말미암아 아브라함에게 주신 것이라 갈 3:17-18

하나님은 율법이 수여되기 430년 전에 아브라함과 은혜의 언약을 맺으셨다. 아브라함 때는 아직 율법이 없었으며 그는 은혜 가운데 살았다. 아브라함은 죄를 지었을까, 안 지었을까? 죄를 지었음에도 불구하고 아브라함은 저주가 아닌 은혜의 삶을 살았다. 아브라함뿐만 아니라 이삭, 야곱 그리고 애굽에서 종살이하던 후손들도 은혜 아래 있었다. 그들이 하나님을 찾았을 때 하나님은 오직 은혜로 그들을 출애굽시키셨다.

이처럼 은혜는 시간적으로 그리고 본질적으로 율법보다 먼저다. 은혜에 율법이 더해졌다는 것은 율법이 은혜를 없애고 그 자리를 대신 차지했다는 말이 아니다. 율법은 은혜의 약속을 폐기할 수 없다. 율법이 주어진 후에도 하나님이 아브라함에게 약속하신 은혜는 여전히 유효하며, 그 때문에 율법의 시대에도 하나님의 은혜는 계속되었다. 그것이 바로 하나님의 자비와 긍휼이다. 만약 오로지 율법이 전부였다면, 이스라엘 백성은 완전히 멸망하고 말았을 것이다.

3. 율법은 중보자 모세의 손을 통하여 더하여진 것이다.

이스라엘 백성은 은혜를 알지 못한 채 계속해서 죄를 지었다. 또한 죄를 지음에도 불구하고 그것이 죄인 줄 알지 못했다. 그 때문에 하나님은 죄와 그 결과, 그리고 그 죄가 하나님의 뜻과 상반되는 것임을 알려 주기 위해서 시내 산에서 율법을 수여하셨다. 구약의 백성인 이스라엘과 하나님 사이의 중보자는 모세였다. 비록 모세도 완전한 인간은 아니었지만, 하나님은 그분의 뜻을 제시하는 율법을 모세를 통해서 이스라엘에게 주셨고, 모세를 통해서 백성에게 말씀하셨으며 모세의 중보기도를 들어주셨다.

4. 율법은 약속하신 자손(예수 그리스도)이 오시기까지만 유효하다.

이처럼 인간 중보자를 통해 선행하는 은혜에 더해진 율법은 언제까지나 유효한 것은 아니다. 그러나 율법의 모든 요구는 아브라함의 자손으로 오신 예수 그리스도를 통해서 온전히 충족되며, 그로 인해 아브라함에게 주셨던 은혜의 약속이 다시 실현되었다. 바로 예수 그리스도 안에서 하나님나라의 새로운 삶이 가능하게 된 것이다.

16 이 약속들은 아브라함과 그 자손에게 말씀하신 것인데 여럿을 가리켜 그 자손들이라 하지 아니하시고 오직 한 사람을 가리켜 네 자손이라 하셨으니 곧 그리스도라 갈 3:16

29 너희가 그리스도의 것이면 곧 아브라함의 자손이요 약속대로 유업을 이을 자니라 갈 3:29

4 그리스도는 모든 믿는 자에게 의를 이루기 위하여 율법의 마침이 되시니라
롬 10:4

모든 율법의 마침이 되신 예수 그리스도를 믿는 우리는 마침내 그분 안에서 율법에 대해서 죽었고 그 결과 율법(죄와 저주를 주는) 대신에 은혜 아래서 자유를 얻을 수 있게 되었다.

17 율법은 모세로 말미암아 주어진 것이요 은혜와 진리는 예수 그리스도로 말미암아 온 것이라 요 1:17

14 죄가 너희를 주장하지 못하리니 이는 너희가 법 아래에 있지 아니하고 은혜 아래에 있음이라 롬 6:14

다음 장의 도표와 그에 따른 신구약의 말씀을 보자. 하나님이 우리에게 주신 은혜와 믿음의 삶은 예수 그리스도에 의해서 처음으로 주어진 것이 아니라 이미 아브라함을 통해서 약속하셨으며, 율법 아래 있었던 구약시대에도 그 은혜와 믿음의 삶은 지속되었다는 것을 알 수 있다. 그리고 하나님나라를 다시 회복시키기 위해서 아브라함에게 주셨던 그 언약이 마침내 예수 그리스도를 통해서 성취되었다.

1 그런즉 육신으로 우리 조상인 아브라함이 무엇을 얻었다 하리요 **2** 만일 아

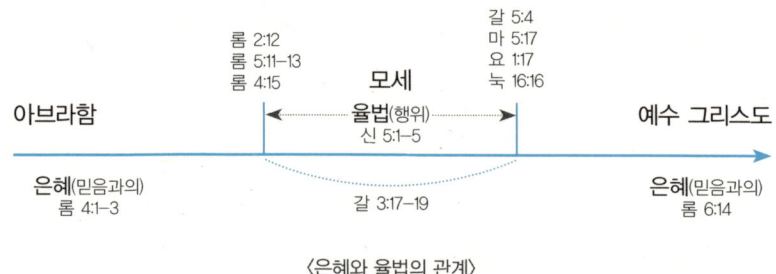

〈은혜와 율법의 관계〉

브라함이 행위로써 의롭다 하심을 받았으면 자랑할 것이 있으려니와 하나님 앞에서는 없느니라 3 성경이 무엇을 말하느냐 아브라함이 하나님을 믿으매 그것이 그에게 의로 여겨진 바 되었느니라 롬 4:1-3

12 무릇 율법 없이 범죄한 자는 또한 율법 없이 망하고 무릇 율법이 있고 범죄한 자는 율법으로 말미암아 심판을 받으리라 롬 2:12

11 그뿐 아니라 이제 우리로 화목하게 하신 우리 주 예수 그리스도로 말미암아 하나님 안에서 또한 즐거워하느니라 12 그러므로 한 사람으로 말미암아 죄가 세상에 들어오고 죄로 말미암아 사망이 들어왔나니 이와 같이 모든 사람이 죄를 지었으므로 사망이 모든 사람에게 이르렀느니라 13 죄가 율법 있기 전에도 세상에 있었으나 율법이 없었을 때에는 죄를 죄로 여기지 아니하였느니라 롬 5:11-13

15 율법은 진노를 이루게 하나니 율법이 없는 곳에는 범법도 없느니라 롬 4:15

17 내가 이것을 말하노니 하나님께서 미리 정하신 언약을 사백삼십 년 후에 생긴 율법이 폐기하지 못하고 그 약속을 헛되게 하지 못하리라 **18** 만일 그 유업이 율법에서 난 것이면 약속에서 난 것이 아니리라 그러나 하나님이 약속으로 말미암아 아브라함에게 주신 것이라 **19** 그런즉 율법은 무엇이냐 범법하므로 더하여진 것이라 천사들을 통하여 한 중보자의 손으로 베푸신 것인데 약속하신 자손이 오시기까지 있을 것이라 갈 3:17–19

4 율법 안에서 의롭다 함을 얻으려 하는 너희는 그리스도에게서 끊어지고 은혜에서 떨어진 자로다 갈 5:4

17 내가 율법이나 선지자를 폐하러 온 줄로 생각하지 말라 폐하러 온 것이 아니요 완전하게 하려 함이라 마 5:17

17 율법은 모세로 말미암아 주어진 것이요 은혜와 진리는 예수 그리스도로 말미암아 온 것이라 요 1:17

16 율법과 선지자는 요한의 때까지요 그 후부터는 하나님나라의 복음이 전파되어 사람마다 그리로 침입하느니라 눅 16:16

14 죄가 너희를 주장하지 못하리니 이는 너희가 법 아래에 있지 아니하고 은혜 아래에 있음이라 롬 6:14

하나님나라의
실체는?

율법 아래 있을 때 죄는 권능을 가지게 되고, 그 죄로 말미암아 우리는 사망에 이르게 되었다. 바로 사망이 왕 노릇하는 흑암의 권세 아래 있는 삶인 것이다.

56 사망이 쏘는 것은 죄요 죄의 권능은 율법이라 고전 15:56

그러나 하나님의 은혜로 인하여 예수 그리스도를 믿음으로 우리는 그분의 사랑의 아들의 나라로 옮겨졌고, 이제 그리스도의 생명 안에서 왕 노릇하는 자가 되었다.

13 그가 우리를 흑암의 권세에서 건져내사 그의 사랑의 아들의 나라로 옮기셨으니 골 1:13

17 한 사람의 범죄로 말미암아 사망이 그 한 사람을 통하여 왕 노릇 하였은즉 더욱 은혜와 의의 선물을 넘치게 받는 자들은 한 분 예수 그리스도를 통하여 생명 안에서 왕 노릇 하리로다 롬 5:17

따라서 예수 그리스도 안에 있을 때 우리는 의롭게 되어, 더 이상 율법 아래 있지 않고 은혜 아래 있게 된다. 이것이 바로 하나님나라의 실체다(눅 16:16).

세례 요한은 구약의 마지막 선지자로서 율법 아래 산 자다. 그러나 하나님나라의 복음이 선포될 때 그 나라로 들어온 자는 아무리 작은 자라도 세례 요한보다 크다. 왜냐하면 예수 그리스도께서 우리 안에 계시기 때문에 우리가 하나님의 통치 안에 있으며, 하나님의 자녀가 되었기 때문이다.

11 내가 진실로 너희에게 말하노니 여자가 낳은 자 중에 세례 요한보다 큰 이가 일어남이 없도다 그러나 천국에서는 극히 작은 자라도 그보다 크니라 **12** 세례 요한의 때부터 지금까지 천국은 침노를 당하나니 침노하는 자는 빼앗느니라 마 11:11-12

CHAPTER

5 이스라엘, 교회, 하나님나라

하나님은 아담과 하와를 통해서 이 땅에 그분의 나라(통치)를 이루기를 원하셨다. 그러나 타락으로 말미암아 하나님나라가 소실되자, 하나님은 아브라함을 통해서 그 나라의 회복을 약속하셨다. 따라서 하나님나라는 본래 이스라엘 백성에게 주어진 것이었다. 마침내 그 약속의 성취는 신약에 와서 예수님의 복음전파에 의해서 시작되었다. 그러나 그것은 이스라엘 백성이 아니라 메시아 공동체인 교회를 통해서 이루어지는 것이었다. 그렇기에 하나님나라를 온전히 이해하기 위해서는 이스라엘과 하나님나라, 교회와 하나님나라, 그리고 이스라엘과 교회의 관계를 정확하게 파악해야 한다.

**하나님나라는 먼저
이스라엘에게**

하나님은 아브라함과 약속하신 일을 이루기 위해서 이스라엘을 그분의 백성으로 택하시고 그들을 통하여 먼저 하나님나라를 이루시길 원하셨다. 이스라엘은 그 약속을 기억하며, 그들의 하나님을 아브라함과 이삭과 야곱의 하나님이라고 불렀다. 하나님은 아브라함이 복의 근원이라고 말씀하셨다. 바리새인과 서기관들은 이것을 믿었고, 예수님도 이 약속을 지키기 원하셨다.

모세가 애굽 땅에서 도망쳐 미디안 땅에 머물 때 :

23 여러 해 후에 애굽 왕은 죽었고 이스라엘 자손은 고된 노동으로 말미암아 탄식하며 부르짖으니 그 고된 노동으로 말미암아 부르짖는 소리가 하나님께 상달된지라 **24 하나님이 그들의 고통 소리를 들으시고 하나님이 아브라함과 이삭과 야곱에게 세운 그의 언약을 기억하사** 출 2:23-24

모세가 하나님의 산 호렙에 이르러 떨기나무 불꽃 가운데서 하나님을 만날 때 :

6 또 이르시되 **나는 네 조상의 하나님이니 아브라함의 하나님, 이삭의 하나님, 야곱의 하나님이니라** 모세가 하나님 뵈옵기를 두려워하여 얼굴을 가리매 출 3:6

모세가 시내 광야에 있을 때:

6 너희가 내게 대하여 제사장 나라가 되며 거룩한 백성이 되리라 너는 이 말을 이스라엘 자손에게 전할지니라 출 19:6

가나안 땅으로 들어갈 때:

1 여호와께서 모세에게 이르시되 너는 네가 애굽 땅에서 인도하여 낸 백성과 함께 여기를 떠나서 **내가 아브라함과 이삭과 야곱에게 맹세하여 네 자손에게 주기로 한 그 땅으로 올라가라** 출 33:1

예수님은 처음 사역을 하실 때 대상과 범위를 오직 이스라엘에 한정시키셨고, 제자들에게도 이스라엘을 위해서 사역하라고 말씀하셨다. 그러나 이스라엘 내에서는 모든 계층(창기, 세리, 바리새인, 서기관, 율법사)을 만나셨고 전역(사마리아, 유대, 예루살렘, 갈릴리)에 걸쳐 사역하셨다. 우리는 이러한 사실을 다음 구절을 통해서 분명히 알 수 있다.

회당에서, 동네에서 그리고 들판과 산에서:

23 예수께서 온 갈릴리에 두루 다니사 그들의 회당에서 가르치시며 천국 복음을 전파하시며 백성 중의 모든 병과 모든 약한 것을 고치시니 마 4:23

43 예수께서 이르시되 내가 다른 동네들에서도 하나님의 나라 복음을 전하여야 하리니 나는 이 일을 위해 보내심을 받았노라 하시고 눅 4:43

열두 제자를 보내실 때:

5 예수께서 이 열둘을 내보내시며 명하여 이르시되 **이방인의 길로도 가지 말고 사마리아인의 고을에도 들어가지 말고 6 오히려 이스라엘 집의 잃어버린 양에게로 가라** 마 10:5-6

귀신 들린 딸의 어머니가 자신의 딸을 고쳐 달라고 했을 때:

24 예수께서 대답하여 이르시되 **나는 이스라엘 집의 잃어버린 양 외에는 다른 데로 보내심을 받지 아니하였노라 하시니** 마 15:24

하나님은 택하신 이스라엘 백성에게 약속하신 하나님나라를 주시기 위해서 예수님을 이 땅에 보내셨다. 예수님은 이스라엘 백성과 종교·정치 지도자들에게 율법과 선지자의 시대는 세례 요한으로 끝이 났고, 이제는 하나님나라가 임했다고 선포하셨다(눅 16:16).

17 율법은 모세로 말미암아 주어진 것이요 은혜와 진리는 예수 그리스도로 말미암아 온 것이라 요 1:17

그러나 이스라엘 민족을 이끌어 가는 유대 종교 지도자들은 하나님나라를 정치적이고 물리적인 나라로 오해했고, 예수님을 구약의 예언대로 오신 메시아로 인정하지도 않았다.

예수님이 바리새인과 서기관들에게 그들이 행하는 일이 무엇인지를 비유로 가르치신 말씀을 생각해 보자.

28 그러나 너희 생각에는 어떠하냐 어떤 사람에게 두 아들이 있는데 맏아들에게 가서 이르되 얘 오늘 포도원에 가서 일하라 하니 29 대답하여 이르되 아버지 가겠나이다 하더니 가지 아니하고 30 둘째 아들에게 가서 또 그와 같이 말하니 대답하여 이르되 싫소이다 하였다가 그 후에 뉘우치고 갔으니 31 그 둘 중의 누가 아버지의 뜻대로 하였느냐 이르되 둘째 아들이니이다 예수께서 그들에게 이르시되 내가 진실로 너희에게 이르노니 세리들과 창녀들이 너희보다 먼저 하나님의 나라에 들어가리라 32 요한이 의의 도로 너희에게 왔거늘 너희는 그를 믿지 아니하였으되 세리와 창녀는 믿었으며 너희는 이것을 보고도 끝내 뉘우쳐 믿지 아니하였도다 마 21:28-32

예수님이 하나님나라의 침노에 대해서 두 아들과 포도원을 비유로 들어 말씀하셨다. 큰아들은 스스로 의롭다고 여기는 종교 지도자를 지칭하고 둘째 아들은 세리와 창녀와 같이 마음이 가난한 자들을 지칭한다. 포도원에서 일한다는 것은 마귀의 통치를 받는 이 땅에 도래한 하나님나라에서 주의 뜻을 이루는 삶을 말한다. 이 비유를 통해서 예수님은 말씀을 지킴으로 스스로 의롭다고 여기지만 주(오신 메시아)의 말씀에 순종하지 않는 자보다 마음이 가난하여 순종하는 자가 하나님나라에 먼저 들어간다고 말씀하셨다.

33 다른 한 비유를 들으라 한 집주인이 포도원을 만들어 산울타리로 두르고 거기에 즙 짜는 틀을 만들고 망대를 짓고 농부들에게 세로 주고 타국에 갔더니 **34** 열매 거둘 때가 가까우매 그 열매를 받으려고 자기 종들을 농부들에게 보내니 **35** 농부들이 종들을 잡아 하나는 심히 때리고 하나는 죽이고 하나는 돌로 쳤거늘 **36** 다시 다른 종들을 처음보다 많이 보내니 그들에게도 그렇게 하였지라 **37** 후에 자기 아들을 보내며 이르되 그들이 내 아들은 존대하리라 하였더니 **38** 농부들이 그 아들을 보고 서로 말하되 이는 상속자니 자 죽이고 그의 유산을 차지하자 하고 **39** 이에 잡아 포도원 밖에 내쫓아 죽였느니라

마 21:33-39

40 그러면 포도원 주인이 올 때에 그 농부들을 어떻게 하겠느냐 **41** 그들이 말하되 그 악한 자들을 진멸하고 포도원은 제때에 열매를 바칠 만한 다른 농부들에게 세로 줄지니이다 **42** 예수께서 이르시되 너희가 성경에 건축자들이 버린 돌이 모퉁이의 머릿돌이 되었나니 이것은 주로 말미암아 된 것이요 우리 눈에 기이하도다 함을 읽어 본 일이 없느냐 **43** 그러므로 내가 너희에게 이르노니 하나님의 나라를 너희는 빼앗기고 그 나라의 열매 맺는 백성이 받으리라 … **45** 대제사장들과 바리새인들이 예수의 비유를 듣고 자기들을 가리켜

말씀하심인 줄 알고 마 21:40-43, 45

포도원과 농부 이야기의 마지막 부분인 43절 말씀을 이해하기 위해서는 집주인, 포도원, 농부, 종 그리고 아들이 의미하는 바를 알아야 한다. 포도원은 본래 하나님나라였으나 지금은 하나님의 통치가 임하지 않는 세상을 가리킨다. 포도원을 소작하는 농부들은 백성을 하나님께로 이끄는 종교 지도자들이다. 한편, 종들은 하나님의 뜻을 알리는 선지자들을, 그리고 아들은 예수 그리스도를 의미한다. 하나님은 마지막으로 그분의 아들을 보내셨으나, 유대교의 종교 지도자들은 상속자의 유업을 대신 차지하고자 그 아들을 죽였다. 결국 종교 지도자들 때문에 이스라엘에 받아들여지지 않은 하나님나라는 누구든지 예수 그리스도를 주로 영접하고 그 나라의 열매를 맺는 백성에게 임하게 되었다. 특히 마태복음 23장 전체와 병행 본문은 종교 지도자들을 경고하시는 말씀으로 가득 차 있다.

13 화 있을진저 외식하는 서기관들과 바리새인들이여 너희는 천국 문을 사람들 앞에서 닫고 너희도 들어가지 않고 들어가려 하는 자도 들어가지 못하게 하는도다 마 23:13

52 화 있을진저 너희 율법교사여 너희가 지식의 열쇠를 가져가서 너희도 들어가지 않고 또 들어가고자 하는 자도 막았느니라 하시니라 눅 11:52

37 예루살렘아 예루살렘아 선지자들을 죽이고 네게 파송된 자들을 돌로 치는 자여 암탉이 그 새끼를 날개 아래에 모음같이 내가 네 자녀를 모으려 한 일이 몇 번이더냐 그러나 너희가 원하지 아니하였도다 **38** 보라 너희 집이 황폐하여 버려진 바 되리라 마 23:37-38

39 내가 너희에게 이르노니 이제부터 너희는 찬송하리로다 주의 이름으로 오시는 이여 할 때까지 나를 보지 못하리라 하시니라 마 23:39

예수님은 이스라엘 백성이 하나님나라를 받아들이지 않자 새로운 길을 택하셨다. 즉, 예수님이 누구신지를 아는 믿음의 사람들을 통하여 하나님나라를 이루고자 하신 것이다. 그것이 바로 교회의 시작이다. 구약에서 창세기 12장 말씀이 중요한 것처럼, 신약에서 마태복음 16장은 매우 중요한 의미를 가지고 있다. 왜냐하면 이 구절을 통해서 예수님은 메시아 공동체인 교회를 세우겠다고 처음으로 말씀하시기 때문이다. <u>교회는 하나님의 약속인 하나님나라를 예수 그리스도께서 친히 이루시고자 하는 실체인 것이다.</u>

16 시몬 베드로가 대답하여 이르되 주는 그리스도시요 살아 계신 하나님의 아들이시니이다 **17** 예수께서 대답하여 이르시되 바요나 시몬아 네가 복이 있도다 이를 네게 알게 한 이는 혈육이 아니요 하늘에 계신 내 아버지시니라 **18** 또 내가 네게 이르노니 너는 베드로라 내가 이 반석 위에 **내 교회를 세우리니**

음부의 권세가 이기지 못하리라 마 16:16-18

당시의 종교 지도자들은 예수님을 메시아로 인정하지도 않았고, 하나님나라의 복음을 받아들이지도 않았다. 그러나 베드로는 성령님의 계시로 예수님이 진정으로 누구신지를 알게 되어 그분을 그리스도와 하나님의 아들로 고백했다. 이것은 매우 중요한 의미를 가진다. 왜냐하면 그 당시에 하나님에 대해서 가장 박식한 지도자들조차 이런 고백을 할 수 없었기 때문이다. 이 고백은 성령님의 계시가 아니면 불가능한 것이다. 예수님이 "이 반석 위에"라고 말씀하신 것은 '인간의 지식과 지혜가 아니라, 성령님을 통하여 예수 그리스도가 누구신지를 알게 된 믿음 위에'라는 의미다. 바로 그 믿음 위에 서 있는 메시아 공동체(하나님의 백성)를 교회로 세우시고, 그 교회를 통해서 세상을 구원하고자 하신 것이다.

교회에 해당하는 원어성경의 단어는 헬라어로 '에클레시아'(ekklesia), 히브리어로는 '카할'(qahal)이다. 구약성경에서 '카할'은 '회중, 공동체'라는 의미를 지닌다. 즉, '카할 야훼'는 '여호와 회중'을 의미하는 것이다. 한편 신약의 '에클레시아'는 구약의 '여호와 회중'(이스라엘)에 대비되는, 예수 제자들로 구성된 하나님의 새로운 백성(메시아 공동체)을 가리킨다. 여기에 점차적으로 '체계화된 교회 조직체'나 '예배를 드리는 곳'이라는 의미가 추가되어 오늘날 '교회'라는 단어가 사용되고 있다.

교회의 초석은 성령님이시다. 성령의 감동을 받은 사도와 선지자들의 터 위에 예수 그리스도께서 모퉁이돌이 되신 것이다. 약속하신 보혜사 성령님을 통하여 예수 그리스도가 누구신지를 알게 된 자들이 한 성령 안에서 한 몸이 되는 것이 바로 하나님나라의 새 백성으로서의 교회다. 그러므로 성령의 인도함을 받지 못하는 교회는 그 역할을 제대로 수행할 수 없으며, 진정한 교회라고 불릴 수도 없다. 교회는 예수 그리스도가 누구신지를 아는 자들이 예수님이 전하신 하나님나라의 복음을 이루는 공동체다.

20 너희는 사도들과 선지자들의 터 위에 세우심을 입은 자라 그리스도 예수께서 친히 모퉁잇돌이 되셨느니라 엡 2:20

지금까지 살펴본 내용을 간략히 정리해 보자. 공생애 사역 초기에 예수님은 이스라엘을 들어서 하나님나라가 온 땅(열방)에 이루어지기를 원하셨기에, 이방인이 아닌 이스라엘 백성과 정치·종교 지도자들에게 자신이 메시아시며, 이 땅에 하나님나라가 도래했다는 사실을 알리셨다. 그러나 하나님나라의 도래를 다윗 왕조의 회복으로 생각했던 이스라엘의 지도자들은 예수님을 메시아로 인정하기를 거부하고 핍박했다. 이에 예수님은 그들을 통렬히 꾸짖으시며, 이미 계획된 하나님의 섭리를 알리셨다. 즉, 더 이상 이스라엘을 통해서가 아니라 그분을 구원자와 주님으로 받아들이는 자들의 공동체(교회)를 통해서 하나님나라를 이루시며, 그 통치가 이스라엘만이 아니라 땅끝까지 이르도록 하시겠다는 것이다. 이제 도래한 하나님나라에서는 성령 안에서 예수 그리스도를 주로 고백하고 성령의 인도하심을 받는 자들이 바로 아브라함의 유업을 이어받는 택하신 족속과 왕 같은 제사장들이 되는 것이다.

> **14** 이는 그리스도 예수 안에서 아브라함의 복이 이방인에게 미치게 하고 또 우리로 하여금 믿음으로 말미암아 성령의 약속을 받게 하려 함이라 갈 3:14

> **28** 너희는 유대인이나 헬라인이나 종이나 자유인이나 남자나 여자나 다 그리스도 예수 안에서 하나이니라 **29** 너희가 그리스도의 것이면 곧 아브라함의 자손이요 약속대로 유업을 이을 자니라 갈 3:28-29

> **9** 그러나 너희는 택하신 족속이요 왕 같은 제사장들이요 거룩한 나라요 그의 소유가 된 백성이니 이는 너희를 어두운 데서 불러내어 그의 기이한 빛에 들어가게 하신 이의 아름다운 덕을 선포하게 하려 하심이라 벧전 2:9

그렇다면 우리는 피할 수 없는 한 가지 질문에 직면하게 된다. 하나님나라의 복음이 이방인들에게 전해진 것은 단지 이스라엘이 예수 그리스도를 받아들이지 않았기 때문인가? 다시 말해서, 이스라엘의 거부와 이방인에 대한 은혜의 역사를 원인(문제)과 결과(비상대

책)의 상관관계로 보아야 하는가?

  결코 그렇지 않다. 우리가 살펴본 일련의 과정은 모든 민족을 하나님 앞으로 돌아오게 하기 위한 하나님의 계획된 섭리다. 우리는 이미 예수님이 그 사실에 대해 말씀하고 계신 것을 볼 수 있다.

백부장과의 대화를 통해서도:

11 또 너희에게 이르노니 동 서로부터 많은 사람이 이르러 아브라함과 이삭과 야곱과 함께 천국에 앉으려니와 **12** 그 나라의 본 자손들은 바깥 어두운 데 쫓겨나 거기서 울며 이를 갈게 되리라 마 8:11-12

악한 소작인의 비유를 통해서도:

43 그러므로 내가 너희에게 이르노니 하나님의 나라를 너희는 빼앗기고 그 나라의 열매 맺는 백성이 받으리라 마 21:43

고라신과 벳새다에 대해서 말씀하실 때도:

20 예수께서 권능을 가장 많이 행하신 고을들이 회개하지 아니하므로 그때에 책망하시되 **21** 화 있을진저 고라신아 화 있을진저 벳새다야 너희에게 행한 모든 권능을 두로와 시돈에서 행하였더라면 그들이 벌써 베옷을 입고 재

에 앉아 회개하였으리라 22 내가 너희에게 이르노니 심판 날에 두로와 시돈이 너희보다 견디기 쉬우리라 23 가버나움아 네가 하늘에까지 높아지겠느냐 음부에까지 낮아지리라 네게 행한 모든 권능을 소돔에서 행하였더라면 그 성이 오늘까지 있었으리라 24 내가 너희에게 이르노니 심판 날에 소돔 땅이 너보다 견디기 쉬우리라 하시니라 마 11:20-24

이제 하나님나라 참 백성의 기준은 민족적 혈통이 아니라 영적 혈통(하나님의 생명)이다. 즉, 메시아이신 예수 그리스도와 그분이 선포하신 하나님나라 복음을 받아들이는 믿음과 그 복음에 따른 열매 맺는 삶의 유무가 하나님나라 백성인가 아닌가를 결정하는 것이다.

7 그런즉 **믿음으로 말미암은 자들은** 아브라함의 자손인 줄 알지어다 갈 3:7

이제는 이스라엘의 제사장 직분은 더 이상 의미가 없게 되었다. 하나님께서 메시아의 백성인 교회를 그분의 나라와 제사장들로 삼으셨기 때문이다. 마태복음은 유대인들을 위한 왕국복음이다. 예수님의 초기 사역은 분명히 이스라엘 민족에게 하나님나라의 복음을 전하는 것에 집중되었지만, 마태복음의 마지막을 생각해 보라.

19 그러므로 **너희는 가서 모든 민족을 제자로 삼아** 아버지와 아들과 성령의 이름으로 세례를 베풀고 마 28:19

18 오직 성령이 너희에게 임하시면 너희가 권능을 받고 **예루살렘과 온 유대와 사마리아와 땅끝까지 이르러** 내 증인이 되리라 하시니라 행 1:8

이 일이 어떻게 가능한가? 바로 하나님의 참 백성인 교회를 통해서다. 우리는 온 천하 땅끝까지 하나님나라의 복음을 전할 수 있도록 우리를 그분의 나라와 제사장으로 삼아 주신 하나님 아버지께 영광을 올려 드려야 한다.

6 그의 아버지 하나님을 위하여 우리를 나라와 제사장으로 삼으신 그에게 영광과 능력이 세세토록 있기를 원하노라 아멘 계 1:6

교회는 하나님나라의 관문이다

하나님나라는 본질적으로 하나님의 통치, 주권, 치세의 실현을 의미한다. 하나님나라는 하나님의 영광이 임함으로써 나타나는 영적인 세계이고, 인간의 반응을 통해서 이루어지는 믿음의 세계다. 반면에 교회는 하나님의 아들이신 예수님을 주와 그리스도(메시아)로 믿는 공동체로서, 하나님의 참 백성을 형성하는 현실적인 실체다. 즉, 교회는 예수 그리스도로 인하여 이 땅에 하나님나라의 복음을 이루는 교두보인 것이다.

메시아 공동체요 하나님의 백성인 교회는 하나님나라 현존의 결과로 이 땅 위에 생겨났다. 또한 교회는 오직 하나님나라를 위해서 존재한다. 다시 말해서 하나님나라의 복음을 전파함으로써 하나님 통치의 생명과 능력이 온 세상 가운데 드러나도록 하는 것이 교회의 존재 이유다. 그러므로 하나님나라와 교회는 불가분의 관계다. 하나님나라가 없는 교회란 있을 수 없다. 반대로 교회 없는 하나님나라도 있을 수 없다. 하나님나라는 이 땅에서 예수 그리스도의 몸을 이루는 교회에 임하게 된다. 그리고 그 나라는 교회를 통해서 세상 가운데로 확장되어 간다. 이러한 의미에서 교회는 우리가 하나님나라로 들어가는 관문인 동시에 하나님나라가 세상 속으로 침투해 들어오는 관문이기도 하다. 우리가 이 진리를 제대로 이해하기 위해서는 마태복음 16장 18절에 언급된 "음부의 권세"가 의미하는 바를 온전히 알아야 한다.

> 18 또 내가 네게 이르노니 너는 베드로라 내가 이 반석 위에 내 교회를 세우리니 음부의 권세가 이기지 못하리라 마 16:18

지금까지의 전통적인 생각은 우리가 교회 내에 있을 때 음부의 권세가 우리를 이기지 못한다는 것이었다. 왜냐하면 교회 밖 세상은 세상 신이 통치하지만, 교회 내에는 하나님의 통치가 이루어진다고 보았기 때문이다. 우리는 구원의 방주이며 천국의 예비 처소인 교회에서 열심히 신앙생활을 해야만 하나님의 보호로 인해 음부의 권세가 우리를 해치지 못한다는 식으로 생각해 왔다. 그러나 이것은 너무나도 방어적이고 수동적인 신앙관이다.

생각해 보라. 예수님이 우리에게 천국 열쇠를 주신 이유는 무엇인가? 단지 교회를 세상으로부터 잘 지키고 보호하기 위해서인가, 아니면 교회를 통해 이 세상을 하나님나라로 바꾸기 위해서인가?

개역성경에서 (음부의) '권세'로 번역되어 있는 헬라어 단어의 본래 의미는 '대문들' 혹은 '문들'(헬: 퓔라이, pylai, 영: gates, doors)이다. "음부의 문들"이란 이 세상의 신인 사탄이 사로잡고 있는 세상 정사와 권세들이며, 그것들은 교회를 통해서 하나님나라가 이 땅에 이루어지지 못하도록 자신의 문들을 굳게 걸어 잠그고 있다. 그러나 교회에게는 모든 "음부의 문들"을 열 수 있는 놀라운 열쇠가 주어졌는데, 그것이 바로 천국 열쇠다.

이 열쇠를 원수 마귀가 교회 안으로 들어오지 못하도록 교회 문의 안쪽을 걸어 잠그는 데 사용할 것인가, 아니면 교회 밖의 음부의 권세들이 점령한 뒤 잠가놓은 문들을 열고 그곳으로 들어가는 데 사용할 것인가? 당신은 천국 열쇠를 어떻게 사용할 것인가?

> **19** 내가 천국 열쇠를 네게 주리니 네가 땅에서 무엇이든지 매면 하늘에서도 매일 것이요 네가 땅에서 무엇이든지 풀면 하늘에서도 풀리리라 하시고 마 16:19

하나님나라는 사람을 통하지 않고는 이루어지지 않는다. 그러나 하나님나라는 예수 그리스도 때문에 죄사함을 받고 구원을 얻어 단지 교회생활만 열심히 하는 신자를 통해서는 이루어지지 않는다. 하나님나라는 하나님나라의 온전한 복음을 알고 성령의 통치함을 받아 주의 뜻을 이루는 주의 자녀들을 통해서 확장된다. 그들이 바로 하나님나라를 세우는 사람들, 즉 킹덤 빌더들(Kingdom builders)이다.

놀라운 사실은 오늘날 하나님나라를 추구하지 않는 교회가 너무나 많다는 것이다. 그리고 더 놀라운 사실은 그런 교회가 부흥한다는 것이다. 그것이 과연 축복일까? 우리는 그 배후에 있는 영적 상태를 점검해 보아야 한다. 분명히 예수님은 "음부의 문들"을 여시고 세상을 구원하기 위해서 그분의 교회를 세우셨다. 그런데 왜 수많은 교회가 있음에도 불구하고 세상은 변하지 않고 오히려 더 악해지는 것일까?

그 이유는 교회가 하나님나라에 관심을 기울이지 않기 때문이다. 솔직히 말하면 성령님이 통치하시는 모임보다 인간이 통치하는 조직이 훨씬 더 강력하다고 믿기 때문에 오히려 교회가 하나님나라를 배척하고 있다. 그러나 하나님의 통치 없는 부흥은 축복이 아니라 저주다. 예수 그리스도가 머리 되신 교회는 하나님나라에 의한, 하나님나라를 위한, 하나님나라의 공동체여야 한다.

하나님나라 관점에서 본
이스라엘과 교회

이제 하나님나라의 관점에서 이스라엘과 교회의 관계를 생각해 보자. 하나님은 아브라함을 통해서 하나님나라의 회복을 약속하셨고(창 12:1-3), 이스라엘을 제사장 나라로 만들기 원하셨다(출 19:6).

그러나 이스라엘은 불순종하며 우상들을 숭배했고, 그 결과 하나님의 징계 아래 이방 제국들의 지배를 받는 암흑기를 보내야 했다. 마침내 하나님의 아들이신 예수님이 이 땅에 오셔서 자신이 메시아이시며 약속된 하나님나라가 왔다고 선포하셨다. 그러나 이스라엘의 정치·종교 지도자들은 예수님을 메시아로 받아들이지 않았고 그분의 하나님나라 복음을 이해하지도 못했다.

바벨론에 의한 멸망(BC 586)으로부터 예수님 당시(AD 30)까지, 마카비 왕조 100년을 제외한 약 500년의 기간 동안 나라를 잃은 서러움 속에 살아야 했던 이스라엘 백성은 꿈에서도 자신들의 나라가 회복되기만을 소원했다. 구약의 말씀 속에 담긴 하나님의 깊은 뜻을 알지 못한 채 오직 로마의 지배로부터 해방되고 다윗 왕국이 재건되기를 기다렸던 것이다. 그러니 예수님이 말씀하시는 하나님나라도 회복되는 이스라엘 나라로 생각할 수밖에 없었다. 하나님나라의 복음을 알지 못하는 백성을 바라보는 예수님의 마음은 얼마나 안타까우셨을까?

41 가까이 오사 성을 보시고 우시며 **42** 이르시되 너도 오늘 평화에 관한 일을 알았더라면 좋을 뻔하였거니와 지금 네 눈에 숨겨졌도다 **43** 날이 이를지라 네 원수들이 토둔을 쌓고 너를 둘러 사면으로 가두고 **44** 또 너와 및 그 가운데 있는 네 자식들을 땅에 메어치며 돌 하나도 돌 위에 남기지 아니하리니 이는 네가 보살핌 받는 날을 알지 못함을 인함이니라 하시니라 눅 19:41-44

37 예루살렘아 예루살렘아 선지자들을 죽이고 네게 파송된 자들을 돌로 치는 자여 암탉이 그 새끼를 날개 아래 모음같이 내가 네 자녀를 모으려 한 일이 몇 번이더냐 그러나 너희가 원하지 아니하였도다 **38** 보라 너희 집이 황폐하여 버려진 바 되리라 마 23:37-38

예수님이 친히 열두 제자들을 세우신 것은 영적으로 깊은 의미가 있으며, 이는 이스라엘의 열두 지파와 무관하지 않다. 본래 하나님은 그분의 백성으로 이스라엘의 열두 지파를 택하셨다. 그러나 그들이 메시아이신 예수님을 배척함으로써 참 이스라엘의 특권을 잃어버리자, 주님은 참 이스라엘인 메시아 공동체를 세우기 위해서 열두 제자를 부르셨고, 그 교회를 통해서 하나님나라를 이루기 원하셨다.

29 내 아버지께서 나라를 내게 맡기신 것같이 나도 너희에게 맡겨 **30** 너희로 내 나라에 있어 내 상에서 먹고 마시며 또는 보좌에 앉아 이스라엘 열두 지파를 다스리게 하려 하노라 눅 22:29-30

이제 하나님나라는 아브라함의 생물학적 후손인 이스라엘 백성이 아니라 택하신 믿음의 족속에게 속한다. 왜냐하면 믿음으로 예수 그리스도 안에 있는 자들이 아브라함의 자녀로서 그의 유업을 이어받기 때문이다(갈 3:7). 이제 하나님나라는 그리스도 안에서 이루어지는 하나님의 구속적인 활동과 다스림으로 교회를 통하여 세상 속에 나타난다. 하나님은 이스라엘을 통하여 이루고자 하셨던 그분의 나라를 이제 교회를 통해서 이 땅에 이루어 가신다. 그러나 우리가 알아야 할 사실은 하나님나라가 하나요, 그 나라의 백성도 하나라는 것이다. 이스라엘 백성과 교회는 둘 다 하나님의 백성이다.

구약시대에는 하나님의 백성이 오직 이스라엘 자손으로 구성되어 있었다. 그러나 신약시대에는 본래 그 나라 백성이던 이스라엘 대부분이 불신앙으로 말미암아 잘려 나가고, 그 자리에 이방인들이 메시아이신 예수 그리스도를 믿음으로 접붙임을 받았다. 그러나 하나인 하나님나라에서 유대인과 이방인은 한 백성일 뿐이다. 결론적으로 말하면, 하나님나라 백성의 신분은 처음에 아브라함의 혈통에서 나온 이스라엘에 국한되었지만, 마지막에는 예수님을 그리스도로 믿는 유대인과 이방인 모두가 하나님나라에 속하게 되고, 그 결과 모든 민족이 예수 그리스도 안에서 하나님나라의 백성이 될 것이다. 이방인의 사도인 바울이 쓴 로마서를 통해서 이 진리에 대해 좀 더 깊이 알아보도록 하자.

17 또한 가지 얼마가 꺾이었는데 돌감람나무인 네가 그들 중에 접붙임이 되어 참감람나무 뿌리의 진액을 함께 받는 자가 되었은즉 18 그 가지들을 향하여 자랑하지 말라 자랑할지라도 네가 뿌리를 보전하는 것이 아니요 뿌리가 너를 보전하는 것이니라 19 그러면 네 말이 가지들이 꺾인 것은 나로 접붙임을 받게 하려 함이라 하리니 롬 11:17-19

23 그들도 믿지 아니하는 데 머무르지 아니하면 접붙임을 받으리니 이는 그들을 접붙이실 능력이 하나님께 있음이라 24 네가 원 돌감람나무에서 찍힘을 받고 본성을 거슬러 좋은 감람나무에 접붙임을 받았으니 원 가지인 이 사람들이야 얼마나 더 자기 감람나무에 접붙이심을 받으랴 롬 11:23-24

5 그런즉 이와 같이 지금도 은혜로 택하심을 따라 남은 자가 있느니라 롬 11:5

참감람나무는 하나님의 백성을 의미하는데, 구약시대의 가지는 이스라엘 백성이었다. 그런데 그들의 불신앙으로 가지가 꺾여 나무에서 떨어져 나왔고, 돌감람나무의 가지가 접붙임을 받게 되었다. 돌감람나무의 가지는 하나님나라의 복음을 받아들인 이방인을 지칭한다. 그럼에도 불구하고 참감람나무의 가지가 다 꺾인 것은 아니고 얼마는 남아 있다. 이 꺾이지 않은 가지는 예수 그리스도를 통하여 하나님나라의 복음을 받아들인 유대인을 뜻한다.

사도 바울은 이스라엘 백성은 물론 믿음으로 하나님의 친백성이 된 교회도 제대로 알지 못하는 비밀이 자신에게 계시되었다고 말한다. 먼저 이스라엘 백성이 제대로 알지 못하고 있는 진리는 이것이다. 즉 이스라엘은 그들만이 선택된 민족으로서 하나님의 약속을 유업으로 이어받을 수 있다고 생각했는데, 이는 큰 착각이라는 것이다.

1 이러므로 그리스도 예수의 일로 너희 이방인을 위하여 갇힌 자 된 나 바울이 말하거니와 2 너희를 위하여 내게 주신 하나님의 그 은혜의 경륜을 너희가 들었을 터이라 3 **곧 계시로 내게 비밀을 알게 하신 것은** 내가 먼저 간단히 기록함과 같으니 4 그것을 읽으면 내가 그리스도의 비밀을 깨달은 것을 너희가 알 수 있으리라 5 이제 그의 거룩한 사도들과 선지자들에게 성령으로 나타내신 것같이 다른 세대에서는 사람의 아들들에게 알리지 아니하셨으니(표준새번역: 지나간 다른 세대에서는, 하나님께서 그 비밀을 사람의 아들들에게 알려 주지 않으셨는데, 지금은 그분의 거룩한 사도들과 예언자들에게 성령으로 계시해 주셨습니다) 6 **이는 이방인들이 복음으로 말미암아 그리스도 예수 안에서 함께 상속자가 되고 함께 지체가 되고 함께 약속에 참여하는 자가 됨이라** 엡 3:1-6

한편, 신약시대의 은혜 안에서 예수님을 믿게 된 이방인들이 제대로 알지 못하고 있는 진리는 참감람나무가 한 그루라는 사실이다. 비록 지금은 이스라엘 백성이 예수님을 거부하고 있지만, 이는 구원받는 이방인의 수가 충만하게 될 때까지 한시적으로 그런 것이고,

하나님이 정해 놓으신 일정 수가 차면 마침내 온 이스라엘이 구원을 얻게 될 것인데, 그 진리를 교회가 모르고 있다는 것이다. 이 땅에 예수님이 오시기 전에 하나님이 보내신 많은 선지자들의 예언도 받아들이지 않았고, 하나님의 아들인 예수님이 친히 오셔서 전하신 하나님나라의 복음도 거부했던 이스라엘이지만 언젠가 그들도 구원을 얻게 되리라고 증언하는 것이다 (롬 11:25-26).

24 그들이 칼날에 죽임을 당하며 모든 이방에 사로잡혀 가겠고 예루살렘은 이방인의 때가 차기까지 이방인들에게 밟히리라 눅 21:24

결국 이 비밀은,
이스라엘이 하나님나라를 이루지 못함으로 인하여,

11 그러므로 내가 말하노니 그들이 넘어지기까지 실족하였느냐 그럴 수 없느니라 그들이 넘어짐으로 구원이 이방인에게 이르러 이스라엘로 시기나게 함이니라 롬 11:11

이방인이 구원을 얻고 하나님나라를 이루게 되었으며,

30 너희가 전에는 하나님께 순종하지 아니하더니 이스라엘이 순종하지 아니

함으로 이제 긍휼을 입었는지라 롬 11:30

다시 이스라엘을 회복시킴으로 인하여,

31 이와 같이 이 사람들이 순종하지 아니하니 이는 너희에게 베푸시는 긍휼로 이제 그들도 긍휼을 얻게 하려 하심이라 롬 11:31

모든 사람이 구원을 얻고 하나님나라의 백성이 되게 하신다.

32 하나님이 모든 사람을 순종하지 아니하는 가운데 가두어 두심은 모든 사람에게 긍휼을 베풀려 하심이로다 롬 11:32

그러므로 우리는 이스라엘 민족이 예수님을 받아들이지 않았기 때문에 복음이 이방인에게 전해진 것이 아니라, 이방인의 구원뿐만 아니라 이스라엘의 구원을 함께 이루는 것이 하나님의 계획과 섭리임을 알아야 한다. 하나님은 이방인의 구원과 이스라엘의 구원이라는 두 가지 별개의 계획을 가지고 계신 것이 아니다. 참감람나무는 하나이며, 교회도 하나이고 하나님나라도 하나다. 장차 이스라엘과 이방인이 예수 그리스도 안에서 메시아 공동체인 교회를 이룰 것이고, 함께 하나님나라에 속하게 될 것이다. 아멘!

한편, 구원받은 이방인을 통해 하나님나라가 이루어짐으로써 이스라엘이 시기하도록 만드는 것이 하나님의 뜻이지만, 역사를 되돌아볼 때 구원받은 이방인들은 십자가의 이름으로 이스라엘 민족에게 엄청난 상처를 주었다. 오늘날 유대인들이 예수님을 영접하지 못하는 주된 이유는 십자가의 이름하에 이방 그리스도인들로부터 그들이 받은 인간적, 민족적, 역사적 상처 때문이지, 예수님 때문은 아니다. 사실 예수를 믿는 우리 이방 그리스도인들은 유대인 메시아에 의해서 구원을 얻었고, 유대인 사도들의 가르침을 받았으며, 이스라엘의 성경을 함께 물려받은 수혜자로서 하나님의 백성이라는 참감람나무에 접붙임을 받은 사람들이다. 우리 그리스도인들은 이 사실을 늘 기억해야 한다(엡 3:6).

그럼에도 불구하고 메시아 공동체인 교회는 우리가 이스라엘 민족에게 행한 일들과 그들이 당한 고통에 대해서 제대로 알지 못하고 있다. 오히려 대부분의 기독교인은 유대인들이 받은 고통을 당연시하며, 그것이 그들이 메시아를 부정하고 그분의 피를 자기와 후손에게 돌린 맹세(마 27:25)의 결과라고 생각한다. 오랫동안 그리스도인들은 이스라엘이 당하는 고통에 방관 내지 동조했다. 유대 민족은 로마에 의해서 멸망당한 AD 70년 이후부터 무려 1900년 동안 나라 없이 떠돌며 이방의 지배를 받아야 했고, 중세의 기나긴 암흑 시대에는 세례냐 추방이냐, 세례냐 고문이냐, 세례냐 죽음이냐의 선택을 강요받았다. 곳곳에서 유대인을 천시하는 법령들이 제정되었고, 기독교 개종을 강제로 실행했다. 더욱이 2차 세계대전 때는 히틀러에 의해서 600만 명의 유대인들이 학살당했다. 결과적으로 이스라엘 민족의 기독교에 대한 증오는 우리의 상상을 초월할 만큼 크고 깊다.

14 내게 말하는 천사가 내게 이르되 너는 외쳐 이르기를 만군의 여호와의 말씀에 내가 예루살렘을 위하여 시온을 위하여 크게 질투하며 15 안일한 여러 나라들 때문에 심히 진노하나니 나는 조금 노하였거늘 그들은 힘을 내어 고난을 더하였음이라 슥 1:14-15

또한 오래전부터 기독교는 이스라엘을 부정하는 이상한 신학을 갖게 되었다. 그것은 하나님의 유업을 이어받을 이스라엘 나라가 사라졌으니, 이제 교회가 그 유업을 이어받아야 한다고 주장하는 '대체신학'이다. 분명히 성경은 유대인들로 하여금 시기하게 하기 위해서 이방인들이 하나님나라의 유업을 이어받게 된 것이라고 말씀했건만, 대체신학은 하나님의 모든 약속은 육적 이스라엘이 아닌 영적 이스라엘인 교회가 물려받아야 한다고 주장한다. 이와 같은 대체신학 교리는 오랜 세월 동안 나라 없이 세상을 떠돌아 다녀야 했던 유대인들을 마음대로 핍박하고 학살하는 토대가 되기도 했다.

그러나 하나님의 섭리는 우리의 생각과는 달리 말씀 그대로 이루어졌다. 1800년부터 이스라엘 민족은 자신의 고토로 알리야(이민)하기 시작했고, 마침내 1948년 5월 14일 그들의 독립 국가를 세웠다. 더욱이 1967년에는 동예루살렘이 회복되었으며, 이후 예수 그리스도를 구주로 믿는 메시아닉 유대인들(Messianic Jews)의 수가 계속 증가하고 있다. 2011년의 자료에 의하면, 약 2만 명의 메시아닉 유대인들이 이스라엘 곳곳에 교회를 세우고 신앙생활을 하고 있다. 하나님께서 선지자들을 통해 예언하셨고, 사도들이 예수님께 질문했던 이스라엘 나라가 마침내 회복된 것이다.

13 내가 그것들을 만민 가운데에서 끌어내며 여러 백성 가운데에서 모아 그 본토로 데리고 가서 이스라엘 산 위에와 시냇가에와 그 땅 모든 거주지에서 먹이되 겔 34:13

25 내가 내 종 야곱에게 준 땅 곧 그의 조상들이 거주하던 땅에 그들이 거주하되 그들과 그들의 자자 손손이 영원히 거기에 거주할 것이요 내 종 다윗이 영원히 그들의 왕이 되리라 겔 37:25

6 그들이 모였을 때에 예수께 여쭈어 이르되 주께서 이스라엘 나라를 회복하심이 이때니이까 하니 **7** 이르시되 때와 시기는 아버지께서 자기의 권한에 두셨으니 너희가 알 바 아니요 행 1:6-7

7 시온은 진통을 하기 전에 해산하며 고통을 당하기 전에 남아를 낳았으니 **8** 이러한 일을 들은 자가 누구이며 이러한 일을 본 자가 누구이냐 나라가 어찌 하루에 생기겠으며 민족이 어찌 한순간에 태어나겠느냐 그러나 시온은 진통

하는 즉시 그 아들을 순산하였도다 사 66:7-8

이스라엘의 회복이 성경 말씀대로 이루어지고 있다는 사실을 생각해 보라. 하나님나라 복음의 선포는 예루살렘으로부터 시작되었다. 예수 그리스도의 보혈로 죄사함을 얻게 하는 회개가 예루살렘에서 시작하여 모든 족속에게 전파되었다. 그 결과 복음은 성경에 기록된 것처럼 열두 제자들을 통하여 소아시아와 로마를 거쳐 유럽으로 건너갔다. 그곳에 편만히 증거된 복음은 북미 대륙으로 건너갔고, 지금은 아시아, 남미, 아프리카를 점령하고 있으며 마침내 다시 예루살렘을 향해 서진하는 가운데 온 세상 속에 전파되고 있다. 우리는 마지막 때 하나님의 계획이 성취되도록 하는 증인의 삶이라는 시대적 부르심 속에 살고 있는 것이다(마 24:14).

그렇다면 과연 재림 전에 이스라엘 전체가 예수님을 인정하는 날이 올 것인가? 이에 대한 답은 로마서 11장 25-27절과 마태복음 23장 39절을 통해서 추측해 볼 수 있다.

25 형제들아 너희가 스스로 지혜 있다 하면서 이 신비를 너희가 모르기를 내가 원하지 아니하노니 이 신비는 이방인의 충만한 수가 들어오기까지 이스라엘의 더러는 우둔하게 된 것이라 **26** 그리하여 온 이스라엘이 구원을 받으리라 기록된 바 구원자가 시온에서 오사 야곱에게서 경건하지 않은 것을 돌이키시겠고 **27** 내가 그들의 죄를 없이 할 때에 그들에게 이루어질 내 언약이 이

것이라 함과 같으니라 롬 11:25-27

이 말씀에 따르면 이방인의 충만한 수가 들어오고 나서 온 이스라엘이 구원을 얻게 될 것이라고 볼 수 있다. 그리고 그 구원은 이스라엘 자신의 회개에 따른 것이 아니라 마침내 구원자(redeemer)이신 예수 그리스도께서 시온에서 오사 야곱에게서 경건치 않은 것을 돌이키시고, 그들의 죄를 없이할 때 이루어질 것이다.

39 내가 너희에게 이르노니 이제부터 너희는 찬송하리로다 주의 이름으로 오시는 이여 할 때까지 나를 보지 못하리라 하시니라 마 23:39

개역개정에는 마태복음 23장 39절의 "찬송하리로다 주의 이름으로 오시는 이여"가 마치 조건절처럼 번역되어 있지만, 실제로 그 표현은 시간 부사절이다. 따라서 그 뜻을 정확히 해석하면 인자가 재림할 때에라야 비로소 이스라엘이 "찬송하리로다 주의 이름으로 오시는 이여!"라고 고백함으로써 예수님을 인정하게 될 것이라는 말이다. 모든 민족 그리고 온 세상에 하나님나라의 복음이 전파되어야 한다면 이스라엘도 예외는 아니다. 따라서 지금도 이스라엘의 복음화를 위해서 많은 나라와 선교사들이 애를 쓰고 있다.

이제 우리는 대체신학이라는 잘못된 신학적 관점을 버리고, 예수님의 말씀에 따라 이스라엘의 회복에 관심을 가지고 기도해야 한다.

그러나 한편 우리는 또 다른 함정에 빠지지 말아야 한다. 그것은 바로 유대교의 율법주의와 구약적 절기나 제사의식 등을 추종하는 것이다. 하나님과의 생명적 관계를 더 깊이 가지는 것 대신에 이스라엘로부터 유래된 유대교적인 의식을 본받고 지키는 것이 더 영적이고 더 본질에 가깝다고 생각하는 경향도 있다. 그러나 구약의 제사와 의식은 단지 오실 예수 그리스도를 예표하는 것일 뿐이다.

1 율법은 장차 올 좋은 일의 그림자일 뿐이요 참 형상이 아니므로 해마다 늘 드리는 같은 제사로는 나아오는 자들을 언제나 온전하게 할 수 없느니라 히 10:1

CHAPTER

6 세상과 하나님나라

하나님나라는 우리의 이성으로 쉽게 이해할 수 있는 대상이 아니다. 왜냐하면 하나님나라는 영적 세계이기 때문이다. 따라서 앞 장에서 언급한 것처럼 이 현실 세계에서 하나님나라를 이해하기 위해서는 장소의 개념, 차원의 개념 그리고 시간의 개념으로 나누어서 고찰한 뒤 그것을 통합적으로 받아들이는 것이 필요하다. 지금까지 우리는 종교와 하나님나라, 교회와 하나님나라, 천국과 하나님나라 등의 소주제를 통하여 다양한 관점에서 하나님나라에 대해 접근해 보았다. 이제 하나님나라에 대해 더욱 깊이 이해하기 위해서 고려되어야 할 또 한 가지 개념은 바로 세상의 개념이다. 왜냐하면 성경은 우리가 살고 있는 이 세상의 개념을 문맥에 따라 다른 뜻으로 사용하고 있고, 그 의미가 하나님나라와 직·간접적으로 연관되어 있기 때문이다.

세상은 무엇인가?

영어 흠정역과 한글성경에서 world 그리고 '세상'으로 번역되는 단어를 헬라어 원어성경에서 찾아보면, '코스모스'(kosmos: 세상) 또는 '아이온'(aion: 세대)이라는 분명히 다른 두 단어가 사용되고 있다. 전자는 구성이 잘 정돈된 우주, 즉 장소적 의미를 나타내는 말인 반면, 후자는 일정 기간을 나타내는 시간적인 개념이다. 따라서 영어나 한글로는 동일하게 '세상'이라고 표기되어 있더라도, 성경을 읽을 때 우리는 문맥에 따라 장소적 개념의 세상(kosmos)인지 아니면 시간적 개념의 세대(aion)인지를 판단해야 한다.

먼저, 장소적 개념으로서 세상을 간략히 알아보도록 하자. 다음 구절들에 나오는 세상은 헬라어로 모두 코스모스(kosmos)에 해당한다.

> **15** 이 **세상**이나 세상에 있는 것들을 사랑하지 말라 누구든지 **세상**을 사랑하면 아버지의 사랑이 그 안에 있지 아니하니 **16** 이는 **세상**에 있는 모든 것이 육신의 정욕과 안목의 정욕과 이생의 자랑이니 다 아버지께로부터 온 것이 아니요 **세상**으로부터 온 것이라 **17** 이 **세상**도, 그 정욕도 지나가되 오직 하나님의 뜻을 행하는 자는 영원히 거하느니라 요일 2:15-17

> **10** 데마는 이 **세상**을 사랑하여 나를 버리고 데살로니가로 갔고 그레스게는 갈라디아로, 디도는 달마디아로 갔으며 딤후 4:10

위의 말씀에서 세상은 인간의 타락 후 악한 세력에 의해서 통제받는 체제나 장소 또는 하나님의 통치주권이 미치지 않는 장소의 의미로 사용되었음을 알 수 있다. 한편, 세상이 앞선 구절들의 뜻과는 반대적 의미를 지닐 수도 있다.

16 하나님이 세상을 이처럼 사랑하사 독생자를 주셨으니 이는 그를 믿는 자마다 멸망하지 않고 영생을 얻게 하려 하심이라 17 하나님이 그 아들을 **세상**에 보내신 것은 **세상**을 심판하려 하심이 아니요 그로 말미암아 **세상**이 구원을 받게 하려 하심이라 18 그를 믿는 자는 심판을 받지 아니하는 것이요 믿지 아니하는 자는 하나님의 독생자의 이름을 믿지 아니하므로 벌써 심판을 받은 것이니라 요 3:16-18

이때 하나님이 세상을 사랑하시는 이유는 그 세상이 본래 하나님의 통치주권하에 있었기 때문이다. 그래서 하나님은 지금 하나님의 통치주권하에 놓여 있지 않은 세상 속으로 독생자를 보내셔서 그 아들로 말미암아 세상이 구원을 받게 하신다는 것이다. 그러므로 여기서 세상의 개념은 하나님나라의 통치주권이 미쳐야 할 장소의 의미로서, 하나님이 친히 창조하셨고 우리를 통해 회복시키기 원하시는 세상을 가리킨다.

이제 시간적인 의미의 세상에 대해서 알아보자. 우리는 흔히 이 땅에 도래한 하나님나라에 대해서는 잘 알지 못하고, 장차 도래할 하나님나라에 대해서만 관심을 가지는 경향이 있다. 그 때문에 발생하는 오해는 성경이 말하는 "이 세상"을 육신이 거하는 이 땅에서의 삶과 사탄이 지배하는 세상으로, 반면 "오는 세상"을 장차 임하게 될 하나님나라로 생각하는 것이다. 그러나 "오는 세상"은 단순히 미래적인 하나님나라를 지칭하는 것이 아니라, 이미 '도래한 하나님나라'가 '완전한 하나님나라'로 이행되는 과정을 가리키는 시간적 표현이라는 것을 알아야 한다(218쪽의 도표 참조).

다음의 성경구절을 살펴보도록 하자.

예수님의 경우:

32 또 누구든지 말로 인자를 거역하면 사하심을 얻되 누구든지 말로 성령을 거역하면 이 세상(this age)과 오는 세상에서도(the age to come) 사하심을 얻지 못하리라 마 12:32

제자들의 경우:

3 예수께서 감람산 위에 앉으셨을 때에 제자들이 조용히 와서 이르되 우리에게 이르소서 어느 때에 이런 일이 있겠사오며 또 주의 임하심과 **세상 끝에는** 무슨 징조가 있사오리이까 마 24:3

사도 바울의 경우:

21 모든 통치와 권세와 능력과 주권과 이 세상뿐 아니라 오는 세상에 일컫는 모든 이름 위에 뛰어나게 하시고 엡 1:21

위의 구절에서 "세상"이라고 번역된 단어가 헬라어로는 아이온(aion: 세대)임을 고려할 때, 세상이라는 표현보다는 '세대'(이 세대, 오는 세대)라는 번역이 본래의 뜻을 더 충실히 반영한다. 그러므로 여기서 언급된 두 세상의 개념은 차원을 달리하는 불연속적 공간(영역)의 개념이 아니라 연속성을 가진 시간적 개념인 것이다.

29 예수께서 이르시되 내가 진실로 너희에게 이르노니 나와 복음을 위하여 집이나 형제나 자매나 어머니나 아버지나 자식이나 전토를 버린 자는 30 현세에 있어 집과 형제와 자매와 어머니와 자식과 전토를 백 배나 받되 박해를 겸하여 받고 **내세에** 영생을 받지 못할 자가 없느니라 막 10:29-30

특히 마가복음 10장 30절에 나오는 "현세"의 헬라어 원어는 '카이로스'(kairos)다. 우리는 이 단어가 흔히 생각하는 지금의 세상이 아니라 하나님의 시간을 의미한다는 점에 주목할 필요가 있다. 그렇다면 현세(금세, kairos)와 내세(aion)의 비교는 영역의 비교가 아니라 시간의 순차적 비교라는 사실이 더욱 분명해진다.

대부분의 경우 성도들은 지금 우리가 살고 있는 이 세상(this world)은 세상 신에 붙잡혀 있는 고통스런 삶의 현장이지만, 예수님이 말씀하신 오는 세상(world to come)은 우리의 모든 죄가 벗겨지고 주님과 함께하는 복된 천국의 삶이라고 생각한다. 즉, 지금의 세상과 오는 세상을 각각 사탄의 나라 또는 하나님나라와 동일시하고 있는 것이다. 이러한 해석은 현재적 하나님나라의 도래를 무시하거나 잘 알지 못하기 때문에 기인된 잘못이다. 이 세상과 오는 세상의 구분이 본질적으로 예수 그리스도의 재림을 염두에 둔 것이다.

예수님은 이 땅에 두 번 오신다. 2천 년 전에 그분은 인류의 모든 죄를 대속하기 위해서 한 인간으로 이 땅에 처음 오셨다. 그러나 십자가에 못 박혀 죽으신 후 부활 승천하셔서 하나님 우편에 계시다가 다시 이 땅에 오시는 그때 예수님은 영광과 권능의 심판주로 나타나신다. 오는 세상이란 바로 그 재림 이후를 지칭하는 것이다.

한편, 에베소서 2장 2절에서 구원받지 못한 우리가 이 세상에서 살았던 때를 코스모스(세상)와 아이온(세대) 모두를 사용해서 표현하기도 한다. "이 세상 풍조를 따르고"의 정확한 의미는 "이 세상의 시대를 따르고"이다.

> **1** 그는 허물과 죄로 죽었던 너희를 살리셨도다 **2** 그때에 너희는 그 가운데서 행하여 **이 세상(코스모스) 풍조(아이온)를**(age of the world) 따르고 공중의 권세 잡은 자를 따랐으니 곧 지금 불순종의 아들들 가운데서 역사하는 영이라 엡 2:1-2

결론적으로 성경에 나타난 세상의 의미를 보다 정확하게 해석하자면, 이 땅에서 하나님나라의 삶에 대해 말할 때는 세상(코스모스)의 개념이 중요한 반면에, 하나님나라의 완성과 관련해서는 시간적인 의미를 지닌 세대(아이온)의 개념이 부각된다고 볼 수 있다.

세상과 하나님나라

하나님나라에 대해 이야기할 때 가장 먼저 강조되어야 할 근본적인 진리는 영원한 하나님나라가 태초부터 존재하고 있다는 사실이다. 이것은 처음부터 하늘에 계신 하나님의 영광과 주권이 온 우주에 미치고 있다는 것을 의미한다. 하나님은 반역한 천사장 루시퍼를 이 땅으로 내쫓으신 후, 이제 인간을 통하여 하나님나라를 만들기 원하셨다. 그래서 인간을 이 땅에 창조하시고, 하나님의 모든 권세와 능력을 그에게 주셨다. 창세 때 하나님께서 코에 생기를 불어넣으셔서 우리를 생령으로 만드신 것을 생각해 보라. 하나님의 생명을 수여받은 인간이 하나님의 자녀로 사는 동안 이 땅은 그 자녀로 인하여 하나님의 통치주권 아래 놓여 있었다. 짧은 시간이었지만 이 땅에 원형적인 하나님나라가 도래했던 것이다.

그러나 사탄이 된 루시퍼가 인간을 속이고 죄를 짓게 만들자 하나님의 영광은 인간을 떠났고, 이 땅은 사탄의 권세 아래 놓이게 되었다. 이 땅에 도래했던 하나님나라가 상실된 것이다. 이에 대한 하나님의 궁극적인 해답은 예수 그리스도이시다. 비록 이 땅에서는 하나님나라가 죄로 인하여 사라졌다 할지라도, 삼층천에 있는 하나님나라는 영원히 존재한다. 바로 그 나라가 예수 그리스도께서 십자가에 못 박혀 죽으시고 부활 승천하신 후 보혜사 성령(하나님의 영광)으로 우리에게 임하실 때 우리 안에 이루어지며, 우리를 통해 다시 이 땅 위에 나타나게 된다. 우리는 이것을 '현재적 하나님나라'라고 부른다.

28 그러나 내가 하나님의 성령을 힘입어 귀신을 쫓아내는 것이면 하나님의 나라가 이미 너희에게 임하였느니라 마 12:28

1 또 그들에게 이르시되 내가 진실로 너희에게 이르노니 여기 있는 사람 중에는 죽기 전에 하나님의 나라가 권능으로 임하는 것을 볼 자들도 있느니라 하시니라 막 9:1

20 바리새인들이 하나님의 나라가 어느 때에 임하나이까 묻거늘 예수께서 대답하여 이르시되 하나님의 나라는 볼 수 있게 임하는 것이 아니요 21 또 여기 있다 저기 있다고도 못하리니 하나님의 나라는 너희 안에 있느니라 눅 17:20-21

하나님나라의 개념은 통치영역과 백성의 의미도 포함하지만, 통치주권적 의미가 훨씬 더 크다. 다시 말해서, 통치영역과 백성은 통치주권에 종속된 의미라고 말할 수 있다. 그러므로 하나님의 영을 통해서 하나님의 영광(통치, 다스림, 주권)이 임하는 것이 바로 현재적인 하나님나라인 것이다. 만약 하나님의 영광이 인간에게 임하면(성령에 의해서 그 마음이 인도함을 받으면) 그 백성이 하나님나라가 되는 것이며, 그 백성을 통해서 하나님의 영광이 나타날 때 그분의 통치주권 아래 놓이게 된 영역 역시 하나님나라가 되는 것이다. 우리가 이 상관관계를 이해할 때, 왜 베드로가 우리를 하나님나라와 그 백성이라고 칭하는지 이해할 수 있다.

9 그러나 너희는 택하신 족속이요 왕 같은 제사장들이요 거룩한 나라요 그의 소유가 된 백성이니 이는 너희를 어두운 데서 불러내어 그의 기이한 빛에 들어가게 하신 이의 아름다운 덕을 선포하게 하려 하심이라 벧전 2:9

그러나 여전히 지금 이 세상은 흑암의 권세 아래 있다. 예수께서 우리에게 주신 대위임령은 흑암의 권세 아래 있는 이 땅에 믿는 자를 통하여 하나님나라를 이루는 것이다. 빛의 나라와 어두움의 나라의 영적 전쟁이 벌어지는 곳이 바로 현재 이 세상(this world, 혹은 this age)인 것이다. 하나님나라가 이미 도래했지만 아직 완전한 나라가 아니다(현재적 하나님나라). 그러나 성경은 그분이 다시 이 땅에 영광 중에 왕으로 다시 오시는 그날부터 하나님나라가 완성된다고 하셨다(미래적 하나님나라). 이 시점을 오는 세상(age to come, 혹은 world to come)이라고 말하고 있다. 이때 인간은 육신의 죽음에서 벗어나 부활의 몸을 입고 예수님과 함께 이 땅에 천 년 동안 왕 노릇하게 될 것이다.

세상의 개념을 정확하게 인식하는 것이 하나님나라를 이해하는 데 매우 중요한 이유는 흔히 세상과 나라를 혼동하여 사용하기 때문이다. 종합해 보자면, 하나님나라와 세상의 관계는 다음과 같이 정리할 수 있다. 하나님나라는 본질적으로 하나님의 통치주권이 미치는 두 차원을 의미하며, 그 자체로서 시간적 의미를 지니는 것은 아니다. 반대로 세상은 하나님의 통치주권이 미치는 시공간적 대상이지 그 자체가 하나님나라가 될 수는 없다. 그러나 하나님의 통치주권과 관련된 두 차원은 장소적 영역으로 이해될 수도 있다.

즉, 통치주권이 영원히 존재하는 천상(삼층천에 있는 초자연적 영광을 장소적 의미로 생각할 때)의 하나님나라 영역과 이 땅에 역사하는 통치주권으로 말미암는 지상의 하나님나라 영역이 그것이다. 한편, 세상은 그 문맥에 따라서, 하나님의 통치주권이 미치는 세상이 될 수도 있고, 사탄의 영향력이 미치는 세상이 될 수도 있다. 아울러 세상은 하나님나라가 완성된 세대를 가리킬 수도 있고, 아직 그 나라가 완성되지 않은 세대를 지칭할 수도 있다.

우리는 왜 이 땅을
하나님나라로
만들어야 하는가?

태초에 하나님은 천지만물을 창조하셨다. 이 땅과 모든 피조 세계는 본래 하나님의 소유다. 하나님은 자녀들에게 그 모든 것을 다스리도록 권한을 주셨으며, 그들로 말미암아 하늘과 땅이 통일되기를 원하셨다. 그러나 사탄의 속임수에 넘어간 인간이 하나님과의 생명적 관계를 상실하고 수여받은 모든 권한을 사탄에게 빼앗기자, 하나님은 예수 그리스도를 통해서 우리의 죄를 사하시고, 우리가 잃어버린 권한을 되찾아오셨다. 예수님은 그 권한을 우리에게 새롭게 선물하시며, 우리가 다시 본래의 목적대로 살기를 원하셨다. 예수님이 하신 바로 그 일을 통해서 우리가 사탄에게 빼앗겼던 통치의 모든 법적 권한이 회복되었다. 이 사실을 예수님은 2천 년 전 자신의 삶과 사역을 통해서 친히 보여 주셨고, 이제 우리가 동일한 일을 이 땅에서 행하기 원하신다.

이 땅의 완전한 회복은 예수님이 재림하시는 그날에 이루어지겠지만, 그때까지 우리는 이 세상의 모든 땅과 그 가운데 있는 거민들을 회복시켜야 한다. 이를 위해 우리는 하나님나라의 복음을 땅끝까지 전해야 한다. 복음을 전한다는 것은 물리적 나라에 속한 국민에게 단지 복음을 말하는 것만이 아니라, 그들이 하나님나라의 국적을 가지고 하나님나라의 삶을 살도록 만드는 것을 의미한다. 동시에 우리는 타락한 인간들로 말미암아 더럽혀진 그들의 땅도 회복시켜야 한다. 인간의 죄와 사탄의 역사로 인하여 땅이 더럽혀졌다는 언급은 구약성경에 11회 나온다. 이것은 죄악, 우상, 하나님과의 언약 파기, 계명의 변질, 성적 타락, 무고한 피흘림 등에 기인한다.

> 44 나는 여호와 너희의 하나님이라 내가 거룩하니 너희도 몸을 구별하여 거룩하게 하고 땅에 기는 길짐승으로 말미암아 스스로 더럽히지 말라 레 11:44

> 25 그 땅도 더러워졌으므로 내가 그 악으로 말미암아 벌하고 그 땅도 스스로 그 주민을 토하여 내느니라 레 18:25

> 27 너희의 전에 있던 그 땅 주민이 이 모든 가증한 일을 행하였고 그 땅도 더러워졌느니라 28 너희도 더럽히면 그 땅이 너희 있기 전 주민을 토함같이 너희를 토할까 하노라 레 18:27-28

> 34 너희는 너희가 거주하는 땅 곧 내가 거주하는 땅을 더럽히지 말라 나 여호와는 이스라엘 자손 중에 있음이니라 민 35:34

> 4 그 여자는 이미 몸을 더럽혔은즉 그를 내보낸 전남편이 그를 다시 아내로 맞이하지 말지니 이 일은 여호와 앞에 가증한 것이라 너는 네 하나님 여호와께서 네게 기업으로 주시는 땅을 범죄하게 하지 말지니라 신 24:4

7 내가 너희를 기름진 땅에 인도하여 그것의 열매와 그것의 아름다운 것을 먹게 하였거늘 너희가 이리로 들어와서는 내 땅을 더럽히고 내 기업을 역겨운 것으로 만들었으며 렘 2:7

4 네가 흘린 피로 말미암아 죄가 있고 네가 만든 우상으로 말미암아 스스로 더럽혔으니 네 날이 가까웠고 네 연한이 찼도다 그러므로 내가 너로 이방의 능욕을 받으며 만국의 조롱거리가 되게 하였노라 겔 22:4

26 너희가 칼을 믿어 가증한 일을 행하며 각기 이웃의 아내를 더럽히니 그 땅이 너희의 기업이 될까 보냐 하고 겔 33:26

17 인자야 이스라엘 족속이 그들의 고국 땅에 거주할 때에 그들의 행위로 그 땅을 더럽혔나니 나 보기에 그 행위가 월경 중에 있는 여인의 부정함과 같았느니라 **18** 그들이 땅 위에 피를 쏟았으며 그 우상들로 말미암아 자신들을 더럽혔으므로 내가 분노를 그들 위에 쏟아 겔 36:17-18

그러나 하나님은 예수 그리스도를 통해서 이 땅에 하나님나라가 실제적으로 도래하게 하셨고, 이제 그 나라가 하나님의 자녀들에게 임할 때(하나님의 통치권이 회복될 때) 그들이 거하는 땅(통치영역)도 회복되게 하신다. 하나님은 이를 통해 예수 그리스도로 말미암아 하늘과 땅의 모든 것이 온전해지도록 만드시는 것이다.

22 피조물이 다 이제까지 함께 탄식하며 함께 고통을 겪고 있는 것을 우리가 아느니라 롬 8:22

20 그의 십자가의 피로 화평을 이루사 만물 곧 땅에 있는 것들이나 하늘에 있는 것들이 그로 말미암아 자기와 화목하게 되기를 기뻐하심이라 골 1:20

10 하늘에 있는 것이나 땅에 있는 것이 다 그리스도 안에서 통일되게 하려 하심이라 엡 1:10

10 하늘에 있는 자들과 땅에 있는 자들과 땅 아래에 있는 자들로 모든 무릎을 예수의 이름에 꿇게 하시고 빌 2:10

그동안은 하나님의 소유인 이 땅을 사탄의 지배 아래 있는 인간이 통치하며 더럽혔지만, 하나님께서 그분의 자녀인 우리를 통하여 이 땅을 새롭게 통치하실 것이다. 그러면 모든 백성은 하나님이 누구신지를 알게 될 것이며, 온 피조 세계가 함께 기뻐할 것이다. 우리를 통하여 하나님나라가 이 땅에 적용될 때 다음과 같은 일들이 일어날 것이다.

1 여호와께서 다스리시나니 땅은 즐거워하며 허다한 섬은 기뻐할지어다 **2** 구름과 흑암이 그를 둘렀고 의와 공평이 그의 보좌의 기초로다 **3** 불이 그의 앞

에서 나와 사방의 대적들을 불사르시는도다 **4** 그의 번개가 세계를 비추니 땅이 보고 떨었도다 **5** 산들이 여호와의 앞 곧 온 땅의 주 앞에서 밀랍같이 녹았도다 **6** 하늘이 그의 의를 선포하니 모든 백성이 그의 영광을 보았도다 시 97:1-6

우리는 세상 신으로 말미암아(구름과 흑암으로 인하여) 하나님을 볼 수 없었으나, 실제로는 의와 공평이 늘 함께하셨다. 이제 때가 되어 불(하나님의 능력)이 나타나고 그의 번개(하나님의 말씀)가 세계를 비추면, 모든 땅 위에 세워진 건물과 지배 구조와 정권(산들이)이 사라지게 될 것이다. 예수 그리스도를 통하여 하나님과 관계를 회복한 하나님의 자녀들이 하나님나라를 선포하니(하늘이 그 의를 선포하니), 세상이 변하게 될 것이다.

이 세상을 어떤 태도로 보아야 하는가?

세상에 대한 성경말씀을 읽으면 매우 혼란스럽다. 왜냐하면 어떤 말씀에서는 세상을 사랑하지 말라고 하고, 또 다른 말씀에서는 반대로 세상을 사랑해야 한다고 말하고 있기 때문이다. 도대체 어느 말씀이 진짜인가? 다시 한 번 코스모스(세상)에 대해서 생각해 보자.

흔히 신앙이 깊어질수록 세상에서 벗어나려는 경향이 있다. 세상에 속하지 않고, 세상에 물들지 않는 삶을 추구하는 것이다. 왜냐하면 세상에 있는 모든 것은 육신의 정욕과 안목의 정욕과 이생의 자랑이며, 우리가 세상을 사랑할 때 아버지의 사랑이 그 속에 있지 않기 때문이다.

> 15 이 **세상**이나 세상에 있는 것들을 사랑하지 말라 누구든지 **세상**을 사랑하면 아버지의 사랑이 그 안에 있지 아니하니 16 이는 **세상**에 있는 모든 것이 육신의 정욕과 안목의 정욕과 이생의 자랑이니 다 아버지께로부터 온 것이 아니요 **세상**으로부터 온 것이라 요일 2:15-16

그런데 또 다른 구절들에서는 하나님께서 세상을 독생자 예수님을 보내 주시기까지 사랑하셨고, 예수님은 우리를 세상에서 데려가려는 것이 아니라 오히려 세상 속으로 보내기를 원하신다고 말하고 있다.

> 16 하나님이 **세상**을 이처럼 사랑하사 독생자를 주셨으니 이는 그를 믿는 자마다 멸망하지 않고 영생을 얻게 하려 하심이라 17 하나님이 그 아들을 **세상**에 보내신 것은 **세상**을 심판하려 하심이 아니요 그로 말미암아 **세상**이 구원을 받게 하려 하심이라 요 3:16-17

14 내가 아버지의 말씀을 그들에게 주었사오매 **세상**이 그들을 미워하였사오니 이는 내가 **세상**에 속하지 아니함같이 그들도 **세상**에 속하지 아니함으로 인함이니이다 **15** 내가 비옵는 것은 그들을 **세상**에서 데려가시기를 위함이 아니요 다만 악에 빠지지 않게 보전하시기를 위함이니이다 **16** 내가 **세상**에 속하지 아니함같이 그들도 **세상**에 속하지 아니하였사옵나이다 **17** 그들을 진리로 거룩하게 하옵소서 아버지의 말씀은 진리니이다 **18 아버지께서 나를 세상에 보내신 것같이 나도 그들을 세상에 보내었고** 요 17:14–18

예수님은 분명히 이 세상을 사랑하시며 구원하기 원하신다. 그 때문에 우리가 그 일을 행하도록 우리를 세상 속으로 보내신다고 말씀하신다. 그런데 우리는 이 세상 속에서 우리 안에 있는 육신의 정욕과 안목의 정욕과 이생의 자랑으로 말미암아 고통받으며, 예수님이 원하시는 그분의 삶을 살지 못하고 있다. 그렇다면 문제의 핵심은 무엇인가? 그것은 결국 '내가 세상을 사랑하느냐 사랑하지 않느냐'의 문제가 아니라, '내 옛 자아가 죽었느냐 죽지 않았느냐'의 문제다. 왜냐하면, 육신의 정욕과 안목의 정욕과 이생의 자랑은 세상 자체가 아니라, 죽지 않은 내 자아에서부터 생겨난 것이기 때문이다.

예수님은 그 누구보다도 이 세상을 사랑하신 분이다. 자신의 목숨을 버리기까지 주님은 세상을 사랑하셨다. 예수님이 그처럼 세상을 사랑할 수 있었던 이유는 그분이 자신의 삶이 아니라 하나님의 삶을 사셨기 때문이다. 결론적으로 말하면, 자신의 옛 자아를 진정으로 십자가에 못 박은 사람만이 세상을 사랑할 수 있다. 자신을 죽이지 않고 세상을 사랑하면 그 속에는 하나님이 없기 때문에 하나님의 뜻을 이룰 수 없다. 왜 예수님은 우리에게 자기를 부인하고 자기 십자가를 지고 예수님을 따르라고 말씀하셨는가? 바로 이 세상을 온전히 사랑함으로써 이 땅에 하나님나라를 실현하기 위해서다. 왜냐하면 세상을 사랑하는 자만이 세상을 하나님나라로 바꿀 수 있기 때문이다. 세상에 관심이 없는 사람은 세상에서 벗어날 수는 있지만, 세상을 손톱만큼도 바꿀 수 없다.

> **24** 이에 예수께서 제자들에게 이르시되 누구든지 나를 따라오려거든 자기를 부인하고 자기 십자가를 지고 나를 따를 것이니라 마 16:24

> **31** 형제들아 내가 그리스도 예수 우리 주 안에서 가진 바 너희에 대한 나의 자랑을 두고 단언하노니 나는 날마다 죽노라 고전 15:31

이러한 관점을 정확히 이해하는 것은 신앙생활 전반에서 매우 중요한 일이다. 신앙생활의 형태를 보면 첫째, 자신을 죽이지 않고(자신을 사랑하며) 세상으로부터 도피하기 위해 신앙생활을 하는 사람들이 있다. 이 세상을 감당하기 어렵기 때문에 교회에서의 신앙생활을 일종의 도피처로 삼는 것이다.

둘째, 자신을 죽이지 않고 세상을 사랑하기 위해서 신앙생활을 하는 사람들도 있다. 이들은 예수님을 이용해 이 세상에서 자신의 만족을 누리기 원한다. 성경을 보면 바울의 오른쪽에는 데마가, 그리고 왼쪽에는 누가가 있었는데, 데마는 세상을 사랑해서 데살로니가로 갔다고 기록되어 있다.

> **14** 사랑을 받는 의사 누가와 또 데마가 너희에게 문안하느니라 골 4:14

> **10** 데마는 이 세상을 사랑하여 나를 버리고 데살로니가로 갔고 그레스게는 갈라디아로, 디도는 달마디아로 갔고 딤후 4:10

셋째, 자신을 죽이지 않고 세상을 포기하는 신앙생활을 하는 사람들이 있다. 깊이 들여다보면 청빈주의나 영지주의나 뉴에이지(인간 중심적인 훈련과 극기로 초월한 세계에서 신과의 합일을 추구하는 신앙적 태도)도 이런 태도에 뿌리를 두고 있다고 말할 수 있다.

넷째, 진정한 신앙은 자신을 죽이고 세상을 사랑하는 것이다. 이것이 바로 예수님의 마음이다. 우리가 성령충만하여 그리스도의 영에 의해 온전히 인도함을 받을 때, 요한일서 2장 15-16절의 세상이 요한복음 3장 16-17절의 세상으로 변화된다. 그때부터 마태복음 6장 10절의 기도가 이루어진다. 세상을 사랑한다는 것은 주의 뜻을 세상 속에서 이루는 것이고, 우리를 통해서 타락한 세상을 회복시킨다는 뜻이다. 이것이 바로 이 땅에서 확장되는 현재적인 하나님나라의 삶인 것이다.

수동적-패배적 도피 신앙과 현재적 하나님나라의 영적 전쟁

지난 세기부터 지금까지 많은 그리스도인들은 의식적이든 무의식적이든 종말을 향해 가는 이 세상을 수동적이고 패배적인 관점에서 바라보는 데 익숙해 있다. 오랫동안 교회는 마지막 때에 사탄이 세상을 점점 더 장악하고 악이 증대하는 것이 하나님이 허락하신 그분의 뜻이라는 가르침을 받아 왔다. 왜냐하면 예수님은 마지막이 가까워 올수록 그런 일들이 있을 것이라고 말씀하셨기 때문이다.

3 예수께서 감람산 위에 앉으셨을 때에 제자들이 조용히 와서 이르되 우리에게 이르소서 어느 때에 이런 일이 있겠사오며 또 주의 임하심과 세상 끝에는 무슨 징조가 있사오리이까 **4** 예수께서 대답하여 이르시되 너희가 사람의 미혹을 받지 않도록 주의하라 **5** 많은 사람이 내 이름으로 와서 이르되 나는 그리스도라 하여 많은 사람을 미혹하리라 **6** 난리와 난리 소문을 듣겠으나 너희는 삼가 두려워하지 말라 이런 일이 있어야 하되 끝은 아직 아니니라 **7** 민족이 민족을, 나라가 나라를 대적하여 일어나겠고 곳곳에 기근과 지진이 있으

리니 8 이 모든 것은 재난의 시작이니라 9 그때에 사람들이 너희를 환난에 넘겨주겠으며 너희를 죽이리니 너희가 내 이름 때문에 모든 민족에게 미움을 받으리라 10 그때에 많은 사람이 실족하게 되어 서로 잡아 주고 서로 미워하겠으며 11 거짓 선지자가 많이 일어나 많은 사람을 미혹하겠으며 12 불법이 성하므로 많은 사람의 사랑이 식어지리라 13 그러나 끝까지 견디는 자는 구원을 얻으리라 마 24:3-13

이처럼 마지막 때에 세상 속에 가시화될 부정적인 현상(징조)들을 언급하고 있는 성경의 말씀은 분명히 종말론적 진리의 한 면을 이룬다. 그러나 수동적이며 패배적인 관점에서 종말을 이해할 때 이러한 측면을 절대화함으로써 결국 그리스도인들이나 교회가 마지막 때에 죄악 세상과 마귀를 이기지 못할 것이라고 단정짓게 만든다.

오늘날 많은 복음주의자들이 따르고 있는 세대주의적 관점 역시 종말의 교회가 영적으로 승리하는 것에 대해 부정적인 입장을 취한다. 성경의 예고대로 이 세상이 흑암의 지배 아래 악의 정점을 향해 치닫고 있다면, 세상의 문제들을 해결하려는 모든 시도는 부질없으며, 궁극적으로 교회가 해야 할 일은 악한 세상으로부터 가능한 한 많은 사람들을 건져내서 어떻게든 세상의 영향으로부터 보호하는 것에 국한된다. 다시 말해서 교회는 사탄으로 인한 죄악의 관영함으로부터 벗어나기 위해 주님께서 재림하시기까지 구원의 구명정으로 기능할 뿐이고, 그리스도인의 삶이란 결국 그 구명정 안으로 들어가서 열심히 신앙(교회)생활하며 끝까지 견디는 것이 전부인 셈이다. 그러나 이처럼 인간적인 차원의 수동적이고 패배적인 종말론적 도피 신앙은 현재적인 하나님나라 관점에서 바라본 성경적 해석과는 정반대이며, 종말에 대한 성경의 여러 말씀과도 일치하지 않는다.

우리는 삶의 인식과 태도를 바꿔야 한다. 우리는 이미 지금 하나님나라 안에서 살고 있다. 물론 이 세상은 여전히 사탄의 나라에 속해 있으며 그 때문에 죄악이 관영하고 있다. 그러나 예수 그리스도로 말미암아 하나님나라가 이미 이 땅에 존재하고 있고, 그 나라의 자녀가 된 우리는 이 세상에 속하지 않지만 이 세상에 예수 생명의 선한 영향력을 미침으로써 이 세상을 하나님나라로 변화시켜야 한다. 이는 이 세상(this world 혹은 this age) 속에서 어둠의 나라와 빛의 나라 사이에서 벌어지는 치열한 영적 전쟁이 불가피함을 의미한다.

하나님이 마지막 때에 악의 세력이 관영하도록 허락하셨다는 말은 결코 사탄이 그리스도인들과 교회에 대해 승리하도록 만드셨다는 뜻이 아니다. 하나님의 자녀와 백성인 우리가 사탄이 역사하는 이 땅에 예수 그리스도 안에서 예수 그리스도의 이름으로 하나님나라를 계속 확장시켜 나갈 때, 어둠의 세력이 그것을 저지하기 위해서 더욱 발악하기 때문에 환난과 갈등은 더욱 심해질 것이다. 하나님이 그것을 허락하셨다는 것이다. 그러나 하나님은 악의 모든 도전을 넉넉히 이길 수 있는 자원을 공급해 주심으로써 우리를 통하여 그분의 나라가 이 땅 위에 계속 확장되게 하신다. 마지막 때에 있을 징조들을 언급한 누가복음 21장에서도 예수님은 박해의 상황에서 그 나라의 자녀들에게 주어질 신적 도움에 대해서 구체적으로 말씀하시고 있다.

> **12** 이 모든 일 전에 내 이름으로 말미암아 너희에게 손을 대어 박해하며 회당과 옥에 넘겨주며 임금들과 집권자들 앞에 끌어 가려니와 **13** 이 일이 도리어 너희에게 증거가 되리라 **14** 그러므로 너희는 변명할 것을 미리 궁리하지 않도록 명심하라 **15** 내가 너희의 모든 대적이 능히 대항하거나 변박할 수 없는 구변과 지혜를 너희에게 주리라 **16** 심지어 부모와 형제와 친척과 벗이 너희를 넘겨주어 너희 중의 몇을 죽이게 하겠고 **17** 또 너희가 내 이름으로 말미암아 모든 사람에게 미움을 받을 것이나 **18** 너희 머리털 하나도 상하지 아니하리라 **19** 너희의 인내로 너희 영혼을 얻으리라 눅 21:12-19

예수님은 자신이 영광을 받으심으로써 아버지께로부터 받은 하늘과 땅의 권세(엡 1:10)를 우리가 그분의 이름으로 그분의 나라를 위해 사용할 수 있도록 위임해 주셨고(요 16:23-24), 마지막까지 우리와 함께하실 것이라고 약속하셨다(마 28:18-20).

예수님이 종말에 대해서 말씀하신 것을 제대로 이해해야 한다. 예수님이 종말에 대해서 부정적으로 말씀하신 것은 이 세상에 가시적으로 보일 현상에 대해서다. 그러나 예수님은 그럼에도 불구하고 종말로 가면 갈수록 하나님나라가 이 땅에 더 강력하게 임할 것이고,

그 하나님나라에서 우리가 어떻게 살아야 할지를 분명히 말씀하셨다. 이 땅에 도래한 하나님나라의 속성이 그리스도인들의 삶에서 이루어질 것이고, 이 하나님나라의 복음이 온 세상에 전파되어 모든 민족에게 증언되어야 비로소 끝이 온다고 말씀하셨다.

> 14 이 천국 복음이 모든 민족에게 증언되기 위하여 온 세상에 전파되리니 그제야 끝이 오리라 마 24:14

우리가 이 말씀들을 제대로 깨닫는다면, 지금까지 아무런 의심 없이 믿어 왔던 종말론적 세계관이 무엇인가 잘못되었다는 느낌을 갖게 될 것이다. 우리는 그동안 왜 이렇게 수동적이고 패배적인 종말론에 사로잡혀 살았을까? 하나님나라를 제대로 알지 못했기 때문이다. 세상의 차원에서 악은 더 관영할 것이고, 세상은 더 어두워질 것이다. 우리는 더 이상 이러한 인간적인 차원에서 추론된 종말론적 세계관을 가져서는 안 된다. 하나님나라의 관점에서 볼 때 세상 끝으로 갈수록 이 땅에서 하나님의 통치는 더 강력하게 나타날 것이다.

오늘날 많은 복음주의자들이 따르고 있는 세대주의적 관점에서는 종말의 교회가 영적으로 승리하는 것에 대해서 부정적으로 보고 있다. 예수님이 재림하시기 전의 종말에는 표적과 이적을 행하는 자들이 나타나 사람들을 미혹하여 신앙에서 떠나게 할 것이라고 가르친다. 그러나 현존하는 하나님나라의 마지막은 지금까지 많은 복음주의에서 생각하는 세대주의적 종말론이 아니라 전쟁적(마지막 때까지 영적 전쟁을 벌이며 주의 뜻을 이루어 가는) 종말론이 될 것이다.

> **24** 거짓 그리스도들과 거짓 선지자들이 일어나 큰 표적과 기사를 보여 할 수만 있으면 택하신 자들도 미혹하리라 마 24:24

그러나 다음 성경 말씀을 통해서 마지막 때를 생각해 보자.
하나님은 우리를 부르시고 베푸신 은사를 다시 빼앗아 가지 않는다고 말씀하신다.

> **29** 하나님의 은사와 부르심에는 후회하심이 없느니라 롬 11:29

더욱이 놀라운 것은 우리에게 부족함이 없는 은사를 주시고, 그 은사를 활용하게 함으로써 예수 그리스도의 재림을 기다리는 자가 되라고 말씀하신 것이다.

> **7** 너희가 모든 은사에 부족함이 없이 우리 주 예수 그리스도의 나타나심을 기다림이라 고전 1:7

에베소서 3장의 말씀을 보자. 만약 하나님의 권능이 초대교회에만 국한된다면 어떻게 사도 바울이 성령의 역사로 주의 일을 온전히 행하는 것이 교회 안에서 대대로 일어나기를 기도할 수 있었겠는가?

20 우리 가운데서 역사하시는 능력대로 우리가 구하거나 생각하는 모든 것에 더 넘치도록 능히 하실 이에게 **21** 교회 안에서와 그리스도 예수 안에서 영광이 대대로 영원무궁하기를 원하노라 아멘 엡 3:20-21

또한 사도 베드로는 "만물의 마지막이 가까이 왔으니"라며 종말을 이야기하면서, 각각 받은 은사대로 청지기 직분을 온전히 감당하라고 말한다.

7 만물의 마지막이 가까이 왔으니 그러므로 너희는 정신을 차리고 근신하여 기도하라 **8** 무엇보다도 뜨겁게 서로 사랑할지니 사랑은 허다한 죄를 덮느니라 **9** 서로 대접하기를 원망 없이 하고 **10** 각각 은사를 받은 대로 하나님의 여러 가지 은혜를 맡은 선한 청지기같이 서로 봉사하라 벧전 4:7-10

또한 사도 요한은 예수 그리스도께서 재림하기 전까지 기름 부으심 안에서 그분의 가르침을 받으라고 말하고 있다.

26 너희를 미혹하는 자들에 관하여 내가 이것을 너희에게 썼노라 **27** 너희는 주께 받은 바 기름 부음이 너희 안에 거하나니 아무도 너희를 가르칠 필요가 없고 오직 그의 기름 부음이 모든 것을 너희에게 가르치며 또 참되고 거짓이

없으니 너희를 가르치신 그대로 주 안에 거하라 **28** 자녀들아 이제 그의 안에 거하라 이는 주께서 나타내신 바 되면 그가 강림하실 때에 우리로 담대함을 얻어 그 앞에서 부끄럽지 않게 하려 함이라 요일 2:26-28

이러한 말씀들의 의미는 예수님이 하나님나라를 열 처녀 비유(마 25:1-13)와 달란트의 비유(마 25:14-30)로 하신 말씀에서 분명히 알 수 있게 된다(part 3 '비유를 통해서 본 하나님나라' 참조). 이 비유는 우리가 단지 말씀만으로 사는 것이 아니라 주님의 기름 부으심 안에 거해야 함을 말하고 있다. 내 안에 계신 성령님이 나를 통해서 나타나실 때 주어지는 은사를 끊임없이 사용해야 하며, 예수님이 재림하실 때 바로 그 부분에 대해서 결산을 하신다고 말씀한다.

지금까지 성경에서 찾아본 몇 가지 말씀들은 종말이 가까운 때에 우리가 어떻게 살아야 하는지에 대해서 말하고 있다. 그러나 교회를 통한 성령의 나타남이 감소되거나 소실된다고 언급된 곳은 어디에도 없다. 물론 마지막 때는 거짓 선지자들이 많이 일어날 것이고, 불법이 성하게 될 것이다. 우리에게 필요한 것은 하나님의 자녀와 거짓 선지자들을 분별하는 능력이지, 하나님 자녀의 권능이 사라질 것이라고 판단하는 잘못된 믿음이 아니다.

마지막 때가 가까워 올수록 사탄의 나라와 하나님나라, 어둠의 왕국과 빛의 왕국 사이의 전쟁은 점점 더 치열해질 것이다. 마치 한국전쟁 때 전략적으로 중요한 고지를 두고 북한군과 연합군이 뺏고 뺏앗기는 전투를 거듭했던 것처럼 지금 세상 곳곳에는 맹렬한 영적 싸움이 벌어지고 있다. 그 때문에 하나님나라의 부흥이 어떤 시간과 장소에 나타났다가도 사라질 수 있다. 그러나 악의 세력이 점점 더 날뛰는 것과 정비례하여 하나님나라는 더욱더 강력하게 이 땅 위에 임하고 확장될 것이다. 하나님나라 안에서 주의 뜻을 온전히 행하는 그리스도인들과 교회에게 하나님의 공급하심(그리스도의 성품과 은사들, 기름 부으심, 능력과 가르침 등)은 세상 마지막 때까지 다함이 없을 것이다.

지금까지 하나님나라에 대하여, 구속사, 종교, 율법, 교회와 이스라엘 그리고 세상의 관점에서 살펴보았다. 지금까지 제시된 하나님나라에 대한 이해를 요약해 보면 다음과 같을 것이다.

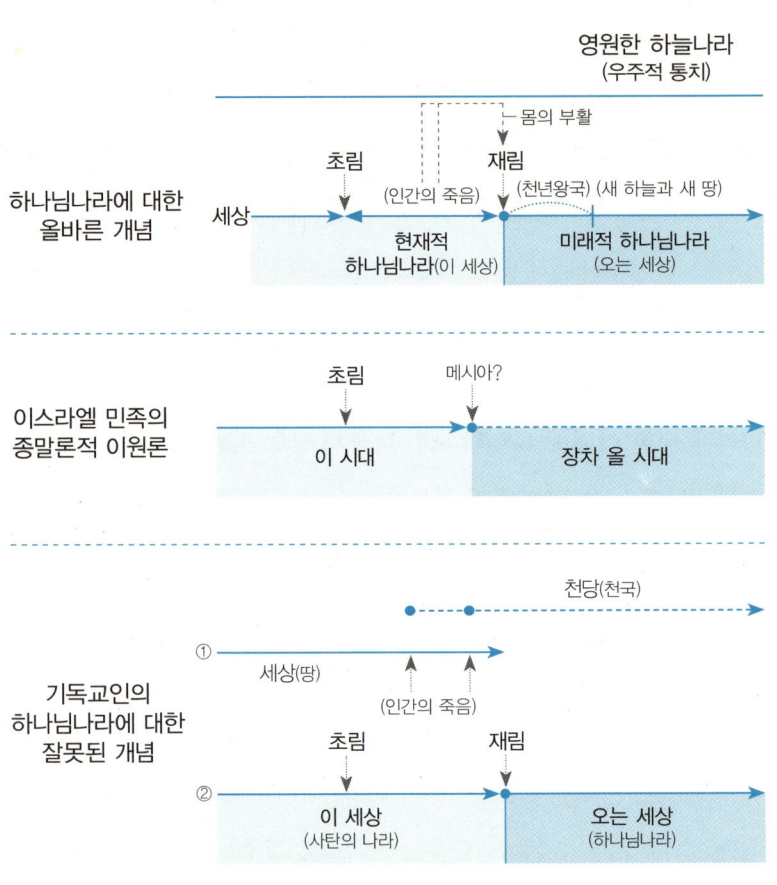

〈하나님나라에 대한 이해〉

CHAPTER

7 종말과 미래적 하나님나라

**우리는 왜
미래적 하나님나라에
관심을 가져야 하는가?**

　　　　　세계 기독교 역사를 살펴볼 때, 초대교회 시대를 제외하고는 종말에 대한 관심이 크지 않았다고 볼 수 있다. 그것은 로마 가톨릭이나 동방정교회나 개신교 모두에게 공통적인 현상으로서, 교회들의 관심과 논의는 대개 교리, 구원, 종교생활, 그리스도인의 성품 등에 집중되었다. 그러다 20세기에 들어와서 이스라엘 나라의 회복과 더불어 예수님의 재림이 다시 부각되기 시작했다. 이스라엘이 회복되지 않았다면 구약의 수많은 예언들은 아무런 의미가 없었을 것이다. 그러나 이스라엘의 독립과 예루살렘의 회복이 실현되었다는 사실은 그동안 진리처럼 받아들여지던 대체신학이 잘못되었으며, 역사의 모든 일들이 실제로 신구약의 수많은 예언에 따라 이루어지고 있음을 증거하고 있다.

마지막 때와 재림에 대해서는 다양한 인식과 태도가 공존한다. 하나님은 한 생명이라도 멸망하지 않고 구원받게 하시기 위해서 재림을 늦추고 계시지만(벧후 3:9), 불신자들은 주의 재림을 조롱하고 믿지 않는다(벧후 3:4). 믿는 자 중에도 예수 그리스도의 재림을 부정하거나, 믿더라도 그런 일이 자신의 세대에서는 일어나지 않을 것이라고 생각하는 이들이 적지 않은 것은 참으로 안타까운 일이다. 한편 수동적이며 패배적인 종말론적 세계관에 익숙한 그리스도인과 교회는 사탄의 지배 아래 죄악이 관영하는 이 세상을 등진 채 구원의 구명정인 교회 안에서 막연한 재림의 역사를 기다릴 뿐이다. 그러나 하나님나라의 온전한 복음은 우리에게 현재적인 하나님나라의 삶을 위한 (사랑으로 역사하는) 은혜와 믿음만이 아니라 미래적 하나님나라에 대한 소망도 갖게 한다.

4 이르되 주께서 강림하신다는 약속이 어디 있느냐 조상들이 잔 후로부터 만물이 처음 창조될 때와 같이 그냥 있다 하니 벧후 3:4

9 주의 약속은 어떤 이들이 더디다고 생각하는 것같이 더딘 것이 아니라 오직 주께서는 너희를 대하여 오래 참으사 아무도 멸망하지 아니하고 다 회개

하기에 이르기를 원하시느니라 벧후 3:9

우리가 이 땅에 도래한 현재적 하나님나라의 실체뿐 아니라, 그 나라의 마지막과 장차 도래할 미래적 하나님나라에 대해 아는 것은 매우 중요하다. 왜냐하면 종말과 미래적 하나님나라에 대한 정확한 이해가 있을 때에만, 우리가 비로소 미래에 대한 두려움에서 벗어날 수 있고, 현재의 삶에서도 올바른 태도와 방향성을 가질 수 있기 때문이다.

지금 이 땅에서 하나님나라의 삶을 포기하고 주의 재림과 미래적 하나님나라만을 고대하는 것은 위험천만한 일이 아닐 수 없다. 열 처녀의 비유와 달란트의 비유를 생각해 보라. 주님이 우리에게 맡기신 일들을 온전히 행하지 않으면서 재림을 기다린들 그것이 마지막에 무슨 유익이 있겠는가? 반대로 마지막 때에 대해 무관심하거나 무지해서 이 땅에 도래한 하나님나라만을 전부로 생각하며 살아가는 것 역시 어리석은 일이다. 이 땅에 도래한 현재적 하나님나라의 삶은 그 자체가 궁극적인 목적이 아니기 때문이다.

우리가 지금 여기에 도래한 하나님나라의 삶을 온전하게 살아야 하는 이유는 바로 다시 오실 예수님을 맞이하기 위해서다. 우리는 항상 깨어서 주님의 재림과 완성될 미래적 하나님나라를 준비하며 살아야 한다.

현재적 하나님나라의 삶을 살며 재림을 맞이하라

이 땅에 도래한 현재적 하나님나라는 본질적으로 '이미'(already)와 '아직'(not yet)의 변증법적 긴장 속에서 진행된다. 그 나라는 실제적인 하나님나라이지만 완전한 하나님나라는 아니다. 그러나 예수 그리스도의 재림으로 인해 임하게 될 미래적 하나님나라는 하나님의 통치가 온전히 실현되는 나라다. 현재적 하나님나라를 이루시기 위해서 예수님은 육신을 입으신 어린양으로 이 땅에 오셨다. 한편 미래적 하나님나라를 이루시기 위해서 예수님은 영광과 권능을 지닌 유다의 사자로 이 땅에 오실 것이다. 그렇다면 우리에게 지금 여기에서 허락된 현재적 하나님나라의 삶과 미래적 하나님나라의 문을 여는 주의 재림 사이에는 어떤 상관관계가 있는가? 재림과 장차 도래할 완전한 하나님나라를 준비한다는 말의 참된 의미는 무엇일까?

이미 언급한 바와 같이 수동적이며 패배적인 종말론적 세계관은 재림을 인내와 기다림의 대상으로만 간주한다. 흑암의 세력이 장악하고 있는 이 세상은 마지막이 가까울수록 죄악이 더욱 관영할 것이고 이에 대해 그리스도인들이 할 수 있는 일은 아무것도 없기 때문에, 구원받은 자들은 안전한 구명정(교회) 안에서 주님이 다시 오실 때까지 인내로 기다려야 한다고 생각하는 것이다. 그렇다면 여기서 예수 그리스도의 재림과 그리스도인들의 행동 사이에는 인과적인 연관성이 없다. 예수님은 그리스도인들의 어떤 행동(기다림) 때문이 아니라 극에 달한 죄악의 관영함과 사탄을 심판하기 위해서 이 땅에 다시 오시는 것이다. 단지 그리스도인들은 주님께서 재림하실 때 만남의 대상에서 제외당하지 않도록 깨어 있어야 하고, 자신의 상급을 위해 열심히 신앙생활을 해야 하는 것이다. 그렇다면 이것은 다시 오실 주님을 위한 준비가 아니라 자신을 위한 준비인 셈이다.

그러나 하나님나라의 복음은 그렇게 말하지 않는다. 예수 그리스도의 다시 오심은 수동적으로 기다려야 할 대상이 아니라 적극적으로 예비해야 할 대상이다. 재림은 단지 사탄의 역사와 악의 관영함을 종결하기 위해서 임하는 것이 아니라 하나님나라 자녀의 삶에 의해 촉진된다. 우리가 하나님의 자녀로서 이 땅에서 주의 권세와 능력을 가지고 그 나라의 삶을 사는 이유는 흑암의 세력과의 영적 전쟁 속에서 예수 그리스도의 복음을 온 세상의 모든 민족에게 증거함으로써 현재적 하나님나라를 확장하기 위해서다. 예수님은 이러한 복음 전파의 완성이 결과적으로 종말의 실현(주님의 재림)을 예비하는 것이라고 말씀하신다(마 24:14).

현재적 하나님나라에서 우리는 이 세상을 하나님나라로 바꾸는 일에 대사로서 부름을 받았다(고후 5:20). 그 직분을 온전히 감당하기 위해서 우리는 끊임없이 예수 생명을 나타내며 그분을 대표하는 삶을 살아야 한다. 하나님의 대사는 단지 종말을 기다리는 존재가 아니라, 오는 세상의 길을 열어 가는 존재다. 우리가 추구해야 할 재림은 세상 신의 발악 때문에 오는 재림이 아니라, 우리가 주의 생명과 능력으로 하나님나라의 복음을 땅끝까지 증거할 때 오는 재림이다.

따라서 내 신앙을 지키는 삶만으로는 부족하다. 이 사회를 변화시키기 위하여 예수 그리스도의 이름으로 치르는 전쟁을 통하여 하나님의 통치가 우리의 가정과 일터 그리고 관계 속에 나타나고, 그 결과 하나님나라가 확장되도록 해야 한다. 우리가 그러한 삶을 살면 살수록 사탄은 더욱 발악함으로 환난과 갈등이 더 팽배해지겠지만, 그럴수록 하나님나라의 통치가 더 강력하고 영광스럽게 이 땅에 나타날 것이다. 하나님나라의 복음이 땅끝까지 이르게 될 때 주님은 다시 오신다. 다시 말해서 재림은 사탄 때문이 아니라 하나님의 자녀요 대사인 우리 때문에 오는 것이다. 지금도 하나님은 성령 안에서 이것을 깨닫고 구하는 사람들을 찾고 계신다. 할렐루야!

재림의 징조들과
마지막 사건들

성경의 기록에 의하면 현재적 하나님나라의 마지막은 적그리스도의 출현, 대환난, 휴거, 죽은 자들의 부활, 어린 양의 혼인잔치, 재림 등의 사건들과 관련되어 있다. 교파나 개인의 차이에 따라 특히 대환난, 재림, 천년왕국의 시기와 같은 주제에 대해서 다양한 견해가 피력되고 있지만, '후환난설'(posttribulationism: 대환난 이후에 재림) 또는 '역사적 전천년설'(historic premillennialism: 천년왕국 이전에 단일 사건으로서의 재림)에 기초할 때 다음과 같은 마지막 사건들의 과정을 추론해 볼 수 있다.

교회가 마지막 때에 있을 대환난을 통과한 후 예수님이 다시 오시면, 그리스도인들은 (살아 있는 성도들은 변형되고 죽은 성도들은 부활하여) 들려 올라가서 그분을 맞이하고 어린양의 혼인잔치를 거쳐 예수님과 함께 지상으로 내려와서 천년왕국을 통치하게 된다. 천년왕국이 끝난 후 모든 불신자들도 부활해서 백보좌 심판(최후의 심판)을 받게 되고 영원한 세계의 삶(영생과 영벌)으로 들어가게 된다. 이러한 내용에 대해 중요한 부분을 보다 구체적으로 살펴보자(237쪽의 도표 〈종말과 미래적 하나님나라〉 참조).

1. 그리스도의 재림 시기

주의 재림에 대한 성경의 말씀은 서로 모순되는 것처럼 보이는 두 가지 측면을 강조하고 있다. 그것은 첫째, 우리가 그 시기를 알지 못하지만 갑작스럽게 임할 것이라는 것과 둘째, 재림에 앞서 반드시 나타날 사건들(징표들)이 있다는 것이다. 예수 그리스도의 재림이 예기치 않은 때에 갑작스럽게 임할 것을 알려 주는 구절들은 다음과 같다.

44 이러므로 너희도 준비하고 있으라 생각하지 않은 때에 인자가 오리라 마 24:44

13 그런즉 깨어 있으라 너희는 그날과 그때를 알지 못하느니라 마 25:13

1 형제들아 때와 시기에 관하여는 너희에게 쓸 것이 없음은 **2** 주의 날이 밤에 도둑같이 이를 줄을 너희 자신이 자세히 알기 때문이라 **3** 그들이 평안하다, 안전하다 할 그때에 임신한 여자에게 해산의 고통이 이름과 같이 멸망이 갑자기 그들에게 이르리니 결코 피하지 못하리라 살전 5:1-3

34 너희는 스스로 조심하라 그렇지 않으면 방탕함과 술취함과 생활의 염려로 마음이 둔하여지고 뜻밖에 그날이 덫과 같이 너희에게 임하리라 **35** 이 날은 온 지구상에 거하는 모든 사람에게 임하리라 **36** 이러므로 너희는 장차 올 이 모든 일을 능히 피하고 인자 앞에 서도록 항상 기도하며 깨어 있으라 하시니라 눅 21:34-36

한편, 예수 그리스도의 재림에 앞서 나타나는 시대의 징표들에 대한 구절들을 살펴보자.

- 모든 민족에게 복음 전파: **14** 이 천국 복음이 모든 민족에게 증언되기 위하여 온 세상에 전파되리니 그제야 끝이 오리라 마 24:14

- 대환난: **7** 난리와 난리의 소문을 들을 때에 두려워하지 말라 이런 일이 있어야 하되 아직 끝은 아니니라 **8** 민족이 민족을, 나라가 나라를 대적하여 일어나겠고 곳곳에 지진이 있으며 기근이 있으리니 이는 재난의 시작이니라 막 13:7-8

19 이는 그날들이 환난의 날이 되겠음이라 하나님께서 창조하신 시초부터 지금까지 이런 환난이 없었고 후에도 없으리라 **20** 만일 주께서 그날들을 감하지 아니하셨더라면 모든 육체가 구원을 얻지 못할 것이거늘 자기가 택하신 자들을 위하여 그날들을 감하셨느니라 막 13:19-20

- 거짓 그리스도들과 거짓 선지자들: **22** 거짓 그리스도들과 거짓 선지자들이 일어나서 이적과 기사를 행하여 할 수만 있으면 택하신 자들을 미혹하려 하리라 막 13:22

- 하늘에 나타나는 권능의 표적들: **25** 별들이 하늘에서 떨어지며 하늘에 있는 권능들이 흔들리리라 **26** 그때에 인자가 구름을 타고 큰 권능과 영광으로 오는 것을 사람들이 보리라 막 13:25-26

- 불법의 사람 출현: **1** 형제들아 우리가 너희에게 구하는 것은 우리 주 예수 그리스도의 강림하심과 우리가 그 앞에 모임에 관하여 **2** 영으로나 또는 말로나 또는 우리에게서 받았다 하는 편지로나 주의 날이 이르렀다고 해서 쉽게

마음이 흔들리거나 두려워하거나 하지 말아야 한다는 것이라 **3** 누가 어떻게 하여도 너희가 미혹되지 말라 먼저 배교하는 일이 있고 저 불법의 사람 곧 멸망의 아들이 나타나기 전에는 그날이 이르지 아니하리니 **4** 그는 대적하는 자라 신이라고 불리는 모든 것과 숭배함을 받는 것에 대항하여 그 위에 자기를 높이고 하나님의 성전에 앉아 자기를 하나님이라고 내세우느니라 살후 2:1-4

- **이스라엘의 구원: 25** 형제들아 너희가 스스로 지혜 있다 하면서 이 신비를 너희가 모르기를 내가 원하지 아니하노니 이 신비는 이방인의 충만한 수가 들어오기까지 이스라엘의 더러는 우둔하게 된 것이라 **26** 그리하여 온 이스라엘이 구원을 받으리라 기록된 바 구원자가 시온에서 오사 야곱에게서 경건하지 않은 것을 돌이키시겠고 롬 11:25-26

위의 말씀들을 종합해 보면, 재림 전 마지막 때에는 분명히 선행하는 징표들이 있겠지만, 예수님은 뜻밖의 시간에 갑작스럽게 다시 오신다는 것이다. 기독교의 역사를 살펴볼 때 이런저런 세상적인 사건들을 성경적인 징표들로 해석함으로써 마지막 때에 대해 예언한 경우가 얼마나 많았던가? 그러나 종말의 징표로 여겨지던 사건이나 그것을 주장한 사람들이 역사의 뒤안길로 퇴장하고 나면 마지막 때는 다시 미래의 언젠가로 미루어지게 되었고, 지금까지 이러한 패턴이 수도 없이 반복되어 왔다. 그렇다면 가까운 장래에 일어날 것 같지 않은 사건을 위해서 늘 준비하는 삶을 사는 것이 가능할까? 가능한 것이 아니라, 그렇게 살아야 한다고 본다. 예를 들어 우리가 자동차 운전을 위해서 보험에 가입하거나 안전벨트를 착용하는 것을 생각해 보라. 그러한 조치는 뜻밖에 닥칠지 모르는 사고를 대비하기 위함이다. 마지막 때를 사는 우리도 그렇게 늘 깨어 준비하며 살아야 한다.

한편 마지막 때를 온전히 이해하기가 어려운 이유는 재림에 선행하는 징표들조차도 서로 모순적이기 때문이다. 주께서 재림하시기에 앞서 모든 민족에게 복음이 전파되고, 대환난이 임하며, 많은 유대인들이 구원에 이르는 상호모순적인 일들이 일어나야 한다. 이러한 예고는 세상적인 관점에서는 이해하기 어렵지만, 하나님나라의 관점에서 보면 더욱 설명이 용이하다. 왜냐하면 마지막 때가 가까워질수록 세상적으로는 죄악이 관영하고 교회도 대환난을 통과해야 하지만 그와 동시에 교회를 통해 나타나는 하나님의 영광과 능력도 최고조에 이를 것이기 때문이다(part 3 '비유를 통해서 본 하나님나라' 참조).

2. 대환난

마지막 때로 갈수록 민족들 간의 반목과 전쟁, 반유대주의 운동, 경제 분쟁, 인종차별, 군사 · 정치적 갈등, 영토 분쟁 등이 격렬해질 것이다. 그리고 마침내 대환난의 시기가 이 땅 위에 임할 것이고 적그리스도가 나타날 것이다. 그럼에도 불구하고 그리스도인들은 두려워하지 않고 환난을 통과할 것이다. 왜냐하면 그 모든 일들은 끝이 아니며 하나님께서 믿는 자들을 위하여 그 기간을 감하시기 때문이다.

21 이는 그때에 큰 환난이 있겠음이라 창세로부터 지금까지 이런 환난이 없었고 후에도 없으리라 **22** 그날들을 감하지 아니하면 모든 육체가 구원을 얻지 못할 것이나 그러나 택하신 자들을 위하여 그날들을 감하시리라 마 24:21-22

3. 휴거(rapture)

대환난의 마지막 언제인가 주님이 친히 하늘로부터 강림하셔서 하나님의 자녀들을 구름 속으로 끌어올려 공중에서 주를 영접하게 하시는 사건을 휴거라고 부른다. 나팔소리가 날 때 죽은 성도들이 먼저 일어나 부활의 몸을 입고 살아남은 자들도 변형되어 함께 구름 속으로 끌어올려져 공중에서 주님을 만나게 된다.

16 주께서 호령과 천사장의 소리와 하나님의 나팔 소리로 친히 하늘로부터 강림하시리니 그리스도 안에서 죽은 자들이 먼저 일어나고 **17** 그 후에 우리 살아남은 자들도 그들과 함께 구름 속으로 끌어올려 공중에서 주를 영접하게 하시리니 그리하여 우리가 항상 주와 함께 있으리라 살전 4:16-17

30 그때에 인자의 징조가 하늘에서 보이겠고 그때에 땅의 모든 족속들이 통곡하며 그들이 인자가 구름을 타고 능력과 큰 영광으로 오는 것을 보리라 **31** 그가 큰 나팔소리와 함께 천사들을 보내리니 그들이 그의 택하신 자들을 하

늘 이 끝에서 저 끝까지 사방에서 모으리라 마 24:30-31

51 보라 내가 너희에게 비밀을 말하노니 우리가 다 잠 잘 것이 아니요 마지막 나팔에 순식간에 홀연히 다 변화되리니 **52** 나팔 소리가 나매 죽은 자들이 썩지 아니할 것으로 다시 살아나고 우리도 변화되리라 **53** 이 썩을 것이 반드시 썩지 아니할 것을 입겠고 이 죽을 것이 죽지 아니함을 입으리로다 **54** 이 썩을 것이 썩지 아니함을 입고 이 죽을 것이 죽지 아니함을 입을 때에는 사망을 삼키고 이기리라고 기록된 말씀이 이루어지리라 고전 15:51-54

4. 어린양의 혼인 잔치

신랑이신 예수 그리스도와 신부인 교회(성도들)의 혼인잔치는 예수님의 지상 재림 직전 공중에서 일어나게 된다.

6 또 내가 들으니 허다한 무리의 음성과도 같고 많은 물소리와도 같고 큰 우렛소리와도 같은 소리로 이르되 할렐루야 주 우리 하나님 곧 전능하신 이가 통치하시도다 **7** 우리가 즐거워하고 크게 기뻐하며 그에게 영광을 돌리세 어린양의 혼인 기약이 이르렀고 그의 아내가 자신을 준비하였으므로 **8** 그에게 빛나고 깨끗한 세마포 옷을 입도록 허락하셨으니 이 세마포 옷은 성도들의 옳은 행실이로다 하더라 **9** 천사가 내게 말하기를 기록하라 어린양의 혼인 잔치에 청함을 받은 자들은 복이 있도다 하고 또 내게 말하되 이것은 하나님의 참되신 말씀이라 하기로 계 19:6-9

5. 천년왕국과 미래적 하나님나라

일반적으로 미래적 하나님나라는 예수 그리스도께서 재림하시고 부활의 몸을 입은 성도들이 다시 이 땅에 거하는 것으로부터 시작되는 것으로 여겨진다.

> **11** 또 내가 하늘이 열린 것을 보니 보라 백마와 그것을 탄 자가 있으니 그 이름은 충신과 진실이라 그가 공의로 심판하며 싸우더라 **12** 그 눈은 불꽃 같고 그 머리에는 많은 관들이 있고 또 이름 쓴 것 하나가 있으니 자기밖에 아는 자가 없고 **13** 또 그가 피 뿌린 옷을 입었는데 그 이름은 하나님의 말씀이라 칭하더라 **14** 하늘에 있는 군대들이 희고 깨끗한 세마포 옷을 입고 백마를 타고 그를 따르더라 계 19:11-14

그러나 요한계시록 19-21장은 세상의 종말에 일어날 사건들에 대해서 보다 구체적으로 말하고 있다. 먼저 아마겟돈 전투가 있을 것이고, 그 후 그리스도께서 휴거되었던 성도들과 함께 지상에 재림하셔서 천 년 동안 통치하신다. 천년왕국이 끝난 다음에 사탄은 잠시 놓임을 받아 반역하지만, 그 결과 세상의 종말이 오고 영생과 영벌을 결정하는 백보좌 심판(최후의 심판)이 뒤따를 것이다. 요한계시록에 의거하여 보다 구체적으로 말하자면, 예수 그리스도의 재림 후 곧바로 미래적 하나님나라가 임하는 것이 아니라, 일단 천년왕국의 통치가 그 사이에 놓여 있다.

천년왕국의 시기는 재림하신 예수님의 영광이 이 땅에 나타나는 시기다. 따라서 천년왕국은 엄밀히 말해서 완전한 하나님나라는 아니다. 실제적인 완전한 하나님나라는 백보좌 심판을 거친 다음에 시작된다. 성경에 따르면, 죽은 자들의 부활은 두 단계에 걸쳐서 일어난다. 즉, 예수님이 재림하시기 전(천년왕국의 시작 전) 첫 번째 부활이 일어나고, 천년왕국의 통치가 끝난 뒤 백보좌 심판 직전에 두 번째 부활이 있게 된다. 첫 번째 부활은 구원받은 그리스도인들의 부활이다. 반면에 두 번째 부활은 불신자들이 그 대상이다.

한편, 사탄의 패배는 세 단계로 진행된다. 첫째, 사탄은 예수 그리스도의 초림과 십자가 죽으심으로 말미암아 근본적으로 패했다. 둘째, 사탄은 예수 그리스도의 재림으로 인해 천년왕국 동안 무저갱에 갇힘으로 실제적으로 패한다. 셋째, 사탄은 천년왕국의 끝에 불못에 영원히 갇힘으로써 최종적으로 패한다.

구원받지 못한 자는 천년왕국이 지난 후 백보좌 심판에 서게 될 것이다.

> 1 또 내가 보매 천사가 무저갱의 열쇠와 큰 쇠사슬을 그의 손에 가지고 하늘로부터 내려와서 2 용을 잡으니 곧 옛 뱀이요 마귀요 사탄이라 잡아서 천 년 동안 결박하여 3 무저갱에 던져 넣어 잠그고 그 위에 인봉하여 천 년이 차도록 다시는 만국을 미혹하지 못하게 하였는데 그 후에는 반드시 잠깐 놓이리라 계 20:1-3

7 천 년이 차매 사탄이 그 옥에서 놓여 **8** 나와서 땅의 사방 백성 곧 곡과 마곡을 미혹하고 모아 싸움을 붙이리니 그 수가 바다의 모래 같으리라 **9** 그들이 지면에 널리 퍼져 성도들의 진과 사랑하시는 성을 두르매 하늘에서 불이 내려와 그들을 태워 버리고 **10** 또 그들을 미혹하는 마귀가 불과 유황 못에 던져지니 거기는 그 짐승과 거짓 선지자도 있어 세세토록 밤낮 괴로움을 받으리라 계 20:7-10

11 또 내가 크고 흰 보좌와 그 위에 앉으신 이를 보니 땅과 하늘이 그 앞에서 피하여 간 데 없더라 **12** 또 내가 보니 죽은 자들이 큰 자나 작은 자나 그 보좌 앞에 서 있는데 책들이 펴 있고 또 다른 책이 펴졌으니 곧 생명책이라 죽은 자들이 자기 행위를 따라 책들에 기록된 대로 심판을 받으니 **13** 바다가 그 가운데에서 죽은 자들을 내주고 또 사망과 음부도 그 가운데에서 죽은 자들을 내주매 각 사람이 자기의 행위대로 심판을 받고 **14** 사망과 음부도 불못에 던져지니 이것은 둘째 사망 곧 불못이라 **15** 누구든지 생명책에 기록되지 못한 자는 불못에 던져지더라 계 20:11-15

14 사망과 음부도 불못에 던져지니 이것은 둘째 사망 곧 불못이라 계 20:14

22 아담 안에서 모든 사람이 죽은 것같이 그리스도 안에서 모든 사람이 삶을 얻으리라 **23** 그러나 각각 자기 차례대로 되리니 먼저는 첫 열매인 그리스도요 다음에는 그가 강림하실 때에 그리스도에게 속한 자요 **24** 그 후에는 마지

막이니 그가 모든 통치와 모든 권세와 능력을 멸하시고 나라를 아버지 하나님께 바칠 때라 25 그가 모든 원수를 그 발아래에 둘 때까지 반드시 왕 노릇 하시리니 26 맨 나중에 멸망 받을 원수는 사망이니라 고전 15:22-26

요한계시록은 예수 그리스도께서 모든 정사와 권세를 멸하시고 그 나라를 아버지 하나님께 바칠 때 새 하늘과 새 땅이 주어지는 것으로 마무리하고 있다. 영원하고 완전한 하나님나라의 시작은 바로 이 시점부터라고 말할 수 있다.

1 또 내가 새 하늘과 새 땅을 보니 처음 하늘과 처음 땅이 없어졌고 바다도 다시 있지 않더라 2 또 내가 보매 거룩한 성 새 예루살렘이 하나님께로부터 하늘에서 내려오니 그 준비한 것이 신부가 남편을 위하여 단장한 것 같더라 3 내가 들으니 보좌에서 큰 음성이 나서 이르되 보라 하나님의 장막이 사람들과 함께 있으매 하나님이 그들과 함께 계시리니 그들은 하나님의 백성이 되고 하나님은 친히 그들과 함께 계셔서 4 모든 눈물을 그 눈에서 닦아 주시니 다시는 사망이 없고 애통하는 것이나 곡하는 것이나 아픈 것이 다시 있지 아니하리니 처음 것들이 다 지나갔음이러라 5 보좌에 앉으신 이가 이르시되 보라 내가 만물을 새롭게 하노라 하시고 또 이르시되 이 말은 신실하고 참되니 기록하라 하시고 6 또 내게 말씀하시되 이루었도다 나는 알파와 오메가요 처음과 마지막이라 내가 생명수 샘물을 목마른 자에게 값없이 주리니 7 이기는 자는 이것들을 상속으로 받으리라 나는 그의 하나님이 되고 그는 내 아들이

되리라 계 21:1-7

현재적 하나님나라에 살고 있는 우리는 예수 그리스도의 이름으로 사탄과 그 졸개들을 묶고, 그들의 권세를 폐지시킴으로써 땅끝까지 하나님나라의 복음을 전해야 한다. 현재적 하나님나라에서 우리는 그들을 무저갱 속으로 집어넣을 수는 없지만 그들이 가지고 있는 악한 권세와 능력을 제거할 수는 있다. 하늘과 땅의 모든 권세를 가지신 예수님은 우리에게 원수의 모든 능력을 제어할 그분의 권세와 능력을 주셨고, 우리가 마귀의 일을 멸하기 원하신다.

19 내가 너희에게 뱀과 전갈을 밟으며 원수의 모든 능력을 제어할 권능을 주었으니 너희를 해칠 자가 결코 없으리라 눅 10:19

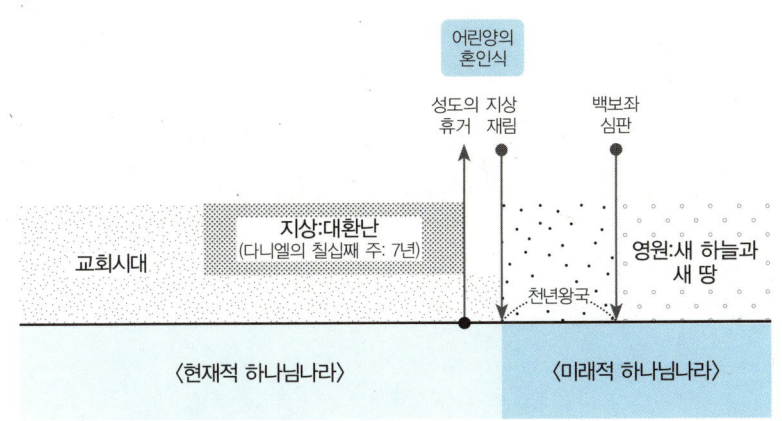

〈종말과 미래적 하나님나라〉

part 3

비유를 통해서 본 하나님나라

이 주제와 관련된 손기철 장로의 집회 영상 보기
(QR코드 스캔 어플 설치 후 위의 QR코드를 찍어 보세요!)

Three

예수님 당시 로마 제국의 식민 통치 아래 있었던 이스라엘 백성은 자신들의 나라를 되찾기 원했다. 그들은 이 세상의 놀라운 변화와 함께 그들의 조상이 이 땅에 세웠던 다윗의 왕가가 재건되기를 학수고대했다. 그리고 그 모든 것을 이룰 새로운 정치적 지도자를 예수님 안에서 보았다. 한편 바리새인과 당시의 정치 지도자들은 자신들의 지위가 위협받는 것을 가장 두려워했다. 율법에 정통했던 그들은 이스라엘의 회복을 가져올 하나님나라를 소망했지만 나사렛 출신의 한 평범한 인간으로 보이는 예수를 메시아로 인정하고 싶지 않았다. 그래서 그들은 백성을 선동해서 예수가 로마를 전복시키고 새로운 나라를 만들고자 한다고 모함했다.

과정이 어찌 되었든 정황상 모든 사람들은 기존의 나라가 아닌 새로운 나라를 갈구했다. 그러나 그들의 마음속에 있었던 새로운 나라는 앗수르, 바벨론, 헬라, 로마 제국과 같은 또 다른 세상적 나라였다. 모든 백성은 위대한 새 지도자(메시아)가 나타나서 이 땅에 그들이 바라던 영광과 평화와 번영의 새로운 나라를 건설해 주기를 원했다. 그런데 예수님이 전하신 하나님나라의 복음은 그들이 도저히 받아들일 수 없는 이해불가의 말씀으로 다가왔다.

왜냐하면, 그들은 가시 세계에서 실재하는 나라를 구하는데, 예수님이 말씀하신 나라는 혁명이나 전쟁을 통해서 세워지는 나라가 아닌 하늘에서 오는 비가시적 나라였기 때문이다(눅 17:20-21). 그분이 전하고자 한 복음의 핵심은 하늘에서 이루어진 그 나라가

(하나님께서 창조 때부터 의도하셨고 이 땅에 세우셨던) 이 땅에 다시 임했다는 것이다.

예수님은 초자연적인 영적 세계에 속한 하나님나라의 비밀이 믿는 자를 통하여 눈에 보이는 물리적 세계에 현시된다는(뜻이 하늘에서 이룬 것같이 땅에서도 이루어지이다) 것을 알려 주기 위해 비유라는 매체를 즐겨 사용하셨다. 일상적이며 자연적인 것들에 빗대어 하나님나라에 대해서 말씀하심으로써 예수님은 그 나라의 도래, 과정, 영향력, 가치 그리고 미래적 준비와 관련된 놀라운 진리를 친히 가르쳐 주셨다.

CHAPTER

1 하나님나라의 몇 가지 속성들

　예수님은 사복음서에서 하나님나라(천국)의 비밀에 대해 다양한 비유들로 말씀하셨다. 이 비밀을 제대로 이해하기 위해서는 지금까지 살펴본 하나님나라의 기본 속성들을 염두에 두는 것이 절대적으로 필요하다. 왜냐하면 비밀을 비유로 해석하면서 각자 다른 관점을 가지고 필요 이상의 의미를 두게 되면 그 속에 감추어진 깊은 영적 진리에 대해서 올바른 지식을 얻을 수 없기 때문이다. 먼저 하나님나라에 대해 다음과 같은 몇 가지 기본 내용을 요약, 정리해 보자.

하나님나라의 정의

천국(Kingdom of Heaven)은 하나님나라(Kingdom of God)와 동일한 의미를 가지며, 하나님나라(헬: 바실레이아, basileia)는 하나님의 통치와 주권을 가리킨다.

하나님나라의 본질

하나님나라는 가시적으로 존재하는 물리적인 세계가 아니라, 현존하시는 하나님의 영광이 나타나는 영적 세계다. 따라서 그 나라는 이 땅에 임했지만 이 세상에 속하지 않는, 그러나 이 땅에 영향을 미치는 신적 통치주권이다.

> **36** 예수께서 대답하시되 내 나라는 이 세상에 속한 것이 아니니라 만일 내 나라가 이 세상에 속한 것이었더라면 내 종들이 싸워 나로 유대인들에게 넘겨지지 않게 하였으리라 이제 내 나라는 여기에 속한 것이 아니니라 요 18:36

이 말씀의 뜻은 하나님나라가 이 땅과는 전혀 무관한, 죽고 난 다음에만 갈 수 있는 저 하늘의 어떤 처소라는 뜻이 아니다. 하나님나라는 이 세상에 속한 것이 아니지만, 이 땅에 도래하여 강력한 영향을 미치는 나라다. 하나님나라는 이 땅을 점령한 세상 신의 영향 대신 하나님의 통치하심을 받는 것(곳)이기 때문이다.

하나님나라가 임하면 어떤 일이 일어나는가?

하나님나라, 즉 하나님의 통치가 임한다는 것은 그분의 뜻(생명의 말씀)이 실현되는 것을 의미한다. 이미 하늘에서 이루어진 하나님의 뜻이 이제 땅에서도 동일하게 실체화되는 것이다.

10 나라가 임하시오며 뜻이 하늘에서 이루어진 것같이 땅에서도 이루어지이다 마 6:10

1 또 그들에게 이르시되 내가 진실로 너희에게 이르노니 여기 서 있는 사람 중에는 죽기 전에 하나님의 나라가 권능으로 임하는 것을 볼 자들도 있느니라 하시니라 막 9:1

그 나라가 어떻게 이 땅에 임하는가?

하나님나라는 우리에게 임한다. 이 말은 하나님의 통치가 우리에게 임할 때, 하늘에서 이루어진 그 뜻이 바로 우리를 통해서 이 땅에서도 이루어진다는 의미다.

> 32 적은 무리여 무서워 말라 너희 아버지께서 그 나라를 너희에게 주시기를 기뻐하시느니라 눅 12:32

> 20 바리새인들이 하나님의 나라가 어느 때에 임하나이까 묻거늘 예수께서 대답하여 이르시되 하나님의 나라는 볼 수 있게 임하는 것이 아니요 21 또 여기 있다 저기 있다고도 못하리니 하나님의 나라는 너희 안에 있느니라 눅 17:20-21

CHAPTER

2 하나님나라의 비밀과 비유

예수님이 하나님나라의 복음에 대해 설명하신 것을 살펴보면, 두 가지 흥미로운 점이 발견된다. 첫째는 하나님나라라는 비밀을 계시하신다고 말씀하신 것이고, 둘째는 그 나라에 대해 비유로 말씀하셨다는 것이다.

하나님나라는 왜 비밀인가?

10 제자들이 예수께 나아와 이르되 어찌하여 그들에게 비유로 말씀하시나이까 11 대답하여 이르시되 천국의 비밀을 아는 것이 너희에게는 허락되었으나

그들에게는 아니되었나니 12 무릇 있는 자는 받아 넉넉하게 되되 없는 자는 그 있는 것도 빼앗기리라 13 그러므로 내가 그들에게 비유로 말하는 것은 그들이 보아도 보지 못하며 들어도 듣지 못하며 깨닫지 못함이니라 마 13:10-13, 참고: 막 4:11-12; 눅 8:10)

왜 하나님나라가 비밀(헬: 뮈스테리온, mysterion)인가? 여기서 "비밀"이라는 말은 하나님의 뜻에 의해서 지금까지 감추어져 있던 그분의 나라가 구원 계획에 따라 마침내 예수 그리스도를 통하여 계시된다는 의미를 지니고 있다. 예수 그리스도의 계시 이전에 살던 사람들에게나 예수 그리스도를 알지 못하는 자들에게 하나님나라는 눈이 있어도 보지 못하고, 귀가 있어도 듣지 못하고, 마음으로 생각해도 깨닫지 못하는 감추어진 대상이다. 오직 예수님이 하신 말씀의 참 뜻을 깨닫게 될 때, 우리는 하나님나라의 비밀을 알게 되는 것이다.

25 나의 복음과 예수 그리스도를 전파함은 영세 전부터 감추어졌다가 26 이제는 나타내신 바 되었으며 영원하신 하나님의 명을 따라 선지자들의 글로 말미암아 모든 민족이 믿어 순종하게 하시려고 알게 하신 바 그 신비의 계시를 따라 된 것이니 이 복음으로 너희를 능히 견고하게 하실 롬 16:25-26

하나님나라의 도래에 대한 예언은 구약의 곳곳에 나타나 있다. 그러나 그 나라가 어떻게 임하는지는 예수님이 오셔서 말씀하시고 보여 주시기 전까지는 제대로 아는 것이 불가능했다. 예를 들어, 구약의 마지막 선지자라 할 수 있는 세례 요한은 장차 오실 예수님이 누구시며, 그분이 행하실 일이 무엇인지에 대해 계시를 받았고 그 진리를 선포하기도 했지만, 정작 하나님나라의 비밀에 대해서는 온전히 알지 못했다.

그는 메시아로 오시는 예수님이 물과 성령으로 세례를 주시고 하나님나라를 도래케 하심으로써 누구도 피하거나 저항할 수 없는 강력한 변화가 일어날 것이라고 기대했다. 마침내 로마 제국이 무너지고 유대인들이 압제로부터 해방되며 불의 심판을 통해서 모든 불의와 악이 사라질 것이라고 생각했던 것이다. 이러한 사실은 세례 요한이 예수님에 대해 다음과 같이 한 말을 통해서도 잘 알 수 있다.

11 나는 너희로 회개하게 하기 위하여 물로 세례를 베풀거니와 내 뒤에 오시는 이는 나보다 능력이 많으시니 나는 그의 신을 들기도 감당하지 못하겠노라 그는 성령과 불로 너희에게 세례를 베푸실 것이요 12 손에 키를 들고 자기의 타작 마당을 정하게 하사 알곡은 모아 곳간에 들이고 쭉정이는 꺼지지 않는 불에 태우시리라 마 3:11-12

그러나 예수님이 오셔서 말씀하시고 보여 주신 하나님나라는 세례 요한이 기대하던 것과는 전혀 달랐다. 예수님은 각 동네를 다니면서 하나님나라의 복음을 전하셨지만 세례 요한이나 유대인들이 예상

했던 그런 일들은 일어나지 않았다. 그 때문에 세례 요한은 옥중에서 자신의 제자들을 예수님께 보내어 그분이 메시아이신지를 질문했고, 이에 예수님은 참된 메시아로서 그분이 행하시는 일이 무엇을 의미하는지를 깨달아야 한다고 말씀하셨다.

> 1 예수께서 열두 제자에게 명하기를 마치시고 이에 그들의 여러 동네에서 가르치시며 전도하시려고 거기를 떠나 가시니라 2 요한이 옥에서 그리스도께서 하신 일을 듣고 제자들을 보내어 3 예수께 여짜오되 오실 그이가 당신이오니이까 우리가 다른 이를 기다리오리이까 4 예수께서 대답하여 이르시되 너희가 가서 듣고 보는 것을 요한에게 알리되 5 맹인이 보며 못 걷는 사람이 걸으며 나병환자가 깨끗함을 받으며 못 듣는 자가 들으며 죽은 자가 살아나며 가난한 자에게 복음이 전파된다 하라 6 누구든지 나로 말미암아 실족하지 아니하는 자는 복이 있도다 하시니라 마 11:1-6

예수님이 하신 말씀의 뜻을 온전히 이해하기 위해서는 하나님나라의 의미가 정확히 무엇인지를 알아야 한다. 하나님나라의 주된 의미는 하나님의 주권적 통치다. 비록 물리적 현실 세계에서는 볼 수 없는 나라이지만, 하나님 영광의 임재에 따른 영적 세계로서 하나님나라는 분명히 이 땅에 영향을 미치는 실체다.

하나님나라는 하나님의 자녀에게 임함으로써 세상 속에 실제적인 영향력을 행사한다. 이러한 진리를 올바로 이해할 때, 우리는 하나님나라의 도래가 이중적이라는 사실을 알 수 있다. 오순절 성령강림으로부터 이루어지는 현재적 하나님나라는 미래적 하나님나라와 다르다. 흔히 예수 그리스도의 초림과 재림 사이의 기간을 종말 또는 마지막 때라고 부르는 것은 우리의 관점에서 세상을 바라보는 시각일 뿐이다.

반면, 하나님의 관점에서 본다면 이 기간은 현재적 하나님나라, 즉 우리를 통해서 역사하시는 그분의 통치가 이 땅 위에 임하는 기간이다. 하나님나라가 임한다고 해서 세상의 사회, 정치, 문화가 급변하는 것은 아니다. 다른 말로, 하나님나라가 지금 혁명적으로 도래해서 갑자기 선악이 갈라지고, 조직과 규범이 뒤바뀌고, 권선징악이 이루어지는 것은 아니라는 말이다. 그 모든 것은 예수님이 재림하신 후에 일어날 일들이다. 결론적으로 정리하면 현재적인 하나님나라는 눈에 보이는 물리적인 세계가 아니지만, 미래적 하나님나라는 가시적으로 온 세상에 나타나는 세계다.

예수님은 하나님나라를 가르치실 때 항상 이 두 나라를 동시에 바라보며 말씀하셨다. 그렇기 때문에 그분의 말씀은 어렵게 느껴지기도 한다. 예를 들어, 예수님은 이미 이루어진 심판에 대해서 이야기하시는가 하면, 아직 심판이 오지 않았다고도 말씀하신다. 이는 이미 심판은 시작되었으나, 그 결과가 아직 가시적으로 나타난 것은 아니라는 진리의 양면을 표현하신 것이다.

11 심판에 대하여라 함은 이 세상 임금이 심판을 받았음이라 요 16:11

39 예수께서 이르시되 내가 심판하러 이 세상에 왔으니 보지 못하는 자들은 보게 하고 보는 자들은 맹인이 되게 하려 함이라 하시니 요 9:39

18 그를 믿는 자는 심판을 받지 아니하는 것이요 믿지 아니하는 자는 하나님의 독생자의 이름을 믿지 아니하므로 벌써 심판을 받은 것이니라 요 3:18

47 사람이 내 말을 듣고 지키지 아니할지라도 내가 그를 심판하지 아니하노라 내가 온 것은 세상을 심판하려 함이 아니요 세상을 구원하려 함이로라 **48** 나를 저버리고 내 말을 받지 아니하는 자를 심판할 이가 있으니 곧 내가 한 그 말이 마지막 날에 그를 심판하리라 요 12:47-48

현재적 하나님나라의 도래는 눈에 보이는 어떤 물리적 실체로 다가오는 것이 아니라, 영적 질서를 바꾸는 것이다. 잃어 버렸던 자녀들의 회복을 통해서 지금 여기에 하나님나라가 임하는 것이다. 이 나라는 인간의 영에 찾아오신 하나님의 통치로 이루어지는 영적 세계다. 우리 안에서 하나님의 통치가 이루어짐으로써 죄사함을 받고 저주와 질병에서 벗어나며 마귀의 권세가 떠나가는 일들이 일어나게 되는 것이다. 하나님의 영광을 드러내는 자녀들을 통해서 세상 가운데 하나님의 영향력이 나타나고 그 결과 죄가 줄어들고, 사회가 점차 변화될 것이다. 그럼에도 불구하고 이 세상에는 악과 마귀의 세력이 여전히 존재하며, 빛과 어둠 사이에 치열한 전쟁이 계속될 것이다. 우리는 지금 혈과 육을 상대하는 전쟁이 아니라 보이지 않는 대적들과 영적 전쟁을 치르고 있는 것이다.

> **12** 우리의 씨름은 혈과 육을 상대하는 것이 아니요 통치자들과 권세들과 이 어둠의 세상 주관자들과 하늘에 있는 악의 영들을 상대함이라 엡 6:12

하나님나라를
왜 비유로
말씀하셨는가?

예수님은 하나님나라의 비밀을 '우화'(fable: 인격화된 동식물이나 사물의 이야기를 통해서 풍자적 교훈을 제시하는 것)나 '알레고리'(allegory: 추상적인 내용을 구체적인 대상을 통해서 표현하는 전체 이야기 속에서 각각의 요소가 의미를 지니도록 정교하게 설정한 것)가 아닌 '비유'(parable)를 통해서 설명하셨다. 직유의 연장된 형태로 간주할 수 있는 비유는 흔히 있을 수 있는 평범한 사건이나 상황에 대해 이야기함으로써 그것과 유비적(맞대어 비교할 수 있는) 관계에 있는 영적인 진리를 이끌어낸다. 제자들이 왜 하나님나라에 대해서 비유로 말씀하시는지를 물었을 때, 예수님은 비유의 이중적인 역할(성격)을 답으로 제시하셨다. 비유의 말씀들은 예수 그리스도께 속한 자들(너희)에게는 하나님나라의 감추어진 진리를 깨달아 알 수 있도록 열어 주지만, 그렇지 않은 자들(그들)에게는 그 진리가 계속 비밀로 덮여 있도록 만든다는 것이다. 결국 동일한 비유는 대상에 따라 동시에 하나님나라의 비밀을 드러내기도 하고 감추기도 하는 이중적인 성격을 지니고 있다.

> **11** 대답하여 이르시되 천국의 비밀을 아는 것이 **너희에게는 허락되었으나 그들에게는 아니되었나니 12** 무릇 있는 자는 받아 넉넉하게 되되 없는 자는 그 있는 것도 빼앗기리라 **13** 그러므로 내가 그들에게 비유로 말하는 것은 그들이 보아도 보지 못하며 들어도 듣지 못하며 깨닫지 못함이니라 **14** 이사야의 예언이 그들에게 이루어졌으니 일렀으되 너희가 듣기는 들어도 깨닫지 못할 것이요 보기는 보아도 알지 못하리라 **15** 이 백성들의 마음이 완악하여져서 그 귀는 듣기에 둔하고 눈은 감았으니 이는 눈으로 보고 귀로 듣고 마음으로 깨달아 돌이켜 내게 고침을 받을까 두려워함이라 하였느니라 마 13:11-15

예수님이 하나님나라에 대해서 비유로 말씀하시고 그것을 비밀이라고 명명하신 이유는,

첫째, 예수 그리스도를 믿는 자만이 하나님나라의 진리를 알 수 있기 때문이다(롬 16:25-26).

둘째, 세상적인 지식으로 구하는 자는 그 진리를 알 수 없도록 하기 위해서다(마 13:13-15).

셋째, 하나님나라에 대해 말씀하실 때, 현재적 하나님나라뿐만 아니라 미래적 하나님나라도 염두에 두고 계시기 때문이다.

넷째, 인간의 인식으로는 이해할 수 없는 영적인 세계를 설명하기 위해서는 육적인 것을 통한 비유가 불가피하기 때문이다(요 3:12).

하나님나라의 비밀을 비유로 설명하실 때, 예수님은 추상적이거나 철학적인 어려운 비유를 사용하는 대신 일상의 주변에서 일어날 수 있는 다양한 상황과 일들을 예로 드셨다. 따라서 비유의 구성 요소들에 대해서 필요 이상의 영적 의미를 부여할 필요는 없겠지만, 각 비유를 주의 깊게 살펴보는 것은 매우 중요하다. 왜냐하면 하나님나라는 본질적으로 영적인 세계이기 때문이다.

자연적 세계 안에서 영적 세계에 대한 진리를 설명하기 위해서는 비유라는 매체가 불가피하며, 그 때문에 예수님도 주위에서 흔히 볼 수 있고 경험할 수 있는 평범한 상황이나 사건을 비유의 대상으로 삼으셨다. 그러나 비유 자체만으로는 초자연적인 하나님나라의 실체를 온전히 설명할 수 없다. 그래서 비유의 말씀 속에는 우리의 상식에서 벗어나거나 상황과 동떨어진 부분이 발견되는데, 바로 거기에 하나님나라의 놀라운 비밀이 감추어져 있는 것이다. 그러므로 우리는 바로 그러한 말씀으로부터 하나님나라의 속성에 대한 감추어진 진리를 찾아내야 한다.

CHAPTER

3 예수님의 비유를 통해 본 하나님나라

예수님은 하나님나라의 도래에 대한 인식과 그 나라의 정의와 가치, 이 땅에서 이루어져 가는 과정, 도래의 결과와 영향력, 미래적 하나님나라의 준비 등에 대해서 비유로 설명하셨다. 우리의 관점이 아니라 성령의 인도하심 아래 예수 그리스도의 마음으로 그분이 우리에게 말씀하시고자 했던 것들을 묵상해 보면, 이 땅에 도래한 하나님나라의 놀라운 비밀을 깨닫고 말할 수 없는 기쁨의 전율을 느끼게 될 것이다.

씨 뿌리는 비유와
하나님나라의 도래

예수님은 하나님나라가 도래해서 하나님의 통치가 임할 때 인간이 가질 수 있는 마음의 상태와 그 나라로 들어갈 수 있는 자격 요건이라는 두 관점에 대하여 비유를 들어 설명하셨다. 전자에 대한 것이 씨 뿌리는 비유이고, 후자에 대한 것이 혼인잔치의 비유다.

공관복음 모두에 나오는 씨 뿌리는 비유에 대해서 예수님은 이 비유가 다른 비유를 이해하는 실마리가 된다고 말씀하셨다.

13 또 이르시되 너희가 이 비유를 알지 못할진대 어떻게 모든 비유를 알겠느냐 막 4:13

3 예수께서 비유로 여러 가지를 그들에게 말씀하여 이르시되 씨를 뿌리는 자가 뿌리러 나가서 **4** 뿌릴새 더러는 길가에 떨어지매 새들이 와서 먹어 버렸고 **5** 더러는 흙이 얕은 돌밭에 떨어지매 흙이 깊지 아니하므로 곧 싹이 나오나 **6** 해가 돋은 후에 타서 뿌리가 없으므로 말랐고 **7** 더러는 가시떨기 위에 떨어지매 가시가 자라서 기운을 막았고 **8** 더러는 좋은 땅에 떨어지매 어떤 것은 백 배, 어떤 것은 육십 배, 어떤 것은 삼십 배의 결실을 하였느니라 **9** 귀 있는 자는 들으라 하시니라 마 13:3-9(참고: 막 4:3-9; 눅 8:4-8)

씨 뿌리는 비유는 농부가 목에 건 주머니에 씨앗을 가득 담고, 밭에 나가 씨를 뿌리는 모습을 연상케 한다. 농부는 밭고랑을 다니며 씨를 뿌릴 것이다. 손으로 씨앗 한 움큼을 쥐고 흩어 뿌릴 때 그중 얼마는 길가에, 얼마는 제대로 경작하지 않아 돌이 있는 땅에, 또 얼마는 가시떨기 아래로 떨어질 것이다. 그러나 대부분의 씨는 잘 경작된 좋은 땅에 뿌려질 것이다. 그런데 오직 좋은 땅에 뿌려진 씨만이 풍성한 결실을 맺을 수 있다고 말씀하신 예수님은 제자들과 함께 있는 자들에게 이 비유가 의미하는 바를 친히 설명해 주셨다(참고: 막 4:13-20; 눅 8:11-15).

18 그런즉 씨 뿌리는 비유를 들으라 **19** 아무나 천국 말씀을 듣고 깨닫지 못할 때는 악한 자가 와서 그 마음에 뿌려진 것을 빼앗나니 이는 곧 길가에 뿌려진 자요 **20** 돌밭에 뿌려졌다는 것은 말씀을 듣고 즉시 기쁨으로 받되 **21** 그 속에 뿌리가 없어 잠시 견디다가 말씀으로 말미암아 환난이나 박해가 일어날 때에는 곧 넘어지는 자요 **22** 가시떨기에 뿌려졌다는 것은 말씀을 들으나 세상의 염려와 재물의 유혹에 말씀이 막혀 결실하지 못하는 자요 **23** 좋은 땅에 뿌려졌다는 것은 말씀을 듣고 깨닫는 자니 결실하여 어떤 것은 백 배, 어떤 것은 육십 배, 어떤 것은 삼십 배가 되느니라 하시더라 마 13:18-23

씨는 천국 말씀 또는 하나님의 말씀이며, 그 말씀이 뿌려졌을 때 (말씀을 들었을 때, 가르침을 받았을 때) 받을 수 있는 마음에는 네 가지 종류가 있다. 네 가지 마음은 각각 길가, 돌밭, 가시떨기가 있는 밭, 좋은 땅에 비유되는데, 이는 동일한 말씀을 받는 마음의 상이한 상태를 의미한다.

'길가'는 종교적 전통과 교리 혹은 자신의 생각과 주장으로 마음이 굳어져 있는 사람들을 나타낸다. 그들에게는 천국 말씀이 전혀 중요하지 않게 들린다. 따라서 사탄이 와서 그 말씀을 즉시로 빼앗아 버린다.

'돌밭'은 언뜻 보기에는 좋은 땅 같지만, 실제로는 그렇지 못하다. 왜냐하면 표면을 덮고 있는 약간의 토양 아래 돌이 깔려 있기 때문이다. 따라서 씨에서 싹은 트지만, 뿌리를 내리지 못해서 말라 죽는다. 하나님나라의 복음을 받아들이지만, 시험 앞에서는 자기부인과 자기 십자가를 지고 싶어 하지 않는 부류를 가리킨다. 복음으로 인한 환난과 핍박이 오면 즉시 옛날로 돌아가고자 하는 마음이다.

'가시떨기가 있는 밭'은 토양 자체가 나쁜 것은 아니지만, 가시떨기가 자라기 때문에 씨를 심어도 제대로 자라지 못하는 밭이다. 씨가 뿌려지면 싹은 트고 자라기 시작하지만 가시떨기의 그늘로 인해 제대로 성장하지 못하는 까닭에 결국은 말라 죽고 마는 것이다. 이는 세상의 염려와 재리의 유혹 그리고 다른 욕심들에 늘 묶여 있어서 말씀이 깊이 뿌리 내리지 못하는 마음을 말한다.

끝으로 '좋은 땅'은 씨가 발아하고 자라기에 적합한 최고의 땅으로서, 말씀을 듣고 깨닫는 마음을 의미한다. 씨가 잘 자라기 위해서는 좋은 지력, 적당한 수분, 산소, 온도가 필요한데, 겸손과 열정, 온전한 믿음, 적절한 감정 등 모든 것을 갖춘 마음이 여기에 속한다. 교회 내에는 많은 사람들이 있고 모두가 열심히 신앙생활을 하지만, 이 네 부류의 마음을 가진 사람들이 공존하고 있다.

씨 뿌리는 비유에서 "뿌릴새"라고 말한 것은 하나님나라가 이미 도래했지만, 그 나라는 인간에게 강요되는 나라가 아니라는 진리를 명백히 하고 있다. 물론 예수님은 모두가 그 나라 안으로 침노해 들어가기를 간절히 원하시지만, 하나님나라의 비밀을 아는 것은 결코 강제가 아니라 자발적이어야 한다. 하나님나라의 복음이 각자의 마음에 뿌려졌다 하더라도 그 나라의 비밀이 마음에 풀리는 것은 사람마다 다르다. 바로 이것이 예수님 당시의 사람들이 가졌던 구약적 하나님나라의 기대와 다른 점이다.

유대인들은 하나님나라의 도래로 인하여 일시에 세상의 모든 것이 바뀌고 죄와 불법이 사라질 것이라고 생각했다. 그러나 예수님이 선포하신 하나님나라는 세상적이고 외형적이며 가시적인 나라가 아니라 바로 우리 안에서 영적으로 이루어지는 나라다. 그래서 예수님은 이 비유를 통하여 하나님나라가 각자의 마음에 임했지만 실제적으로 이뤄지는 성취와 열매는 마음밭의 상태에 따라 다르다는 것을 강조하신 것이다. 오직 우리의 마음이 성령님에 의해서 인도함을 받을 때만 생명의 말씀이 우리의 온 마음을 사로잡게 되고, 우리가 마음에 가득한 그 말씀을 선포할 때 말씀의 열매가 (믿음의 분량에 따

라) 백 배, 육십 배, 삼십 배로 맺히게 된다.

부활 승천하신 예수님이 다시 오시는 그날, 저항불가의 강력한 하나님나라가 눈에 보이는 형태로 이 땅에 임할 것이다. 그러나 예수님의 초림 이후에 나타난 하나님나라의 모습은 그렇지 않다. 그 나라는 육적으로는 알 수 없는, 보이지 않는 영적인 모습으로 도래한다. 그래서 사람에 따라 하나님나라는 얼마든지 거부될 수 있다. 그러나 그 나라를 알고 그 안으로 침노한 자는 하나님의 뜻이 이미 하늘에서 이루어진 것처럼 이 땅에서도 그러한 삶을 누릴 수 있다.

한편, 예수님은 하나님나라가 임했고 누구에게나 기회가 주어지지만, 그 나라에는 아무나 들어올 수 없다고 하셨다. 그것을 설명하는 것이 혼인잔치의 비유다. 이 비유는 마태복음 22장과 누가복음 14장에 기록되어 있는데, 보다 상세한 마태복음의 내용을 살펴보도록 하자.

1 예수께서 다시 비유로 대답하여 이르시되 2 천국은 마치 자기 아들을 위하여 혼인 잔치를 베푼 어떤 임금과 같으니 3 그 종들을 보내어 그 청한 사람들을 혼인 잔치에 오라 하였더니 오기를 싫어하거늘 4 다시 다른 종들을 보내며 이르되 청한 사람들에게 이르기를 내가 오찬을 준비하되 나의 소와 살진 짐승을 잡고 모든 것을 갖추었으니 혼인 잔치에 오소서 하라 하였더니 5 그들이 돌아보지도 않고 한 사람은 자기 밭으로, 한 사람은 자기 사업하러 가고 6 그 남은 자들은 종들을 잡아 모욕하고 죽이니 7 임금이 노하여 군대를 보내

어 그 살인한 자들을 진멸하고 그 동네를 불사르고 8 이에 종들에게 이르되 혼인 잔치는 준비되었으나 청한 사람들은 합당하지 아니하니 9 네거리 길에 가서 사람을 만나는 대로 혼인 잔치에 청하여 오라 한대 10 종들이 길에 나가 악한 자나 선한 자나 만나는 대로 모두 데려오니 혼인 잔치에 손님들이 가득한지라 11 임금이 손님들을 보러 들어올새 거기서 예복을 입지 않은 한 사람을 보고 12 이르되 친구여 어찌하여 예복을 입지 않고 여기 들어왔느냐 하니 그가 아무 말도 못하거늘 13 임금이 사환들에게 말하되 그 손발을 묶어 바깥 어두운 데에 내던지라 거기서 슬피 울며 이를 갈게 되리라 하니라 14 청함을 받은 자는 많되 택함을 입은 자는 적으니라 마 22:1-14

이 구절을 읽을 때 천국은 마치 어떤 임금과 같다는 생각을 가질 수 있지만, 정확히 말하자면 천국은 어떤 임금이나 혼인잔치 자체에 직접 비교되는 것이 아니라 혼인잔치의 전반적인 상황에 비유될 수 있다. 또한 한글성경에는 비유라는 말이 단수로 되어 있지만 원어 성경에는 복수로 되어 있다는 점에도 주목해야 한다. 그러므로 이 비유로 대답하실 때 예수님은 두 가지를 비유하신 것이라고 볼 수 있다. 첫 번째는 임금이 유대인에게 혼인잔치를 베풀었을 때 초대에 불참한 사람들에 대한 심판의 내용이고(1-10절), 두 번째는 이방인들이 자신의 필요에 의해서 초청에 응하였으나 예복을 입지 않았을 경우 당할 처벌에 관한 내용이다(11-14절).

1-6절의 내용은 예수님이 하나님나라의 복음을 전하신 후 많은

주의 종들이 그 나라로 들어오라고 초청하였을 때, 유대인들이 어떤 태도를 취하고 어떻게 행동할지, 그리고 그 결과가 무엇인지에 대한 것이다. 실제로 예수님과 제자들이 유대인들에게 하나님나라의 복음을 전파하자, 그들은 예수님을 메시아로 인정하기는커녕 오히려 그분을 죽였고, 복음을 전하는 자들을 동일하게 핍박했다. 그 결과 유대인들의 심판에 대한 위의 말씀이 AD 70년 예루살렘의 함락을 통해서 성취되었다. 예수님의 비유 속에서 '청함을 받은 사람들'은 구약의 선지자들을 통해서, 세례 요한을 통해서, 또한 예수님 자신과 복음 전도자들을 통해서 하나님나라의 도래에 대해서 들었던 모든 사람을 의미한다.

9절에서 예수님은 유대인들의 거부로 인하여 복음이 어떻게 이방인들에게 전해질 것인가에 대해서 말씀하신다. 이 구절에 대한 누가의 기록을 함께 살펴보면, 마태와 다른 점이 발견된다. 마태는 "사람을 만나는 대로" 데리고 오라고 기록한 반면, 누가는 "가난한 자들과 몸 불편한 자들과 맹인들과 저는 자들"(눅 14:21)을 데리고 오라고 기술하고 있다.

10절에 의하면 혼인잔치에는 악한 자나 선한 자가 모두 모였고 손님들로 가득하였다. 이 말씀은 복음을 전하고 예배드리며 친교를 나누는 오늘날의 교회의 모습을 연상시킨다. "손님들이 가득하다"는 것은 정식으로 혼인잔치를 시작하기 전에 많은 사람들이 비스듬히 기대어 누워 식사를 하며 흥겹게 즐기고 있는 장면을 묘사한 것이다.

유대인들의 관습에 따르면, 혼인잔치에서는 혼주가 나누어 주는 예복을 입은 자만이 정식 결혼식에 참석할 수 있다. 그런데 본문에서 임금은 예복을 입지 않은 한 사람을 보았고, 사환들에게 명하여 그의 수족을 결박하고 바깥 어두움에 내어던지라고 명했다. 이 말씀에서 우리는 하나님나라에 대한 깊은 진리를 깨달을 수 있다. 하나님의 은혜로 누구든지 교회생활을 할 수 있고 즐거운 삶을 살 수 있지만, 영적 세계인 하나님나라로 들어가는 것은 자력으로 불가능하다. 자신이 교회생활을 한다고 해서(즉 교회에서 각종 예배를 드리고, 다양한 활동과 헌신을 한다고 해서), 자동으로 하나님나라로 들어갈 수 있다거나 이미 그 나라의 삶을 살고 있다고 생각하는 것은 참으로 크나큰 오산이 아닐 수 없다. 하나님나라로 침노해 들어가고자 할 때는 반드시 왕이신 하나님으로부터 예복의 유무에 따른 엄격한 제재를 받게 되며, 예복을 입지 않은 자는 여전히 마귀의 세력이 통치하는 이 세상에서 수족이 결박된 삶으로 내쳐질 수밖에 없다. 청함을 받은 자는 많되 택함을 입은 자는 적다(14절)는 선언의 의미가 바로 이것이다.

그렇다면 이토록 중요한 예복은 무엇을 의미할까? 그것은 예수 그리스도로 인하여 하나님을 만날 수 있는 칭의의 옷을 가리킨다. 우리가 오직 믿음으로 구원을 얻는 것이 복음의 진리이지만, 그 구원이 옛 자아의 죽음과 그리스도의 생명에 근거하지 않고 단지 자력에 의한 구원이라면 그것은 그리스도로 옷 입었다고 말할 수 없는 거짓 구원에 불과하다.

10 내가 여호와로 말미암아 크게 기뻐하며 내 영혼이 나의 하나님으로 말미암아 즐거워하리니 이는 그가 구원의 옷을 내게 입히시며 공의의 겉옷을 내게 더하심이 신랑이 사모를 쓰며 신부가 자기 보석으로 단장함 같게 하셨음이라 사 61:10

26 너희가 다 믿음으로 말미암아 그리스도 예수 안에서 하나님의 아들이 되었으니 **27** 누구든지 그리스도와 합하기 위하여 세례를 받은 자는 그리스도로 옷 입었느니라 갈 3:26-27

이러한 혼인잔치의 만남을 하나님을 뵙는 예배로 이해할 때, 예수 그리스도의 죽으심과 부활하심에 동참함으로 영과 진리로 예배드리지 않는 자는 청함을 받기는 했으나 택함을 입은 것은 아니라고 말할 수 있다.

23 아버지께 참되게 예배하는 자들은 영과 진리로 예배할 때가 오나니 곧 이 때라 아버지께서는 자기에게 이렇게 예배하는 자들을 찾으시느니라 **24** 하나님은 영이시니 예배하는 자가 영과 진리로 예배할지니라 요 4:23-24

왜 알곡과 가라지를 함께 두시는가?

24 예수께서 그들 앞에 또 비유를 들어 이르시되 천국은 좋은 씨를 제 밭에 뿌린 사람과 같으니 **25** 사람들이 잘 때에 그 원수가 와서 곡식 가운데 가라지를 덧뿌리고 갔더니 **26** 싹이 나고 결실할 때에 가라지도 보이거늘 **27** 집 주인의 종들이 와서 말하되 주여 밭에 좋은 씨를 뿌리지 아니하였나이까 그런데 가라지가 어디서 생겼나이까 **28** 주인이 이르되 원수가 이렇게 하였구나 종들이 말하되 그러면 우리가 가서 이것을 뽑기를 원하시나이까 **29** 주인이 이르되 가만 두라 가라지를 뽑다가 곡식까지 뽑을까 염려하노라 **30** 둘 다 추수 때까지 함께 자라게 두라 추수 때에 내가 추수꾼들에게 말하기를 가라지는 먼저 거두어 불사르게 단으로 묶고 곡식은 모아 내 곳간에 넣으라 하리라

마 13:24-30

이 비유는 농사에 대한 평범한 비유이지만, 하나님나라의 비밀을 알려 준다. 농사를 짓다 보면 일반적으로 싹이 날 때 가라지도 함께 난다. 가라지를 제때 뽑아 주지 않으면 싹이 토양의 양분을 제대로 흡수하지 못하고 가리지의 그늘로 인해서 정상적으로 자라기 힘들다. 그렇기 때문에 가라지를 제거하는 일은 농사에서 매우 중요하다. 그런데 비유에서 주인은 종들에게 상식을 벗어나는 지시를 내린다. 가라지를 뽑지 말고 추수 때까지 곡식과 함께 자라도록 그대로

두라는 것이다. 싹이 제대로 자라지 못하고 수확량이 감소될 텐데도 그렇게 명령하는 이유는 무엇일까? 그것은 가라지 때문에 곡식이 뽑히는 것을 원하지 않기 때문이다. 밭의 가라지를 뽑는 작업을 상상해 보라. 여기저기에서 아무렇게나 자라는 가라지를 제거하려면 토양이 파헤쳐져야 하고 아무리 조심한다 해도 서로 엉킨 줄기가 다칠 수밖에 없다.

세상에 속한 인간의 관점에서는 악한 자의 심판이 중요하지만, 하나님의 관점에서는 선한 자의 구원이 훨씬 중요하다. 우리는 이 비유를 통해서 싹 하나라도 가장 귀하게 여기시며, 마지막 때까지 한 생명이라도 더 구원하시고자 하는 하나님의 마음을 엿볼 수 있다.

12 너희 생각에는 어떠하냐 만일 어떤 사람이 양 백 마리가 있는데 그중의 하나가 길을 잃었으면 그 아흔아홉 마리를 산에 두고 가서 길 잃은 양을 찾지 않겠느냐 **13** 진실로 너희에게 이르노니 만일 찾으면 길을 잃지 아니한 아흔아홉 마리보다 이것을 더 기뻐하리라 **14** 이와 같이 이 작은 자 중의 하나라도 잃는 것은 하늘에 계신 너희 아버지의 뜻이 아니니라 마 18:12-14

4 너희 중에 어떤 사람이 양 백 마리가 있는데 그중의 하나를 잃으면 아흔아홉 마리를 들에 두고 그 잃은 것을 찾아내기까지 찾아다니지 아니하겠느냐 **5** 또 찾아낸즉 즐거워 어깨에 메고 **6** 집에 와서 그 벗과 이웃을 불러 모으고 말하되 나와 함께 즐기자 나의 잃은 양을 찾아내었노라 하리라 **7** 내가 너희에

게 이르노니 이와 같이 죄인 한 사람이 회개하면 하늘에서는 회개할 것 없는 의인 아흔아홉으로 말미암아 기뻐하는 것보다 더하리라 눅 15:4-7

하나님나라가 오면 악인이 사라지고 세상이 유토피아로 변할 것이라고 굳게 믿던 유대인들에게는 하나님나라가 이미 도래했음에도 불구하고 죄악과 불법이 즉시 심판을 받지 않고 악인도 사라지지 않는다는 예수님의 말씀이 충격으로 다가올 수밖에 없었을 것이다. 한편 가라지가 일정 기간 동안 곡식과 함께 자라도록 허용하는 주인의 조치는 단지 제거 과정에서 곡식이 뽑히지 않도록 보호하는 것만을 염두에 둔 것이 아니라 곡식을 더 튼튼하게 만들기 위한 연단의 측면도 포함하고 있다.

식물이 건강하게 잘 자라서 좋은 열매를 맺기 위해서는 어려운 환경에서 견디는 것이 필요하다. 모든 조건이 갖추어진 온실 속에서 자란 식물은 좋지 않은 환경을 만났을 때 쉽게 병이 들고 말라 죽어 버린다. 따라서 곡식의 싹이 가라지들 가운데서 자라도록 둔 데는 어려운 환경에서도 오직 주님을 의지하며 그분이 주시는 은혜로 살아가는 것을 배우게 하시는 하나님의 섭리가 숨어 있다. 제자들이 예수님께 가라지의 비유를 설명해 달라고 요청했을 때, 예수님은 다음과 같은 말씀으로 세부적인 의미를 알려 주셨다.

36 이에 예수께서 무리를 떠나사 집에 들어가시니 제자들이 나아와 이르되

밭의 가라지의 비유를 우리에게 설명하여 주소서 37 대답하여 이르시되 좋은 씨를 뿌리는 이는 **인자**요 38 밭은 **세상**이요 좋은 씨는 **천국의 아들들**이요 가라지는 **악한 자의 아들들**이요 39 가라지를 뿌린 원수는 **마귀**요 추수 때는 **세상 끝**이요 추수꾼은 **천사들**이니 40 그런즉 가라지를 거두어 불에 사르는 것 같이 세상 끝에도 그러하리라 41 인자가 그 천사들을 보내리니 그들이 그 나라에서 모든 넘어지게 하는 것과 또 불법을 행하는 자들을 거두어 내어 42 풀무 불에 던져 넣으리니 거기서 울며 이를 갈게 되리라 43 그때에 의인들은 자기 아버지 나라에서 해와 같이 빛나리라 귀 있는 자는 들으라 마 13:36-43

좋은 씨를 뿌리는 이	인자
밭	세상
좋은 씨	천국의 아들들
가라지	악한 자의 아들들
가라지를 심은 원수	마귀
추수 때	세상 끝
추수꾼	천사들

이 비유는 이 세상에 도래한 현재적 하나님나라의 삶보다는 그 나라의 끝에 대해서 강조하고 있다. 이미 도래한 하나님나라에는 의인과 악인이 공존하지만, 그러한 상태는 영원히 지속되는 것이 아니라 예수 그리스도의 재림과 함께 종결된다. 예수님이 다시 오시는

세상 끝날에는 마침내 그리고 반드시 불법을 행하는 모든 자들이 풀무 불에 던져지는 반면, 악한 자들과 원수들에게 굴하지 않고 오직 주의 뜻을 온전히 이룬 의인들은 미래적 하나님나라에서 해와 같이 빛나게 되는 것이다.

이는 이미 구약의 선지자들이 예언한 말씀이기도 하다. 예수님은 세상 끝에 있을 심판과 추수에 대한 그분의 비유를 다음과 같은 예언적 선포에 기초하여 말씀하셨을 것이다.

1 만군의 여호와가 이르노라 보라 용광로 불 같은 날이 이르리니 교만한 자와 악을 행하는 자는 다 지푸라기 같을 것이라 그 이르는 날에 그들을 살라 그 뿌리와 가지를 남기지 아니할 것이로되 2 내 이름을 경외하는 너희에게는 공의로운 해가 떠올라서 치료하는 광선을 비추리니 너희가 나가서 외양간에서 나온 송아지같이 뛰리라 말 4:1-2

베드로도 이것에 대해서 예언하고 있다.

3 먼저 이것을 알지니 말세에 조롱하는 자들이 와서 자기의 정욕을 따라 행하며 조롱하여 4 이르되 주께서 강림하신다는 약속이 어디 있느냐 조상들이 잔 후로부터 만물이 처음 창조될 때와 같이 그냥 있다 하니 벧후 3:3-4

7 이제 하늘과 땅은 그 동일한 말씀으로 불사르기 위하여 보호하신 바 되어 경

건하지 아니한 사람들의 심판과 멸망의 날까지 보존하여 두신 것이니라 벧후 3:7

9 주의 약속은 어떤 이들이 더디다고 생각하는 것같이 더딘 것이 아니라 오직 주께서는 너희를 대하여 오래 참으사 아무도 멸망하지 아니하고 다 회개하기에 이르기를 원하시느니라 벧후 3:9

이처럼 가라지의 비유가 이 세상 가운데 이미 하나님나라가 현존하더라도 완전한 그 나라가 도래할 때까지 선과 악이 공존하는 것에 대한 비유라면, 그와 유사한 그물 비유의 초점은 세상이 아닌 교회다. 완전한 하나님나라가 도래할 때까지는 세상뿐 아니라 교회 안에서도 선인과 악인이 함께 공존하지만 마지막에는 분명한 구별과 심판이 뒤따른다는 것이다. 이는 예수님을 팔아먹은 가룟 유다가 그분의 열두 제자 그룹에 속해 있던 것과 같은 이치라고 말할 수 있다.

47 또 천국은 마치 바다에 치고 각종 물고기를 모는 그물과 같으니 48 그물에 가득하매 물가로 끌어 내고 앉아서 좋은 것은 그릇에 담고 못된 것은 내버리느니라 49 세상 끝에도 이러하리라 천사들이 와서 의인 중에서 악인을 갈라 내어 50 풀무 불에 던져 넣으리니 거기서 울며 이를 갈리라 마 13:47-50

17 그러므로 사랑하는 자들아 너희가 이것을 미리 알았은즉 무법한 자들의 미혹에 이끌려 너희가 굳센 데서 떨어질까 삼가라 18 오직 우리 주 곧 구주

예수 그리스도의 은혜와 그를 아는 지식에서 자라 가라 영광이 이제와 영원한 날까지 그에게 있을지어다 벧후 3:17-18

자연법칙을 초월하는
하나님나라의 영향력

31 또 비유를 들어 이르시되 천국은 마치 사람이 자기 밭에 갖다 심은 겨자씨 한 알 같으니 32 이는 모든 씨보다 작은 것이로되 자란 후에는 풀보다 커서 나무가 되매 공중의 새들이 와서 그 가지에 깃들이느니라 마 13:31-32

여기서 예수님은 천국을 사람이 자기 밭에 심은 한 알의 겨자씨에 비유하고 있다. 이미 언급된 다른 비유들에 비추어 이 비유를 해석해 본다면 하나님나라의 보다 정확한 의미를 이해할 수 있다. 하나님나라는 어디에 임하는가? 우리 안에 임한다. 그렇다면 자기 밭이란 무엇을 의미하는가? 바로 우리 자신의 마음을 의미한다. 하나님의 영이 우리에게 임하심으로 우리 마음이 그분께 순종할 때, 우리 안에는 그분의 통치가 이루어지고 그 결과 우리는 그분의 나라가 되는 것이다. 그리고 이를 위해서 우리 마음속에 심겨지는 씨는 다른 것이 아니라 하나님의 영원한 생명의 말씀이다.

11 이 비유는 이러하니라 씨는 하나님의 말씀이요 눅 8:11

23 너희가 거듭난 것은 썩어질 씨로 된 것이 아니요 썩지 아니할 씨로 된 것이니 **살아 있고 항상 있는 하나님의 말씀**으로 되었느니라 벧전 1:23

그렇다면 왜 예수님은 하나님의 말씀을 겨자씨로 비유했을까? 그 이유는 겨자씨가 모든 씨 중에서 눈에 보이지 않을 정도로 가장 작기 때문이다. 흔히 우리는 이 비유의 내용을 작은 씨가 마침내 큰 나무로 변화되는 것처럼 하나님나라도 작고 미미한 모습으로 시작하지만 마지막에는 큰 역사가 이루어진다는 식으로 설명하곤 한다. 그러나 이것은 주의 말씀을 현실세계 안에서 우리의 인식과 경험으로 제한하여 이해하는 것에 불과하다. 만약 우리의 관점 대신 하나님나라의 사고방식(kingdom mentality: 이 땅에서 하늘나라를 보는 관점이 아니라 하늘나라에서 이 땅을 바라보는 방식)으로 본다면, 우리는 그동안 보지 못했던 놀라운 진리를 깨닫게 될 것이다. 즉, 하나님나라(영적 세계)에서 이루어진 것이 이 세상(물리 세계)에 나타날 때 단지 이 세상의 측면만을 보는 것이 아니라 두 차원을 동시에 볼 수 있게 된다는 것이다.

3 믿음으로 모든 세계가 하나님의 **말씀으로** 지어진 줄을 우리가 아나니 **보이는 것은** 나타난 것으로 말미암아 된 것이 아니니라 히 11:3

위의 말씀에 기초해서 생각해 보면, "자기 밭에 갖다 심은 겨자씨 한 알 같으니"라는 말은 하나님의 통치가 이루어진 좋은 마음밭에 생명의 말씀이 뿌려졌는데, 그 말씀은 한 알의 겨자씨처럼 눈에 보이지 않는다는 것을 비유적으로 표현하고 있다. 보이지 않는 진리의 말씀이 성령에 사로잡힌 우리 마음에 심겼다는 의미다.

그런데 눈에 보이지 않을 정도로 작은 씨가 나중에 큰 나무가 된다는 말씀에 집중해 보면 놀라운 사실을 알게 된다. 이것은 매우 비상식적인 말씀이다. 생각해 보라. 겨자는 1~2년생 풀이다. 빨리 자라기는 하지만 2~3m를 넘지 못하는 초본과의 식물이다. 풀이 더 성장해서 나무로 변할 수 있는가? 그것은 불가능하다. 그러므로 예수님의 말씀은 하나님이 개입하심으로 이 세상의 자연법칙을 초월한 전혀 새로운 무엇이 만들어짐을 나타낸다. 즉, 하나님나라가 임하게 되면 처음에는 보이지도 않고 은밀하게 시작되지만 그 과정에서 우리 인간이 생각할 수 없는 하나님의 기적적인 역사가 일어난다는 진리를 암시적으로 나타내는 것이다. 결국 겨자씨 비유의 핵심은 작은 것이 커지는 데 있는 것이 아니라, 하나님의 말씀이 실체가 되어 나타나는 데 있다(마 6:10).

겨자씨가 겨자나무가 된다는 것은 바로 하나님의 뜻이 이미 하늘에서 이루어진 것같이 이제 땅에서 이루어지는 것을 뜻한다. 즉 차원을 달리하는 역사가 일어난다는 것이다. 현실 세계의 시간적 개념으로 보면 겨자씨는 풀밖에 될 수 없지만, 하늘과 땅의 차원적인 관점에서 보면 겨자씨는 풀이 아니라 나무가 된다. 이는 생명의 말씀이 이 땅에 보이는 실체로 나타나게 됨을 의미한다.

우리 안에서 이루어진 하나님나라(하나님의 통치)를 통하여 하늘에서 이미 이루어진 그분의 뜻이 이 땅에서도 이루어질 수 있고, 또 이루어져야 한다. 그럴 때 "공중의 새들이 와서 그 가지에 깃들이느니라"는 약속이 성취된다. 즉, 말씀이 실체가 된 겨자나무를 통해서 수많은 피곤하고 지친 영혼들이 믿고 의지하고 안식할 수 있는 처소를 얻게 되는 것이다.

이러한 사실은 예수님이 공생애 사역 동안 하나님나라를 선포하고 행하신 기사와 표적을 통해서도 알 수 있다. 하나님나라라는 눈에 보이지 않은 영적 세계가 이 땅에 도래하면 처음에는 아무런 가시적인 현상이나 실체가 없지만 하나님의 통치가 온전해질 때는(자란 후에는) 주의 말씀이 이 땅에 이루어진 실체들로 나타나게 되는 것이다.

하나님나라의 영향력을 겨자나무가 되어 공중의 새들에게 안식처를 제공하는 겨자씨에 비유한 예수님의 말씀에 비추어 볼 때, 오늘날 우리가 직면하는 가장 큰 괴로움은 씨앗은 있지만 나무와 열매가 없다는 것이다. 다른 말로, 우리에게 말씀은 있지만 그 말씀에 따르는 실체가 나타나지 않고 열매가 맺히지 않고 있다는 것이 문제다. 보이는 것(겨자나무)은 나타난 것으로 된 것이 아니라 말씀(겨자씨)으로 된 것이다. 비록 말씀 자체는 눈에 보이지 않는다 해도 그것이 우리 마음에 심겨졌다면 그에 따르는 결과로서 나무와 열매가 나타나야 마땅하다. 겨자씨는 심겨 없어졌지만 그 씨로부터 나무가 나오고 열매가 맺힐 때, 바로 그 나무와 열매 안에 씨가 함께하고 있는 것이다. 다시 말해서, 말씀 그 자체는 없어지는 것 같지만, 그 말씀에 따르는 능력, 역사, 실체, 열매가 나타날 때 그 안에 결국 생명(말씀)이 함께하는 것이다.

한편, 이 비유는 마가복음 4장의 '자라나는 씨 비유'와 마태복음 13장의 '누룩 비유'와도 동일한 맥락에서 이해할 수 있다. 현실 세계에서 일어나는 모든 일들은 시간의 흐름에 따라 변화한다. 예수님은 시간의 흐름에 따라 점진적으로 변화하는 주위의 것들을 예로 들어 이 땅에 도래한 하나님나라의 차원(次元, dimension)적 역사에 대해서 비유적으로 말씀하신 것이다.

> 26 또 이르시되 하나님의 나라는 사람이 씨를 땅에 뿌림과 같으니 27 그가 밤낮 자고 깨고 하는 중에 씨가 나서 자라되 어떻게 그리 되는지를 알지 못하느니라 28 땅이 스스로 열매를 맺되 처음에는 싹이요 다음에는 이삭이요 그 다음에는 이삭에 충실한 곡식이라 29 열매가 익으면 곧 낫을 대나니 이는 추수 때가 이르렀음이라 막 4:26-29

이 비유는 식물의 생장과 발육에 관련된 여러 가지 복잡한 측면들을 무시하고, 단지 뿌려진 씨가 자라고 성숙해 간다는 사실에만 집중하고 있다. 여기서도 씨는 하나님나라의 말씀을 의미하며, 하나님나라가 우리 마음에 임했을 때 그 나라가 구체적으로 어떻게 이루어지는지는 우리가 알 수 없다는 점이 강조되고 있다. 왜냐하면 하나님나라는 우리의 노력과 애씀의 결과물이 아니라 하나님의 통치, 그분의 역사이기 때문이다.

33 또 비유로 말씀하시되 천국은 마치 여자가 가루 서 말 속에 갖다 넣어 전부 부풀게 한 누룩과 같으니라 마 13:33

누룩의 비유는 누가복음 13장 21절에도 동일하게 나온다. '누룩'(헬: 쥐메, zyme)에 대해서 좀 더 구체적으로 생각해 보자. 예수님은 누룩이라는 단어를 부정적인 의미로만 사용하신 것이 아니라, 하나님나라를 비유하실 때도 사용하셨다. 누룩은 발효하는 효소를 가진 곰팡이를 곡류에 번식시킨 것으로, 그 안에 생명을 지니고 있다. 누룩은 적은 양으로도 많은 부분을 변화시키는(영향력을 미치는) 속성이 있지만 오늘날 우리가 사용하는 '베이킹파우더'와는 다르다.

겨자씨의 비유에서 풀에 불과한 겨자의 씨가 나무가 되는 것이 비정상적인 것처럼, 누룩을 가져다가 가루 서 말 속에 넣어 빵이 되게 하는 것도 오랜 시간이 걸리는 쉽지 않은 과정을 단축한 것이다. 당시에는 지금처럼 효모만 있었던 것이 아니라 빵을 먹고 남은 것을 잘 말리고 갈아서 보관해 두었다가 후에 밀가루 반죽에 넣어서 발효시켜야 했다. 여기에는 상당한 시간이 소요된다. 그러므로 누룩의 비유에서 중심적인 메시지는 하나님나라의 일들이 하나님의 권능을 통해서 우리가 이해할 수 없는 방법으로 일어난다는 것이다.

우리가 생각할 수 없는 창조의 역사를 통하여 주의 뜻이 이루어진다. 눈에 보이지 않는 작은 것이지만 그 안에 생명이 있으며, 그 생명에 하나님의 권능이 임하여 온 세상에 영향력을 미치는 것이 바로 이 땅에 도래하는 하나님나라다.

이상의 비유들에서 발견되는 공통점은 처음과 나중의 극명한 대조다. 우리는 이러한 비유를 현실 세계의 시간을 기준으로 영향력이 점진적으로 확산되거나 확대되는 개념으로 이해하려는 경향이 있다. 그러나 진화론적인 세상 논리로는 하나님나라의 실체를 전혀 깨달을 수 없다(눅 8:10). 우리는 눈에 보이지 않는 하나님나라(영적 세계에 속한 하나님의 통치)가 이 땅에 실현되는 차원적인 개념으로 이해해야 한다. 그렇다면 예수님의 비유들은 (비록 가시적으로는 인지할 수 없지만) 하나님의 영광의 임재로서 현존하는 하나님나라에는 이미 모든 것이 존재하며, 그 실체가 하나님의 자녀들을 통해서 이 땅에 나타남으로써 엄청난 영향력을 미치게 될 것을 말해 주고 있다. 이 진리를 이해할 수 있는 열쇠가 바로 예수님이 가르쳐 주신 기도 안에 있다.

10 나라가 임하시오며 뜻이 하늘에서 이루어진 것같이 땅에서도 이루어지이다 마 6:10

이것은 영적 세계에 속한 하나님의 생명 말씀이 현실 세계인 이 땅에서 실체가 된다는 의미로 이해할 수 있는데, 여기에는 초자연적인 역사가 수반된다. 바로 이 사실을 표현하시기 위해 예수님은 평범한 상식적인 일을 들어서 비유하시되, 비상식적인 방식으로 말씀하신 것이다.

급진적 변화를 일으키는
하나님나라의 가치

> **44** 천국은 마치 밭에 감추인 보화와 같으니 사람이 이를 발견한 후 숨겨 두고 기뻐하며 돌아가서 자기의 소유를 다 팔아 그 밭을 사느니라 **45** 또 천국은 마치 좋은 진주를 구하는 장사와 같으니 **46** 극히 값진 진주 하나를 발견하매 가서 자기의 소유를 다 팔아 그 진주를 사느니라 마 13:44-46

밭에 감추인 보화와 값진 진주의 비유는 이 땅에 도래한 하나님나라의 삶을 어떻게 살아야 하는지를 가르치고 있다. 이 땅에 도래한 하나님나라를 제대로 깨닫지 못한 사람은 천국(이 땅이 아닌 하늘 어느 곳에 존재하는 사후의 거처)에 가기 위해서 여전히 율법적인 삶을 살 수밖에 없다. 이러한 신앙관을 가진 사람은 주의 말씀을 지키고 행함으로써 이 땅에서 축복과 형통을 얻고자 하거나 아니면 미래적 하나님나라의 아름다운 삶을 누리기 위해서 현재의 고난과 환난을 감수해야 한다고 생각한다. 그러나 그것은 예수님이 우리에게 알려 주신 하나님나라의 복음이 아니다. 예수님은 이 땅에 하나님나라가 이미 도래했다고 말씀하셨다. 따라서 그분이 우리에게 주시는 은혜는 미래적인 것만이 아니라 현재적인 실체이기도 하다는 사실을 명심해야 한다.

"천국은 마치 밭에 감추인 보화와 같으니"라는 말은 하나님의 생명이 자신의 영 안에 임함으로써 진리의 영이 그 마음에 나타나시는 것을 경험하는 것과 같다. 즉, 진리의 영으로 말미암아 하나님 아버지가 누구이시며 자신이 누구인지, 또 자신 안에 있는 예수 그리스도(진리의 말씀)가 믿어짐으로써 의에 이르는 것이 무엇인지를 진정으로 알게 되는 것이다. 이 놀라운 하나님나라의 비밀을 깨달은 사람은 일평생 자신이 과거의 세상적인 마음에서 발견하지 못했던 참된 보화를 발견한 것이다. 그 때문에 삶의 급진적인 변화가 불가피하다. "사람이 이를 발견한 후 숨겨 두고 기뻐하며 돌아가서 자기의 소유를 다 팔아 그 밭을 사느니라"는 말은 이토록 놀라운 비밀을 발견한 것이 너무나 기쁘고 소중하기 때문에 그것을 빼앗기지 않기 위해서 자신의 육적인 삶에 필요한 모든 소유를 기꺼이 팔아서 그 마음을 지키게 된다는 것이다.

23 모든 지킬 만한 것 중에 더욱 네 마음을 지키라 생명의 근원이 이에서 남

이니라 잠 4:23

보이지 않는 세계의 진정한 보화를 발견한 사람은 그것을 얻기 위해서 자원함으로 보이는 세계의 헛된 것을 다 포기할 수밖에 없다. 자신의 소유를 다 파는 것은 미래의 축복을 누리려는 목적으로 지금 충성하고 헌신하는 삶을 사는 것이 아니라, 현재에 더 가치 있고 새로운 하나님나라의 삶을 발견하고 누리기 위해서다. 전자가 미래를 위한 인내와 소망의 희생이라면, 후자는 기쁨으로 버리는 포기이며 더 좋은 것을 누리기 위한 투자다.

33 혹은 비방과 환난으로써 사람에게 구경거리가 되고 혹은 이런 형편에 있는 자들과 사귀는 자가 되었으니 **34** 너희가 갇힌 자를 동정하고 너희 소유를 빼앗기는 것도 기쁘게 당한 것은 더 낫고 영구한 소유가 있는 줄 앎이라 히 10:33-34

우리는 매일의 시간 속에서 '어떻게 하면 하나님의 통치가 나를 통하여 세상 가운데 더욱 나타날 수 있을까?'에 모든 관심을 기울여야 한다.

25 도리어 하나님의 백성과 함께 고난받기를 잠시 죄악의 낙을 누리는 것보다 더 좋아하고 **26** 그리스도를 위하여 받는 수모를 애굽의 모든 보화보다 더

큰 재물로 여겼으니 이는 상 주심을 바라봄이라 히 11:25-26

6 믿음이 없이는 하나님을 기쁘시게 하지 못하나니 하나님께 나아가는 자는 반드시 그가 계신 것과 또한 그가 자기를 찾는 자들에게 상 주시는 이심을 믿어야 할지니라 히 11:6

감추인 보화와 값진 진주를 사기 위해서 모든 것을 다 파는 인생의 비유를 통해서 우리는 왜 예수님이 천국은 침노를 당하고 빼앗긴다고 말씀하셨는지를 비로소 이해할 수 있게 된다.

12 세례 요한의 때부터 지금까지 천국은 침노를 당하나니 침노하는 자는 빼앗느니라 마 11:12

미래적 하나님나라를 준비하라

예수님은 현재적 하나님나라의 도래와 과정, 영향력 등에 대해서만 말씀하신 것이 아니라, 그분의 재림과 함께 시작될 미래적 하나님나라를 위해서 어떻게 준비해야 하는지에 대해서도 말씀하셨다. 마태복음 22장 1-14절의 혼인잔치 비유를 통해서 이미 살펴본 바와 같이, 현재적 하나님나라에 들어가기 위한 자격 조건은 오직 그리스도의 옷(칭의의 옷)을 입는 것이다. 그렇다면 칭의의 옷을 입은 우리가 어떻게 해야만 예수님의 재림으로 임하게 될 미래적 하나님나라에 들어갈 수 있을까? 이에 대해서 예수님은 열 처녀의 비유를 들려주신다.

> 1 그때에 천국은 마치 등을 들고 신랑을 맞으러 나간 열 처녀와 같다 하리니 2 그중의 다섯은 미련하고 다섯은 슬기 있는 자라 3 미련한 자들은 등을 가지되 기름을 가지지 아니하고 4 슬기 있는 자들은 그릇에 기름을 담아 등과 함께 가져갔더니 5 신랑이 더디 오므로 다 졸며 잘새 6 밤중에 소리가 나되 보라 신랑이로다 맞으러 나오라 하매 7 이에 그 처녀들이 다 일어나 등을 준비할새 8 미련한 자들이 슬기 있는 자들에게 이르되 우리 등불이 꺼져 가니 너희 기름을 좀 나눠 달라 하거늘 9 슬기 있는 자들이 대답하여 이르되 우리와 너희가 쓰기에 다 부족할까 하노니 차라리 파는 자들에게 가서 너희 쓸 것을 사라 하니 10 그들이 사러 간 사이에 신랑이 오므로 준비하였던 자들은 함께 혼인잔치에 들어가고 문은 닫힌지라 11 그 후에 남은 처녀들이 와서 이르되 주여 주여 우리에게 열어 주소서 12 대답하여 이르되 진실로 너희에게 이르노니 내가 너희를 알지 못하노라 하였느니라 13 그런즉 깨어 있으라 너희는 그날과 그때를 알지 못하느니라 마 25:1-13

"그때에 천국은 마치 등을 들고 신랑을 맞으러 나간 열 처녀와 같다 하리니"(1절)와 "그런즉 깨어 있으라 너희는 그날과 그때를 알지 못하느니라"(13절)의 앞부분과 끝부분을 통해서 우리는 이 비유가 언제 올지 모르는 미래적 하나님나라를 준비하기 위해서 현재적 하나님나라의 마지막을 어떻게 지내야 하는지를 가르치고 있음을 알 수 있다. 예수님은 그것을 신랑을 맞이하는 열 처녀에 비유하셨다. 신랑을 맞이하기 위해서 신부는 기다려야 한다. 그런데 여기서 중요한 것은 신부가 등에 불을 켜고 기다리다가 신랑을 맞이해야 한다는 점이다. 그러므로 이 비유의 핵심은 등과 기름이다. 등은 불을 켜기 위한 도구이고, 기름은 불을 밝히는 원천이다. 등의 가치는 빛을 비추는 것이다. 등이지만 빛을 내지 못한다면 아무런 쓸모가 없다. 한편, 기름은 등이 없으면 빛을 낼 수 없다. 따라서 등과 기름은 떼려야 뗄 수 없는 관계다. 등과 기름은 모두 중요하며, 둘 중 하나라도 없으면 불을 켜는 본래 목적을 이룰 수 없다.

그렇다면 등과 기름은 무엇을 의미할까? 빛이 생명이라는 것을 생각할 때 등은 말씀으로, 기름은 성령으로 이해할 수 있다. 등에 기름이 있을 때 빛이 나는 것처럼, 말씀에 성령님이 함께하실 때 그 말씀이 살아 있는 생명이 되는 것이다. 영원한 말씀이신 예수 그리스도는 이 땅에 오신 빛이며 생명이시다. 그리고 그분은 우리를 가리켜 세상의 빛이라고 말씀하셨다. 그 이유는 그분이 우리 안에 보혜사 성령님으로 친히 오셨기 때문이다(고후 4:6-7). 예수님이 재림하실 때는 등을 통해서 생명의 빛을 발하는 신부만이 신랑이신 그분을 맞이하여 혼인잔치에 참여할 수 있다. 다른 말로, 예수 그리스도의 생명 안에 있는 자(단지 예수 그리스도를 믿는 자가 아니라 그리스도의 영에 그 혼과 육이 통치함을 받는 자)만이 그 잔치에 동참할 수 있는 것이다.

우리는 오직 성령의 도우심으로 구원을 얻고, 신앙생활을 시작하게 된다. 그러나 우리가 신앙생활을 하면서 예수 그리스도 안에서 성령님으로 말미암아 말씀을 통하여 하나님과 교제하지 않으면, 자신의 인간적인 의로 말씀을 먹고사는 자가 되고 만다. 이는 열심히 기도하고 말씀 공부하며 봉사하지만, 마치 빛이 없는 등을 가지고 있는 것과 같다. 등을 가지되 기름을 전혀 마련하지 않았거나, 처음에는 등에 기름을 넣어 등불을 밝혔지만 기름이 떨어져서 불이 꺼져 버렸다면 그것은 신랑의 오심을 위해서 제대로 준비하지 못한 미련한 신부의 모습이다. 반면, 슬기로운 신부는 항상 등과 함께 기름을 준비하여 끝까지 생명의 빛을 발한다. 우리는 이 비유를 통해서 사도 바울이 말한 것을 기억하게 된다.

1 어리석도다 갈라디아 사람들아 예수 그리스도께서 십자가에 못 박히신 것이 너희 눈앞에 밝히 보이거늘 누가 너희를 꾀더냐 2 내가 너희에게서 다만 이것을 알려 하노니 너희가 성령을 받은 것이 율법의 행위로냐 혹은 듣고 믿음으로냐 3 너희가 이같이 어리석으냐 성령으로 시작하였다가 이제는 육체로 마치겠느냐 4 너희가 이같이 많은 괴로움을 헛되이 받았느냐 과연 헛되냐 5 너희에게 성령을 주시고 너희 가운데서 능력을 행하시는 이의 일이 율법의 행위에서냐 혹은 듣고 믿음에서냐 갈 3:1-5

하나님은 현재적 하나님나라의 마지막이 이르기 전에 온 세상 가운데 전파된 그 나라의 복음을 모든 민족이 받아들임으로써 아무도 멸망하지 않기를 원하신다. 그러나 그날과 그때는 아버지께서 결정하시는 것이다. 그때가 되면 하나님께서 미래적 하나님나라에 들어가는 자들의 자격을 친히 심사하실 것이다.

미래적 하나님나라에는 등에 기름을 넣어 불을 켜고 기다린 신부만이 들어갈 수 있다. 그러므로 말씀 가운데 성령께서 역사하심으로써 생명의 빛이 넘쳐 나야 한다. 안타깝게도 우리는 많은 경우 말씀과 성령을 분리하거나, 성령을 통하여 말씀을 보는 대신 자신의 의로 말씀을 지켜 행하는 신앙생활을 한다. 그 이유는 비록 구원을 얻기는 했으나, 그 혼과 육은 여전히 구습에 묶여 세상, 자신 그리고 마귀의 영향을 받고 있기 때문이다. 말씀의 본질이 영이고 생명임에도 불구하고, 우리는 말씀을 단지 진리(올바른 것)로만 생각한다. 그러나 진리인 그 말씀은 살아 계신 하나님의 말씀일 뿐 아니라 곧 하나님 자신이시다. 하나님께서 우리에게 말씀을 주신 이유는 단지 올바른 지식으로서 진리를 알게 하기 위함이 아니라, 바로 그 말씀을 통해 살아 계신 하나님을 만나고 교제하도록 하기 위함이다. 그리고 그 일을 행하시는 분은 성령님이시다. 그러므로 진리의 말씀을 소유하긴 했지만 그 말씀에 생명을 부어 주시는 성령님과 교제가 없다면 결국 신랑이신 예수님과도 아무런 관계가 없게 되는 것이다.

마지막이 가까울수록 참 생명이신 예수 그리스도 안에서 성령을 통하여 하나님과 교제하기보다는 자신의 의로 신앙생활을 하는 사람들이 더 늘어날 것이다. 하나님나라의 복음을 배척하는 일이 더 많이 나타날 것이다. 영이요 생명이신 말씀을 붙들고 준비하지 않는 자는 마지막 혼인잔치에 참여할 수 없지만, 말씀과 성령을 통하여 하나님의 생명과 교제하는 자는 그날과 그때를 알지 못할지라도 주님께서 허락하신 그분의 뜻을 행하며 두려움 없이 살 수 있게 된다.

34 너희는 스스로 조심하라 그렇지 않으면 방탕함과 술취함과 생활의 염려로 마음이 둔하여지고 뜻밖에 그날이 덫과 같이 너희에게 임하리라 **35** 이 날은 온 지구상에 거하는 모든 사람에게 임하리라 **36** 이러므로 너희는 장차 올 이 모든 일을 능히 피하고 인자 앞에 서도록 항상 기도하며 깨어 있으라 하시니라 눅 21:34-36

한편, 열 처녀의 비유에 뒤따르는 달란트의 비유는 지금 여기서 등불을 밝히며 미래적 하나님나라를 준비하도록 요청받은 우리의 삶이 어떠해야 하는지를 보다 구체적으로 이야기하고 있다.

14 또 어떤 사람이 타국에 갈 때 그 종들을 불러 자기 소유를 맡김과 같으니 **15** 각각 그 재능대로 한 사람에게는 금 다섯 달란트를, 한 사람에게는 두 달란트를, 한 사람에게는 한 달란트를 주고 떠났더니 **16** 다섯 달란트 받은 자는 바로 가서 그것으로 장사하여 또 다섯 달란트를 남기고 **17** 두 달란트 받은 자

도 그같이 하여 또 두 달란트를 남겼으되 18 한 달란트 받은 자는 가서 땅을 파고 그 주인의 돈을 감추어 두었더니 19 오랜 후에 그 종들의 주인이 돌아와 그들과 결산할새 20 다섯 달란트 받았던 자는 다섯 달란트를 더 가지고 와서 이르되 주인이여 내게 다섯 달란트를 주셨는데 보소서 내가 또 다섯 달란트를 남겼나이다 21 그 주인이 이르되 잘하였도다 착하고 충성된 종아 네가 적은 일에 충성하였으매 내가 많은 것을 네게 맡기리니 네 주인의 즐거움에 참여할지어다 하고 … 24 한 달란트 받았던 자는 와서 이르되 주인이여 당신은 굳은 사람이라 심지 않은 데서 거두고 헤치지 않은 데서 모으는 줄 내가 알았으므로 25 두려워하여 나가서 당신의 달란트를 땅에 감추어 두었었나이다 보소서 당신의 것을 가지셨나이다 26 그 주인이 대답하여 이르되 악하고 게으른 종아 나는 심지 않은 데서 거두고 헤치지 않은 데서 모으는 줄로 네가 알았느냐 27 그러면 네가 마땅히 내 돈을 취리하는 자들에게나 맡겼다가 내가 돌아와서 내 원금과 이자를 받게 하였을 것이니라 하고 28 그에게서 그 한 달란트를 빼앗아 열 달란트 가진 자에게 주라 29 무릇 있는 자는 받아 풍족하게 되고 없는 자는 그 있는 것까지 빼앗기리라 30 이 무익한 종을 바깥 어두운 데로 내쫓으라 거기서 슬피 울며 이를 갈리라 하니라 마 25:14-30

11 그들이 이 말씀을 듣고 있을 때에 비유를 더하여 말씀하시니 이는 자기가 예루살렘에 가까이 오셨고 그들은 하나님의 나라가 당장에 나타날 줄로 생각함이더라 12 이르시되 어떤 귀인이 왕위를 받아 가지고 오려고 먼 나라로 갈 때에 13 그 종 열을 불러 은화 열 므나를 주며 이르되 내가 돌아올 때까지 장

사하라 하니라 14 그런데 그 백성이 그를 미워하여 사자를 뒤로 보내어 이르되 우리는 이 사람이 우리의 왕 됨을 원하지 아니하나이다 하였더라 15 귀인이 왕위를 받아 가지고 돌아와서 은화를 준 종들이 각각 어떻게 장사하였는지를 알고자 하여 그들을 부르니 … 27 그리고 내가 왕 됨을 원하지 아니하던 저 원수들을 이리로 끌어다가 내 앞에서 죽이라 하였느니라 눅 19:11-27

여기서 예수님은 천국을 타국으로 여행을 떠나는 어떤 사람이 그의 종들에게 자기 소유를 맡기는 것에 비유하시고 있다. 우리는 이 비유를 통해서 예수님이 부활 승천하실 때 자신의 소유를 이 땅에 있는 하나님의 자녀들에게 맡기셨다(위임하셨다)는 사실을 알 수 있다. 예수님이 맡기신 그분의 소유란 무엇일까? 넓은 의미로는 예수님이 다시 오실 때까지 하나님의 자녀들에게 맡겨진 주의 모든 사명(일들)이 여기에 속할 것이다. 그러나 예수님이 그것을 가리켜 자신의 소유라고 명명하신 것에 주목한다면, 그것은 소명 자체라기보다는 그 소명을 이룰 수 있는 권능을 가리키는 것으로 이해하는 것이 더 합당하다고 여겨진다.

또한 직전의 비유(열 처녀의 비유)에서 언급한 기름을 우리 안에 임하신 하나님 영광의 임재와 연관 짓는다면, 각자의 재능(헬: 뒤나미스, dynamis=능력)대로 달란트를 맡긴다는 것은 주를 나타내는 권세와 능력을 맡기는 것이라고 볼 수 있다. 그렇다면 이 비유는 우리가 마귀에게 빼앗겼으나 십자가를 통해서 주님께서 되찾으셨고 부활 승천하시면서 우리에게 다시 위임해 주신 권세와 능력을 우리가 이제 이 땅에서 어떻게 사용해야 할지를 가르치고 있다.

이와 같은 관점에서 달란트의 비유를 설명할 때, 우리는 다음과 같은 몇 가지 중요한 사실을 깨닫게 된다. 첫째, 예수님이 각자의 재능대로 달란트를 주셨다는 것은 그분이 우리 믿음의 분량대로 각 사람에게 은사를 주신 것을 의미한다. 은사는 은혜로 주시는 것이지 어떤 일에 대한 삯으로 지급되는 것이 아니다. 달란트의 가치를 생각해 볼 때, 주님께서 우리에게 오직 은혜로 허락하신 은사는 정말 엄청나고 놀라운 것이 아닐 수 없다.

결국 달란트로서의 은사란 우리가 죄사함을 받고 그리스도께서 주인 되시는 삶을 살 때, 우리의 믿음만큼 우리 안에 계신 성령님이 나타나는 것을 뜻한다. 더 놀랍고 중요한 사실은, 우리가 이 땅에서 살아가는 동안 타인과 비교해서 더 뛰어나고 탁월한 삶을 사는 것이 아니라, 그분이 우리 각자에게 맡기신 만큼 잘 나타내는 삶을 사는 것이다.

둘째, 우리에게 달란트(은사)를 주신 것은 단지 그것을 잘 보관하라는 의미가 아니라, 달란트를 가지고 장사하라는 의미다. 장사의 목적은 최대한 많은 이윤을 남기는 것이다. 받은 달란트의 많고 적음에 상관없이 예수님이 각자에게 주신 은사를 사용함으로써 이 땅에서 주의 뜻을 이루는 것이 영적인 장사(사역)다. 이것은 하나님의 편에서 볼 때 이익을 남기는 것이다. 놀라운 사실은 우리가 장사를 하면 할수록 더 많은 이득이 남게 된다는 것이다.

1 예수께서 그의 열두 제자를 부르사 더러운 귀신을 쫓아내며 모든 병과 모든 약한 것을 고치는 권능을 주시니라 마 10:1

8 병든 자를 고치며 죽은 자를 살리며 나병환자를 깨끗하게 하며 귀신을 쫓아내되 너희가 거저 받았으니 거저 주라 마 10:8

셋째, 주님이 다시 오실 때는 맡기신 달란트로 장사한 것에 대한 결산을 반드시 하신다는 것이다. 예수님은 심지 않은 데서 거두시거나 경작하지 않은 작물을 모으시는 분이 아니다. 그분은 주신 것에서부터 수확하시고, 장사하는 가운데 보호하고 돌보심으로써 취한 이득을 모으신다.

한 달란트 받았던 자가 주인에게 어떻게 말했는지 생각해 보자. 당시 한 달란트는 엄청난 액수임에도 불구하고 그 종은 맡겨진 것의 가치를 제대로 알지 못했던 것 같다. 아니면, 그것으로 장사함으로써 더 많은 것을 얻을 수 있다고 생각하기보다는 너무 적기 때문에 할 수 있는 일이 아무것도 없다고 생각했는지도 모른다. 또 어쩌면 다른 사람과 비교할 때 주인이 자신에게는 적은 돈을 주었으면서도 많은 소득을 얻으려 한다고 생각했는지도 모른다.

어쨌든 한 달란트 받은 종은 나중에 그것을 잃어버렸을 때 주인이 문책할 것이 두려워 장사를 해서 이득을 남기겠다는 생각은 하지 않고 주인이 맡긴 것을 그냥 땅속에 묻어 두었다.

우리의 신앙생활을 돌아보면 이런 일들이 얼마나 많이 일어나는지 모른다.

지금 우리 안에 하나님의 영이 함께하고 각자에게 은사를 주셨음에도 불구하고, 그 성령님의 역사를 나타내기보다는 자신의 혼과 육으로 신앙생활을 하는 사람들이 얼마나 많은지 모른다. 그러나 자신을 통해서 그리스도가 나타나는 삶을 살지 않는 것은 맡겨진 달란트를 땅속에 그냥 파묻어 두는 것과 마찬가지다. 주인은 땅에 묻어 둔 한 달란트를 다시 내미는 종에게 "악하고 게으른 종아 나는 심지 않은 데서 거두고 헤치지 않은 데서 모으는 줄로 네가 알았느냐"라고 반문하면서, 만약 그렇게 생각했다면 맡긴 그것을 땅에 묻어 둘 것이 아니라 은행에 넣어서 이자라도 남겼어야 하지 않겠느냐고 질책한다.

이 말씀은 여러 가지 해석이 가능하겠지만 "너는 내가 준 권능으로 나의 뜻을 이루는 삶을 살지는 못했다 할지라도, 너 자신에게 투자해서 삶을 거룩하게 함으로 다른 사람들로 하여금 내가 누구인지를 알게 하는 삶은 살았어야 하지 않느냐"는 지적으로 볼 수도 있다. 그렇게 해서라도 이자를 남겨야 하지 않느냐고 반문하시는 것이다.

예수님은 우리의 죄를 사하셨을 뿐 아니라, 우리의 주님이 되시기 위해서 우리 영 안에 오셨다. 우리로 하여금 이 땅에 주의 뜻을 이루는 삶을 살게 하기 위해서 우리 안에 계신 성령님은 친히 자신을 나타내신다. 그것이 바로 각자에게 주어진 은사다. 주님이 나를 통해서 나타나시는 그 일을 열심히 감당한 자는 예수님이 재림하실 때 더 많은 은사를 가지고 주님과 함께 이 땅에서 왕 노릇할 것이다. 그러나 주님을 나타내는 일을 행하지 않은 자는 마지막 결산 때 그 은사를 다른 사람에게 넘겨주고, 첫 번째 부활에도 참여하지 못하게 될 것이다(28-30절).

열 처녀와 달란트의 비유를 통해서 우리는 현재적 하나님나라의 마지막 때를 사는 우리가 살아야 할 삶은 단지 구원을 받은 삶이 아니라, 주의 기름 부으심 안에서 끊임없이 그분의 영광을 드러내는 삶이라는 진리를 깨닫게 된다. 마지막 때에 성도들은 다가오는 종말을 수동적으로 기다리는 삶이 아니라, 종말이 가까울수록 더욱 열심히 주님의 영광을 드러내는 삶으로 나아가야 하는 것이다. 두 비유는 공통적으로 우리가 주님이 재림하는 시점을 알 수 없지만 그분의 임박한 재림을 위해 항상 준비하고 있어야 하며, 마지막 심판 때에는 주님과 함께하는 자와 그렇지 못한 자가 확연히 분리된다고 선언하고 있다.

우리는 언젠가 하나님이 부르실 때 육신의 장막을 벗게 된다. 이 땅에서 우리는 얼마만큼 살았는지의 햇수로 연수를 따진다. 그러나 하나님이 우리를 판단하시는 연수는 우리 육신의 연수가 아니라, 우리를 통해서 주께서 얼마나 이 땅에 나타나셨는가를 기준으로 하지 않을까? 왜냐하면 구원받은 후부터 우리 삶은 우리의 것이 아니라 그리스도의 것이기 때문이다. 비록 이 땅에서 90년을 살았다 할지라도, 30세에 구원을 얻어 59년 동안 자기 의로 살다가 89세에 비로소 주의 통치가 무엇인지를 체험하게 되었다면, 그 사람의 연수는 불과 1년밖에 안 되는 것이다.

지금까지 언급한 하나님나라의 비유들을 살펴보면, 어떤 비유들은 하나님나라의 도래에 강조점을 두고, 어떤 비유들은 하나님나라의 속성과 영향력에 초점을 두며, 또 다른 비유들은 현재적 하나님나라의 마지막에 대해서 다루고 있다. 예수님이 말씀하신 하나님나라는 눈에 보이지 않고 여기나 저기에 있다고 말할 수 있는 공간적 개념이 아니라, 하나님 영광의 임재 가운데 도래하는 영적 세계다. 따라서 하나님나라는 이미 현존하고 있지만 예수 그리스도를 통한 성령님의 계시가 임하기 전까지는 누구도 깨달을 수 없는 비밀이 된다. 지금까지 설명된 비유적 하나님나라를 정리하면 다음과 같이 요약할 수 있다.

첫째, 하나님나라는 이미 도래했고 온 세상 가운데 역사하시지만, 하나님은 그 나라를 강압적으로 우리에게 주시지 않는다. 하나님나라를 알고 그 안으로 침노하는 것은 우리 각자에게 달려 있다.

둘째, 하나님나라는 우리에게 임했고 하나님의 자녀들을 통해서 그 영향력이 세상 속에서 점점 더 확장되고 있지만, 그 실체가 당장 가시적인 어떤 것으로 나타나지는 않는다. 즉, 죄인이 즉각적으로 심판을 받고, 죄악이 사라지며, 마귀의 멸망이 오는 것은 아니다. 실제적이고 가시적인 일들은 미래적 하나님나라에서 궁극적으로 나타날 것이다.

셋째, 예수님은 항상 현재적 하나님나라와 미래적 하나님나라를 동시에 바라보며 말씀하셨기 때문에 각각의 말씀이 어디에 적용되는지를 분별해야 한다.

넷째, 예수님은 하나님나라의 비밀을 일상의 상황과 사건을 들어 비유적으로 말씀하시지만, 그 속에는 하나님나라의 결정적인 진리를 표현해 주는 비상식적인 강조점이 있다. 왜냐하면 초자연적인 세계의 일들이 이 땅에 실체로 나타나는 것은 기적에 속하는 것이며, 그것은 현실 세계의 상황과 논리로 설명될 수 없기 때문이다. 그러므로 성령의 계시가 임하기 전까지는 누구도 하나님나라의 진리를 온전히 깨달을 수 없다.

다섯째, 세상적으로 볼 때 이 세상에는 악이 더 관영하고 더 부정적인 일들이 일어나지만, 영적으로 볼 때는 하나님의 자녀들을 통해서 하나님나라의 선한 영향력이 점점 더 확산될 것이다.

여섯째, 예수님의 재림 전에는 이 세상에 가시적인 종말의 현상들이 나타나지만, 동시에 하나님의 자녀들을 통해서 하나님나라의 복음이 온 세상에 전파되어 모든 민족에게 증거될 것이다.

일곱째, 우리가 하나님나라에 들어가 그의 의를 구할 때, 하늘에서 이미 이루어진 주의 뜻이 이 땅에서 이루어지며 이를 통해서 우리는 하나님나라의 영향력을 세상 가운데 확장시켜 나갈 수 있다. 우리는 하나님나라의 생명과 능력으로 믿지 않는 자들을 죄와 마귀로부터 돌이켜 하나님의 자녀가 되게 해야 한다.

이와 같은 비유적 설명들과 지금까지의 논의에서 얻은 하나님나라에 대한 통찰들을 종합해 보면, 이 땅에 도래한 하나님나라는 초자연계에 속한 하나님의 통치가 이 땅에 임함으로써 하늘(영적 세계)에서 이미 이루어진 것이 이 땅에서도 동일하게 이루어지는 것을 의미한다. 하늘에서 이미 이루어진 것이 이 땅에서 나타날 때 그 시작은 가시적이지도 않고 세상의 관점에서 보면 매우 하찮게 여겨질 수도 있다. 그러나 우리 안에 찾아오신 하나님의 영으로 말미암아 나타나는 그 나라는 하나님의 초자연적인 역사를 통해서 점점 더 강력하게 실체를 드러내게 될 것이다. 현재적 하나님나라의 기간 동안에는 치열한 영적 전쟁 가운데 선과 악이 공존한다. 세상 가운데는 죄악이 점점 더 관영할 것이다. 그러나 세상의 끝에는 하나님나라의 생명과 능력이 더 큰 영향을 미치게 될 것이다. 동시에 악의 영향력도 최고조에 이르게 되지만, 바로 그때 예수 그리스도께서 영광의 왕으로서 다시 오시며 마침내 악에 대한 하나님의 심판이 임하게 될 것이다. 이것이 바로 '이미 그러나 아직'(already but not yet)의 변증법으로 표현되는 현재적 하나님나라의 마지막 때의 속성이다.

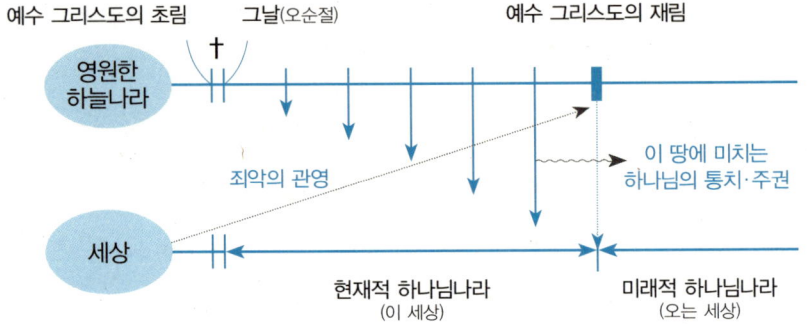

〈현재적 하나님나라의 마지막 때의 영적 전쟁 양상〉

Four

part 4

이 땅에서 하나님나라가 나타나게 하라

이 주제와 관련된 손기철 장로의 집회 영상 보기
(QR코드 스캔 어플 설치 후 위의 QR코드를 찍어 보세요!)

하나님나라는 단순히 하늘에 있는 나라(천국)만이 아니라, 이미 이 땅에서 경험될 수 있고 경험되어야 하는 실체다. 하나님의 완전한 자기 계시인 예수님이 이 땅에 오신 이유는 하늘에 있는 하나님나라를 이 땅에 도래케 하기 위해서였다.

그렇다면 왜 예수님은 하나님나라에 그토록 관심을 가지실까? 우리가 정말 예수 그리스도를 믿는다면 우리도 그분과 같은 관심을 가져야 할 것이다. 물론 우리는 영원한 새 하늘과 새 땅에 들어가기 전까지 머물게 될 천국에 대해서 소망을 가져야 한다. 하지만 동시에 이생의 삶 동안 우리가 누려야 할 이 땅에서의 하나님나라에 대해서도 동일한 관심을 가져야 한다.

공생애 사역 기간 동안 예수님은 각 촌과 동네, 갈릴리와 사마리아 지방과 예루살렘을 두루 다니시면서 선포와 가르침과 치유를 통해 이 땅에 도래한 하나님나라에 대해서 증거하셨다. 하나님나라에 대한 가르침은 부활 후 그분이 이 땅에서 제자들과 함께 머무시던 40일 동안에도 계속되었다. 주님은 자신이 행하신 하나님나라의 사역을 제자들도 행하라고 말씀하셨다. 성령행전으로도 불리는 사도행전의 기록을 보면 사도들은 하나님나라와 예수 그리스도에 대해 가르치며 그 나라의 능력과 생명을 나타내었다. 예수님의 제자들에게도 그들의 모든 삶과 사역의 토대가 이 땅에 도래한 하나님나라였음을 알 수 있다.

31 하나님의 나라를 전파하며 주 예수 그리스도에 관한 모든 것을 담대하게 거침없이 가르치더라 행 28:31

그렇다면 오늘날 우리는 어떻게 살아야 하는가? 우리는 무엇을 최우선으로 추구해야 하는가? 사도행전의 역사가 오늘날에도 계속 이어지기 원한다면, 우리도 예수님이 말씀하신 하나님나라를 선포하고 그 나라의 삶을 이 땅에서 나타내야 하지 않을까? 지금 영원하신 그분이 우리 안에 계시다면 우리는 그분이 나타나는 삶을 살아야 한다.

CHAPTER

1 우리는 하나님나라를 어떻게 이해해야 하는가?

하나님나라에 대한

신앙적 관점들

과거로부터 지금까지 제시되어 온 하나님나라에 대한 몇 가지 개념들과 그에 따른 신앙관들을 정리해 보자.

1. 이 땅에서 열심히 교회생활을 한 후 저세상에서 누리게 될 천당만을 생각하는 신앙관.

이는 우리나라 개혁 복음주의 교단의 전통적인 신앙관으로서, 주로 영혼 구원과 교회생활에 초점을 두고 있다. 이런 교리의 대부분은 다비(J. N. Darby)의 세대주의적 가르침이며, 스코필드 성경(Scofield Bible)을 통해서 잘 알려져 있다. 마지막 때 이 세상에 악이 관영하는 것은 하나님이 허락하신 것이므로, 예수 그리스도의 재림과 휴거 전에 가능한 한 많은 사람들이 구원받도록 하는 것이 우리의 임무라고 여긴다. 따라서 현재의 삶보다는 영생에 대한 소망을 강조하고, 현세에서는 인내와 연단을 중요시하며, 약속의 은혜를 누리는 것은 지금이 아니라 우리가 더 성숙해지고 거룩해질 때 가능한 것으로 생각하는 경향이 있다. 그 결과 성경의 하나님나라는 동양적인 천당의 개념으로 해석되어 이 땅이 아닌 하늘의 어떤 곳, 그리고 현세가 아닌 죽고 난 다음에 가는 곳으로 이해되었다. 우리나라 신앙의 한 흐름은 현재의 삶에서 하나님나라를 아예 배제시키고 있다. 요한복음 18장 36절의 말씀을 잘못 해석해서 하나님나라는 천국에 있으며, 죽고 난 다음에 가는 곳이라고 생각하는 것이다.

36 예수께서 대답하시되 내 나라는 이 세상에 속한 것이 아니니라 만일 내 나라가 이 세상에 속한 것이었더라면 내 종들이 싸워 나로 유대인들에게 넘겨지지 않게 하였으리라 이제 내 나라는 여기에 속한 것이 아니니라 요 18:36

2. 하나님나라를 현세적인 마음 가운데서만 인정하고자 하는 신앙관.
성령님에 의해 인도함을 받는 것을 부인하고, 성경의 말씀을 철저히 지키고 순종함으로써 예수 그리스도를 닮아 가며 의로운 자의 삶을 살고자 하는 경건주의적인 신앙의 흐름이 여기에 속한다. 이러한 신앙관에서는 고통과 환난에 대한 내 마음의 태도를 바꿈으로써 천국의 기쁨을 현세적으로 누릴 수 있지만, 실제적인 해방과 자유는 오직 내세에서만 주어진다고 생각한다. 우리 삶에 질병과 고난과 환난이 찾아오지만, 내 마음이 그러한 어려움에 흔들리지 않고 평안과 기쁨이 있다면 그것이 바로 천국의 삶이라는 믿음이다.

3. 하늘에 있는 하나님나라의 삶을 살기 위해서는 현재의 삶에서 벗어나야 한다고 주장하는 신앙관.

이것은 중세의 수도원 신앙과 비슷한 면이 있다. 내세의 천국도 바라지만 현세에서 천국의 삶을 살기 위해서는 이 땅의 삶에 묶이지 말아야 한다는 것이다. 그 때문에 매일의 실제적인 삶보다는 세상으로부터 벗어나서 기도하며 영혼의 만족과 영적인 일을 추구하는 것이 중요하다고 생각한다. 즉 육체적인 일은 저급하고 하찮은 것으로 여기고 대신 영적인 기도로 천국에 들어가 천국의 삶을 영위하는 것을 귀하게 여긴다. 현대판 영지주의나 신비주의와 비교될 수 있는 이러한 신앙관으로부터 갖가지 위험천만한 종말론들이 나오기도 한다.

4. 이 땅에 도래한 하나님나라에서 축복과 형통을 누리고자 하는 신앙관.

오순절 운동에 속하는 순복음주의적 신앙관이 이 유형에 속한다고 볼 수 있다. 예수 그리스도께서 약속하신 보혜사 성령님이 우리 안에 오심으로 인하여 천국에서나 맛볼 수 있는 것으로 여겨졌던 것들을 이 땅에서 은혜로 맛볼 수 있다는 것이다. 이것을 통해서 현세적 하나님나라를 경험할 뿐만 아니라 내세적 천국에도 들어갈 수 있다는 소망을 가진다. 성령님을 인정하고 성령님의 인도하심을 받고자 한다는 점에서는 하나님나라의 복음에 가장 가까운 신앙관이지만, 성령의 역사에서 특히 성령의 권능으로 은사를 행하고, 형통과 축복과 질병 치유 등을 누리는 것을 강조한다. 이는 순복음 신앙이 태동할 당시 우리나라의 시대적 상황과 필요를 고려하면 충분히 납득할 수 있는 것이지만, 성령님의 인도하심을 통해 이 땅에서 하나님나라를 이루기보다는 인간의 풍성한 삶에 더 많은 관심을 두고 있는 것처럼 보이는 것이 문제다.

5. 이 땅에 도래한 하나님나라에서 주의 뜻을 이루고자 하는 신앙관

이처럼 하나님나라의 실현을 중심에 두는 신앙은 20세기 말에서부터 21세기로 접어들면서 급격하게 부각되고 있다. 전통적인 신앙관을 가진 자들이 성령님의 임재와 인도하심이 무엇인지를 경험하고, 십자가의 구원과 부활을 통해서 새로운 피조물이 되었음을 알게 됨으로써 하나님나라를 이루는 사명에 헌신하고 있는 것이다. 마지막 시대는 환난과 갈등의 시대이며, 재림의 날이 가까이 올수록 더욱 죄악이 관영할 것이다. 그러나 이 시대는 믿는 자에게 패배와 절망의 시대가 아니라 모든 장애를 무릅쓰고 땅끝까지 하나님나라의 복음을 전하며 전 세계적인 대추수를 기대하는 은혜의 시대다(마 24:14).

이 신앙관은 현재적 하나님나라의 삶을 통해서 미래적 하나님나라로 길을 열어 간다. 현재적 하나님나라를 단지 마음의 상태나 비가시적인 영적인 무엇으로만 이해하지 않고, 실제적으로 이 땅에 도래한 그 나라를 세상 속에 나타내고자 하는 것이다. 이러한 신앙관을 가진 교회는 세상을 하나님나라로 만드는 데 최선을 다할 것이며, 복음의 전파를 통해 예수 그리스도의 재림을 촉진시키고, 승리하는 교회로서 다시 오시는 영광의 왕을 맞이할 것이다. 이처럼 성령의 권능을 통하여 단지 자신의 삶이 축복받고 형통하고 내가 하나님을 위해서 더 많은 일들을 행하고자 하는 것이 아니라, 영원 전부터 존재하는 하나님나라를 이 땅에 도래하게 함으로써 주의 뜻을 이 땅에서 이루고자 하는 자들을 우리는 '킹덤 빌더'(kingdom builder)라고 명명할 수 있다.

킹덤 빌더는 하나님의 말씀을 대하는 태도에서도 앞서 언급한 다른 신앙관을 가진 성도들과 본질적인 차이를 보인다. 거룩해지기 위해서, 축복과 형통을 얻기 위해서, 또는 나중에 천국 가서 잘 살기 위해서, 지금 이 땅에서 주의 말씀을 지키고 자신을 포기하는 삶을 사는 것이 아니다. 예수 그리스도 안에서 자신의 진정한 정체성을 발견했고, 이 세상의 무엇과도 바꿀 수 없는 가장 가치 있고 놀라운 삶을(죽고 난 다음에 가는 천국이 아니라 이 땅에 도래한 하나님나라 안에서) 발견했기 때문에 자신을 내어 드리고 말씀의 실체를 이 땅에 나타내고자 한다.

왜
현재적 하나님나라를
누리지 못하는가?

그리스도인들이 이미 도래한 현재적 하나님나라에 대해 의식하지 못하는 이유는, 첫째, 하나님나라를 단지 미래적 천국으로만 잘못 생각하고 있기 때문이다. 그러나 하나님나라는 믿는 자가 죽고 난 다음에 가는 천상의 특별한 장소가 아니라, 영원하신 하나님이 계신 곳이며 우리가 예수 그리스도 안에 있을 때 이루어지는 하나님의 통치다.

둘째, 예수의 참 생명에 기초한 신앙생활을 하지 않기 때문이다. 우리는 이 땅에서 예수님을 대표하며 그분의 뜻을 이루는 존재다. 현재적 믿음을 통하여 하늘에 계신 예수님의 생명이 우리 안에서 그의 뜻을 나타내도록 하는 존재라는 것이다. 무엇을 하든 어디를 가든 우리는 그분의 임재 가운데서 살아야 한다.

그런데 많은 그리스도인들이 신앙생활을 2천 년 전에 오신 예수님을 닮아 가는(하늘에 계신 예수님을 바라본다고 하지만) 데 초점을 맞추고 있다는 것이 문제다. 또 나 자신이 신앙생활을 하는 주체인 것이 문제다. 자아를 십자가 못 박았다면 그분 없이 우리는 아무것도 할 수 없는 존재임에도 불구하고, 오늘날 그리스도인들과 교회는 그분 없이도 할 수 있는 일이 너무나 많다. 우리 삶의 기초를 육신에 두고 있다면, 그 육신이 사라지지 않는 한 우리는 땅에 속하여 땅의 법에 저촉받는 세상 나라의 사람으로 살아갈 수밖에 없다.

셋째, 하나님의 권능과 은혜를 맛보지 못했기 때문이다. 하나님의 통치권이 회복됨으로써 결국은 하늘의 나라와 땅의 나라가 예수 그리스도 안에서 하나가 되어야 한다. 그것이 하나님의 선하시고 기뻐하시고 온전하신 뜻의 실현이다. 그러므로 하늘에서뿐 아니라 이 땅에서도 하나님의 통치영역이 회복되는 것이 현재적 하나님나라다. 그러나 그 실체를 맛보지 못한 자들은 보이는 세상의 것이 전부라고 생각하고 그것에 집착하게 된다.

> **10** 하늘에 있는 것이나 땅에 있는 것이 다 그리스도 안에서 통일되게 하려 하심이라 엡 1:10

> **20** 그의 십자가의 피로 화평을 이루사 만물 곧 땅에 있는 것들이나 하늘에 있는 것들이 그로 말미암아 자기와 화목하게 되기를 기뻐하심이라 골 1:20

위대한 선지자
세례 요한의 한계

세례 요한은 예수님이 하나님나라의 복음을 전하기 위해서 오셨다는 사실을 알고 있었다. 그는 광야에서 외치는 자로서 주의 길을 예비하며 열정적으로 하나님나라를 외치는 삶을 살았다.

> 2 회개하라 천국이 가까이 왔느니라 하였으니 마 3:2

> 19 유대인들이 예루살렘에서 제사장들과 레위인들을 요한에게 보내어 네가 누구냐 물을 때에 요한의 증언이 이러하니라 20 요한이 드러내어 말하고 숨기지 아니하니 드러내어 하는 말이 나는 그리스도가 아니라 한대 21 또 묻되 그러면 누구냐 네가 엘리야냐 이르되 나는 아니라 또 묻되 네가 그 선지자냐 대답하되 아니라 22 또 말하되 누구냐 우리를 보낸 이들에게 대답하게 하라 너는 네게 대하여 무엇이라 하느냐 23 이르되 나는 선지자 이사야의 말과 같이 주의 길을 곧게 하라고 광야에서 외치는 자의 소리로라 하니라 요 1:19-23

아울러 그는 예수님이 구약의 수많은 선지자들이 예언하던 바로 그 메시아이며, 불과 성령으로 세례를 주실 분이라는 사실도 알았다.

> 29 이튿날 요한이 예수께서 자기에게 나아오심을 보고 이르되 보라 세상 죄

를 지고 가는 하나님의 어린 양이로다 요 1:29

11 나는 너희로 회개하게 하기 위하여 물로 세례를 베풀거니와 내 뒤에 오시는 이는 나보다 능력이 많으시니 나는 그의 신을 들기도 감당하지 못하겠노라 그는 성령과 불로 너희에게 세례를 베푸실 것이요 마 3:11

그는 당시 종교와 정치 지도자들의 잘못들을 담대히 지적하고 꾸짖었다.

7 요한이 많은 바리새인과 사두개인들이 세례 베푸는 데로 오는 것을 보고 이르되 독사의 자식들아 누가 너희를 가르쳐 임박한 진노를 피하라 하더냐 **8** 그러므로 회개에 합당한 열매를 맺고 **9** 속으로 아브라함이 우리 조상이라고 생각하지 말라 내가 너희에게 이르노니 하나님이 능히 이 돌들로도 아브라함의 자손이 되게 하시리라 **10** 이미 도끼가 나무 뿌리에 놓였으니 좋은 열매를 맺지 아니하는 나무마다 찍혀 불에 던져지리라 마 3:7-10

1 그때에 분봉왕 헤롯이 예수의 소문을 듣고 **2** 그 신하들에게 이르되 이는 세례 요한이라 그가 죽은 자 가운데서 살아났으니 그러므로 이런 능력이 그 속에서 역사하는도다 하더라 **3** 전에 헤롯이 그 동생 빌립의 아내 헤로디아의 일로 요한을 잡아 결박하여 옥에 가두었으니 **4** 이는 요한이 헤롯에게 말하되 당신이 그 여자를 차지한 것이 옳지 않다 하였음이라 마 14:1-4

세례 요한은 하나님이 주신 계시로 인하여 광야에서 외치는 자로서 어둠의 세력에 대항했으며 주의 길을 예비하였다. 그는 그 당시 누구도 할 수 없었던 위대한 일을 행했다. 회개하는 자들에게 세례를 베풀었으며, 공생애 사역 직전 그에게 나아오신 예수께도 하나님의 뜻에 따라 세례를 베풀었다. 그러나 그 모든 사역에도 불구하고 세례 요한은 사회를 변혁시키지 못했고, 자신의 시대가 곧 끝난다는 것도 알았다.

3 그는 선지자 이사야를 통하여 말씀하신 자라 일렀으되 광야에 외치는 자의 소리가 있어 이르되 너희는 주의 길을 준비하라 그가 오실 길을 곧게 하라 하였느니라 마 3:3

29 신부를 취하는 자는 신랑이나 서서 신랑의 음성을 듣는 친구가 크게 기뻐하나니 나는 이러한 기쁨으로 충만하였노라 30 그는 흥하여야 하겠고 나는 쇠하여야 하리라 하니라 요 3:29-30

세례 요한과
하나님 자녀의 차이

세례 요한은 구약에 있어 가장 위대한 선지자였지만, 우리가 본받아야 할 대상은 아니다. 왜냐하면 세례 요한과 우리는 근본적으로 태생 자체가 다르고, 사는 목적과 방법도 전혀 다르기 때문이다. 세례 요한과 우리의 차이를 살펴보자.

1. 세례 요한은 켜서 비추는 등불이었지만 우리는 세상의 빛이다.

예수님이 자신에 대해서 어떻게 말씀하시는가?

12 예수께서 또 말씀하여 이르시되 **나는 세상의 빛이니** 나를 따르는 자는 어둠에 다니지 아니하고 생명의 빛을 얻으리라 요 8:12

예수님이 세례 요한에 대해서 말씀하시는 것을 들어 보라.

35 요한은 **켜서 비추이는 등불이라** 너희가 한때 그 빛에 즐거이 있기를 원하였거니와 요 5:35

한편 사도 요한은 예수님에 대해서 이렇게 말한다.

4 그 안에 생명이 있었으니 이 생명은 사람들의 빛이라 5 빛이 어둠에 비치되

어둠이 깨닫지 못하더라 요 1:4-5

이제 사도 요한이 세례 요한에 대해서 어떻게 말하는지 보라.

6 하나님께로부터 보내심을 받은 사람이 있으니 그의 이름은 요한이라 **7** 그가 증거하러 왔으니 곧 빛에 대하여 증언하고 모든 사람이 자기로 말미암아 믿게 하려 함이라 요 1:6-7

결국 예수님과 세례 요한은 마치 해와 달 같다. 달은 해의 빛을 받아 반사시킬 수는 있지만 결코 자신이 빛이 될 수는 없다. 마찬가지로 요한은 단지 켜서 비추는 등불이며 빛에 대하여 증거하는 사람일 뿐 참 빛은 아니었다.

그런데 이제 예수님이 우리에 대해 어떻게 말씀하시는지 보라.

14 너희는 세상의 빛이라 산 위에 있는 동네가 숨겨지지 못할 것이요 마 5:14

참으로 놀랍지 않은가? 예수님은 그분의 길을 예비하러 온 세례 요한에 대해서 '그는 켜서 비취는 등불일 뿐 참 빛이 아니다'라고 말씀하셨지만, 우리에게는 '너희가 세상의 빛이다'라고 말씀하신다. 이것은 산상 설교를 듣고 있는 평범한 사람들에게 하신 말씀이다. 또 서신서에서 사도 바울은 우리에 대해서 어떻게 말하고 있는가?

과거에는 너희가 어둠이었지만, 예수 그리스도 안에서는 빛이기 때문에 빛의 자녀들처럼 행하라고 말한다.

5 너희는 다 빛의 아들이요 낮의 아들이라 우리가 밤이나 어둠에 속하지 아니하나니 살전 5:5

8 너희가 전에는 어둠이더니 이제는 주 안에서 빛이라 빛의 자녀들처럼 행하라 **9** 빛의 열매는 모든 착함과 의로움과 진실함에 있느니라 **10** 주를 기쁘시게 할 것이 무엇인가 시험하여 보라 엡 5:8-10

2. 세례 요한은 진리를 외쳤지만, 진리에 따르는 아무런 표적도 행하지 못했다.

오늘날 우리 기독교를 보면 마치 세례 요한의 상황과 같다. 무엇이 문제이고 어디서부터 문제가 발생했는지는 알지만, 단지 외치기만 할 뿐 그것을 변화시킬 수 없다는 것에 대한 깊은 무력감과 좌절감에 짓눌려 있다.

40 다시 요단 강 저편 요한이 처음으로 세례 베풀던 곳에 가사 거기 거하시니 **41** 많은 사람이 왔다가 말하되 요한은 아무 표적도 행하지 아니하였으나 요한이 이 사람을 가리켜 말한 것은 다 참이라 하더라 **42** 그리하여 거기서 많은 사람이 예수를 믿으니라 요 10:40-42

교회가 세상과 사탄으로부터 공격을 받을 때면 세례 요한처럼 '정말로 예수님이 오신 메시아일까?' 의심하기도 한다. 오늘날에도 여전히 예수 그리스도께서 친히 행하시는 놀라운 일들이 일어남에도 불구하고 기독교는 전통과 교리라는 감옥에 갇힌 채 '정말로 예수를 믿는다는 것이 이런 것일까?' 의심함으로 실족하여 주저앉아 있다.

2 요한이 옥에서 그리스도께서 하신 일을 듣고 제자들을 보내어 3 예수께 여짜오되 오실 그이가 당신이오니이까 우리가 다른 이를 기다리오리이까 4 예수께서 대답하여 이르시되 너희가 가서 듣고 보는 것을 요한에게 알리되 5 맹인이 보며 못 걷는 사람이 걸으며 나병환자가 깨끗함을 받으며 못 듣는 자가 들으며 죽은 자가 살아나며 가난한 자에게 복음이 전파된다 하라 6 누구든지 나로 말미암아 실족하지 아니하는 자는 복이 있도다 하시니라 마 11:2-6

왜 세례 요한은 참 진리(하나님나라)를 말하면서도(알고 선포하면서도), 그 진리에 따르는 표적을 행할 수 없었을까? 그 이유는 그가 하나님나라에 들어가라고 외치기는 했지만, 자신은 그 나라로 들어간 적이 없기 때문이다. 아니 들어갈 수 없었기 때문이다. 그의 소명은 주의 길에 동참하는 것이 아니라, 그 길을 예비하는 것이 전부였기 때문이다. 다시 한 번 생각해 보라. 하나님나라는 말에 있지 않고 능력에 있다. 이것은 하나님나라가 임했을 때만 주께서 함께 역사하사 말씀에 따르는 실체가 나타나게 된다는 뜻이다(막 16:20). 세례 요한은 분명히 진리의 말씀을 선포했다. 그의 선포는 참된 진리였지만, 정치적 · 사회적 · 종교적으로 이 세상에 아무런 변화도 가져오지 못했다.

예수님은 세례 요한과 우리를 비교하시면서 그 본질적인 차이를 알려 주는 엄청난 충격과 비전의 말씀을 제시하신다. 세례 요한은 하나님나라 도래 이전에 살던 가장 위대한 선지자였지만, 단지 여자가 낳은 자로서 삶을 살았을 뿐 위로부터 새롭게 난 적이 없었기에 천국에서는 극히 작은 자로 불릴 수밖에 없는 것이다.

> **11** 내가 진실로 너희에게 말하노니 여자가 낳은 자 중에 세례 요한보다 큰 이가 일어남이 없도다 그러나 천국에서는 극히 작은 자라도 그보다 크니라 마 11:11

하나님나라의
삶을 살라

다시 한 번 오늘날 기독교의 현실에 대해 생각해 보자. 세례 요한처럼 예수님에 대해서 정확하게 가르치면 그것으로 족한 것인가? 하나님나라에 대해서 올바로 가르치면 그것으로 충분한 것인가? 예수님이 우리에게서 기대하시는 삶은 세례 요한의 삶인가 아니면 제자들의 삶인가? 주의 말씀은 따르는 표적으로 증거되어야 한다(막 16:20). 그런데 우리는 세례 요한이 그랬던 것처럼 너무나 오랫동안 단지 진리의 바른 말씀만을 외치지 않았던가?

기독교 신앙의 본질은 예수 그리스도의 대속과 그분의 생명이다. 당신의 모든 삶은 하나님의 의와 예수의 생명에 연결되어 있는가, 아니면 당신 자신의 의에 기초한 종교활동으로 스스로를 위로하고 있는가? 당신은 교회를 섬기고 있는가, 아니면 교회의 주인이신 예수님을 섬기고 있는가? 당신의 모든 행위는 예수님의 생명에 의해서 인도함을 받고 있는가 아니면 인간의 관습과 전통에 의해서 결정되고 추진되는가?

이 시대의 모든 교회와 그리스도인들은 예수의 생명에 기초한 하나님나라의 삶을 살아야 함에도 불구하고 세례 요한처럼 신앙생활을 하고 있지는 않은가 자문해 보아야 한다. 세상의 빛임에도 불구하고 단지 등불처럼, 주께서 우리와 함께하사 능력으로 증거하시는 말씀의 증인이어야 함에도 불구하고 오직 올바른 말씀의 배달부처럼, 하나님으로부터 태어난 자임에도 불구하고 단지 아담의 후손처럼, 하나님나라의 친백성임에도 불구하고 하나님나라에 들어가 본 적도 없는 사람처럼 살고 있지는 않은가? 우리는 주의 길을 예비하는 자들이 아니라 주의 명령을 행하는 자들이다. 우리는 세상을 변화시키는 존재이며, 예수 그리스도의 초림이 아닌 재림을 준비하는 자들이다.

예수님은 단지 우리의 죄를 사하신 것이 아니라, 우리로 하여금 새로운 피조물이 될 수 있도록 새생명의 길을 열어 놓으셨다. 우리는 이제 더 이상 아담의 계보에 속한 세례 요한과 같은 존재가 아니다. 예수님은 하나님의 생명으로 태어난 새로운 족보의 인류를 시작하셨고, 우리는 그 족보에 들어가게 되었다. 우리는 '킹덤'(kingdom, 하나님나라)의 '로열 패밀리'(royal family)가 된 것이다. 우리는 더 이상 기적을 바라는 사람이 되어서는 안 된다. 우리가 바로 기적을 일으키는 사람이기 때문이다.

> 10 여호와 주께서 지으신 모든 것들이 주께 감사하며 주의 성도들이 주를 송축하리이다 11 그들이 주의 나라의 영광을 말하며 주의 업적을 일러서 12 주의 업적과 주의 나라의 위엄 있는 영광을 인생들에게 알게 하리이다 13 주의 나라는 영원한 나라이니 주의 통치는 대대에 이르리이다 시 145:10-13

> 17 그런즉 누구든지 그리스도 안에 있으면 **새로운 피조물이라** 이전 것은 지나갔으니 보라 새 것이 되었도다 고후 5:17

우리는 더 이상 아담의 계보에 속하지 않으며, 사탄의 나라에 속해 있지도 않다. 따라서 사탄과 그 어떤 죄도 우리에게 영향력을 미치지 못한다. 과거의 우리는 이미 죽었다. 지금 우리는 우리 안에 계신 예수 그리스도로 말미암아 부활의 삶을 살고 있다. 그동안 우리가 당한 것들을 생각해 보라. 억울하지도 않은가? 더럽고 악한 귀신과 마귀가 우리를 검문할 때마다 자랑스럽게 천국여권을 꺼내 보여 주어야 한다. 합법적으로 사탄의 나라에 들어가서 정사와 권세와 이 어두움의 세상 주관자들과 하늘에 있는 악의 영들을 짓밟아야 한다.

17 믿는 자들에게는 이런 표적이 따르리니 곧 그들이 내 이름으로 귀신을 쫓아내며 새 방언을 말하며 **18** 뱀을 집어올리며 무슨 독을 마실지라도 해를 받지 아니하며 병든 사람에게 손을 얹은즉 나으리라 하시더라 **19** 주 예수께서 말씀을 마치신 후에 하늘로 올려지사 하나님 우편에 앉으시니라 **20** 제자들이 나가 두루 전파할새 주께서 함께 역사하사 그 따르는 표적으로 말씀을 확실히 증언하시니라 막 16:17-20

12 내가 진실로 진실로 너희에게 이르노니 나를 믿는 자는 내가 하는 일을 그도 할 것이요 또한 그보다 큰 일도 하리니 이는 내가 아버지께로 감이라 요 14:12

CHAPTER

2 교회와 세상 모두를 하나님나라로

교회에 새로운 전략이 필요하다

하나님의 영향력은 교회 안에서만이 아니라, 무엇보다 교인들이 생활하고 있는 일상과 사회에서 나타나야 한다. 교회의 역할이 정상적인지 비정상적인지를 가늠할 수 있는 기준은 그 사회와 문화의 실태다. 교회가 진정으로 본연의 역할을 감당하고 있다면, 그 사회와 문화에 변화가 있어야 하기 때문이다. 만약 사회와 문화에 전혀 변화가 없다면, 그것은 교회에 문제가 있다는 반증인 셈이다. 왜냐하면 교회는 세상을 바꿀 수 있는 유일한 길이기 때문이다.

그런데 우리의 현실은 어떤가? 진리의 말씀이 사회 곳곳에 어떤 영향력을 미치고 있는가? 현재 우리나라에는 전 세계적으로 알려진 대형교회가 여러 곳 있다. 그럼에도 불구하고 우리나라는 자살률, 낙태율, 이혼율, 저출산율, 술 소비량 등이 OECD 국가 중 가장 높은 나라에 속한다. 반면 어린이·청소년(초등학교 4학년부터 고등학교 3학년까지)의 주관적 행복지수는 최하위다. 부정부패는 끊이지 않고, 물질만 능주의, 쾌락주의, 개인주의가 판을 치고 있다. 지금 이 사회를 바라볼 때 과연 복음이 승리하고 있다고 단언할 수 있는가? 결코 그렇게 말할 수 없다. 그렇다면 무엇이 문제인가? 복음에 능력이 없다는 말인가 아니면 우리가 복음을 잘못 알고 있는 것인가?

교회가 세상과 구별되는 것은 '교회가 어떤 활동을 하는가?'에 달려 있지 않고, '교회에 하나님 영광의 임재가 있는가?' 그리고 '그 영광에 사로잡힌 그리스도인들이 세상을 구원하는가?'에 달려 있다고 본다.

1 솔로몬이 기도를 마치매 불이 하늘에서부터 내려와서 그 번제물과 제물들을 사르고 여호와의 영광이 그 성전에 가득하니 2 여호와의 영광이 여호와의 전에 가득하므로 제사장들이 여호와의 전으로 능히 들어가지 못하였고 대하 7:1-2

16 하나님이 세상을 이처럼 사랑하사 독생자를 주셨으니 이는 그를 믿는 자마다 멸망하지 않고 영생을 얻게 하려 하심이라 17 하나님이 그 아들을 세상에 보내신 것은 세상을 심판하려 하심이 아니요 그로 말미암아 세상이 구원

을 받게 하려 하심이라 요 3:16-17

그런데 지금 교회의 현실은 어떤가? 하나님의 영광과 하나님나라의 실체는 찾을 수 없고, 대신 교회의 전통과 관습만이 거룩함과 장중함이라는 이름 아래 맥을 잇고 있든지 아니면 소수의 전문가들에 의한 새로운 프로그램으로 사람들을 호객하고 있지는 않은가? 성경에 엄연히 기록되어 있는 은사와 기름 부으심으로 인한 기사와 표적 대신 기적종식론의 미명하에 율법적인 행위로 스스로 의롭다 함을 받으려 하고 있지는 않은가?

예수 그리스도로 인한 죄사함과 부활의 메시지 대신에 소위 '긍정적·적극적인 사고방식'으로 자신을 변화시키려는 심리요법과 자기계발 프로그램이 난무하고 있지는 않은가? 우리의 구원자이시고 주님이신 예수님을 빼놓고 기록된 말씀만을 무조건 믿도록 강요하고 있지는 않은가? 우리가 전하는 복음이 2천 년 전과 동일한가? 지금 대도시의 큰 교회에서 선포하고 있는 복음이 시골의 작은 교회에서도 동일하게 적용될 수 있는 것인가? 이런 질문을 던지거나 받을 때마다 가슴이 아리고 눈물이 난다.

우리가 아무리 전도해도 세상 사람들은 이미 교회에 대해서 관심이 없다. 과거 기대를 가진 적도 있었으나 지금은 무관심을 넘어 적대적이기까지 하다. 오늘날 기독교계에서 일어나고 있는 일들을 볼 때, 이제 교회는 그 존재의 당위성을 설명하는 구실을 찾기에도 급급한 형편이다.

그렇다면 그리스도인들 개개인의 모습은 어떤가? 각자 자신의 신앙을 지키는 데만 치중하고 있지는 않은가? 우리에게 이미 주어진 놀라운 권세와 능력에 대해서는 알지 못한 채 단지 율법의 행위로 살아 보려고 버둥거리고 있지는 않은가? 하나님의 뜻을 이루며 세상을 구원하기보다는 오직 교회 내에서 신앙생활을 열심히 하는 것으로 만족하고 있지는 않은가? 참으로 가슴 아프고 비극적인 자화상이 아닌가!

지금까지 교회는 (죄인들을 회개시키고 죄사함을 주는) 전도 명령과 교회를 통해 이루어지는 신앙생활에 주력해 왔다. 지난 세기 동안 영혼 구원의 시대적 소명을 최선을 다해 감당해 온 것이다. 그 결과 놀라운 부흥을 맛보기도 했다. 그러나 이제 교회는 영혼 구원과 교회 중심적인 신앙생활만으로는 사회와 문화를 변혁시키고 세상을 구원할 수 없다고 탄식 가운데 말씀하시는 성령님의 음성에 귀 기울여야 한다. 항존하는 진리의 재조명에 따라 하나님이 이 시대에 주시는 새로운 패러다임에 주목하며 새로운 전략으로 나가야 한다.

하나님은 교회를 통해
사회 변혁을 일으키신다

교회와 신앙이라는 틀 안에서 우리는 세상의 삶보다는 영적인 일을 추구하는 것이 훌륭한 신앙인의 모범이라고 생각해 왔다. 그러나 그러한 삶의 태도는 사회에서 일어나는 일들에서 시간적, 물질적, 관계적으로 우리를 스스로 제한시키는 결과를 초래하고 말았다. 이제 우리 모두가 깊이 깨달아야 하는 중요한 진리는 신앙을 통한 성숙이나 은혜의 결과가 반드시 사회의 실제적인 삶에서 나타나야 한다는 것이다. 우리는 더 이상 하나님 영광의 체험만을 추구하는 것이 아니라, 그 영광의 생명과 실체가 우리의 육신을 통해서 현재의 삶에 나타나도록 하는 일에 최선을 다해야 한다. 이러한 삶을 살기 위해서는 끊임없이 성령님의 인도하심을 받는 '킹덤 멘털리티'(kingdom mentality)를 가져야 한다. 그렇지 못할 때 신앙의 중심이 하나님이 아니라 우리 자신이기 때문에 어떤 상황과 환경에서도 하나님이 우리를 통해 나타나시기보다 우리 스스로가 하나님을 위해서 최선을 다하는 것이 전부인 제한된 삶을 살 수밖에 없다.

우리는 마지막 때 예수 그리스도 안에서 하나님께서 성령님을 통하여 교회에게 주시는 말씀에 귀 기울이고, 그분이 주신 하나님나라의 복음으로 돌아가야 한다. 마틴 루터(M. Luther)에 의한 16세기의 종교개혁이 성도들로 하여금 '오직 믿음을 통하여'(sola fide) 흑암의 권세에서 벗어나도록 하기 위한 것이었다면, 이 시대에 요청되는 새로운 개혁은 그리스도인들이 이 땅(여전히 흑암의 권세가 통치하는)의 모든 영역과 분야에서 하나님의 뜻을 이룸으로써 실제적 하나님나라가 임하도록 하는 데 있다. 예수님은 이 땅에 오셔서 하나님나라의 복음을 전하시고 그 나라의 삶을 보여 주셨다. 성령의 권능을 받은 우리가 그분의 증인으로서 동일한 일을 행할 때 그분은 다시 오신다. 그 일은 만유를 회복시키는 일이며, 우리가 원수를 예수 그리스도의 발아래 두는 일이다.

> 44 주께서 내 주께 이르시되 내가 네 원수를 네 발아래에 둘 때까지 내 우편에 앉아 있으라 하셨도다 하였느냐 마 22:44

> 20 또 주께서 너희를 위하여 예정하신 그리스도 곧 예수를 보내시리니 21 하나님이 영원 전부터 거룩한 선지자들의 입을 통하여 말씀하신 바 만물을 회복하실 때까지는 하늘이 마땅히 그를 받아 두리라 행 3:20-21

지난 세기 동안 교회는 그 시대에 주님이 성령님을 통해서 주시는 계시를 온전히 받아들였고 그 말씀을 온전하게 이루었다. 그 결과로 수많은 영혼이 구원을 얻게 되었다. 그러나 이제 교회는 새로운 시대적 소명을 이루기 위해서 지난 세기 동안 고수해 온 패러다임을 새롭게 변화시킴으로써 교회를 통한 사회 변혁이 일어나도록 해야 한다. 성령님의 역사하심을 통해 교회에 하나님의 영광이 임해야 하고, 목회자들이 기름 부음을 받음으로 능력이 임해야 하며, 성도들이 각자의 직업과 일터에서 '킹덤 빌더'의 역할을 수행함으로써 하나님나라가 세상에 나타나야 한다. 하나님나라는 하나님의 통치와 다스림 그리고 그분의 주권이 이 사회의 모든 분야와 영역에서 실제적으로 나타나는 것을 말한다. 그 대상은 결코 백성(사람들)에만 국한된 것이 아니라, 그 땅과 문화, 규범, 체제, 조직 등 모든 것을 포함한다.

하나님은 우리 각자에게 약속의 땅을 주시고, 그곳을 정복하고 다스리며, 동일한 영을 가진 하나님의 사람들로 채우기를 원하신다. 그곳은 하늘에 있는 어떤 곳, 우리가 죽고 난 뒤에 가는 곳이 아니라 첫째, 현실의 삶에서 우리가 대부분 시간을 보내는 곳이고 둘째, 우리의 생계를 꾸려 나가야 하는 곳이며 셋째, 경건치 못한 사람들이 있고 넷째, 세상적인 생각과 방식이 가득 찬 곳이기도 하다. 바로 이런 세상을 우리에게 주신 것이다. 그럼에도 불구하고 그곳이 약속의 땅인 이유는 우리의 믿음을 통해서 하나님의 영광과 말씀의 실체가 그곳에 나타나기 때문이다. 허락하신 땅은 이 세상의 가시적이고 물리적인 장소이지만, 거기서 일어나는 모든 상황은 영적이라는 점을 명심해야 한다. 왜냐하면 처한 모든 상황을 부정적이고 악한 방향으로 이끄는 것은 사람들이나 직업이나 기타 요소들이 아니라 그들을 붙들고 있는 거짓된 생각과 타락한 사고체계 그리고 정사와 권세,

어둠의 세상 주관자의 영향력 등이기 때문이다.

4 우리의 싸우는 무기는 육신에 속한 것이 아니요 오직 어떤 견고한 진도 무너뜨리는 하나님의 능력이라 모든 이론을 무너뜨리며 **5** 하나님 아는 것을 대적하여 높아진 것을 다 무너뜨리고 모든 생각을 사로잡아 그리스도에게 복종하게 하니 고후 10:4-5

12 우리의 씨름은 혈과 육을 상대하는 것이 아니요 통치자들과 권세들과 이 어둠의 세상 주관자들과 하늘에 있는 악의 영들을 상대함이라 엡 6:12

세상의 문화와 사회를 구성하는 주요 분야(영역)들에 대해서는 여러 가지 견해가 가능하겠지만, 흔히 일곱에서 아홉 가지 영역들로 분류하곤 한다. 그것은 바로 가정(가족), 교회(종교), 교육, 커뮤니케이션(미디어), 예술(오락, 스포츠), 경제(금융), 정부(정치), 과학기술, 건강(의학) 등이다. 이 영역들은 유기적으로 연관되어 있어서 서로의 영역에 비가시적, 비의도적으로도 영향을 미친다. 이러한 사회 문화적 영역들은 교회와는 전혀 다른 규범과 체제를 가지고 있다. 보이지 않는 악의 권세와 어둠의 세상 주관자 그리고 하늘에 있는 악한 영들에게 붙들려 있기 때문에 인간의 힘과 노력만으로는 바꾸거나 정복할 수 없는 곳이다. 이는 요한계시록 17장에 등장하는 일곱 머리의 짐승을 탄 음녀에 비유될 수 있다.

우리가 이 세상을 구원하기 위해서는(즉, 이 땅에 하나님나라를 도래하게 하고, 만유를 회복시키며, 원수를 예수 그리스도의 발아래 두기 위해서는) 이 모든 영역들을 정복해야 할 분야들 또는 산들로 볼 수 있다. 각 영역의 산을 정복할 뿐만 아니라 서로의 산들이 협력하게 함으로써 우리는 이 사회를 하나님이 통치하시는 사회, 곧 하나님나라로 변혁시킬 수 있다. 그러나 이 일은 아무나 할 수 있는 게 아니다. 오직 그리스도의 영의 인도함을 받음으로 새로운 사고체계를 가진 자가 할 수 있다. 이 일은 기름 부으심을 받은 자들이 각 해당 영역에 하나님의 영광을 풀어 놓음으로써 이루어지는데, 이를 위해 부름 받은 자가 바로 '킹덤 빌더'(kingdom builder)다.

2 너희는 이 세대를 본받지 말고 오직 마음을 새롭게 함으로 변화를 받아 하나님의 선하시고 기뻐하시고 온전하신 뜻이 무엇인지 분별하도록 하라 롬 12:2

8 오직 성령이 너희에게 임하시면 너희가 권능을 받고 예루살렘과 온 유대와 사마리아와 땅끝까지 이르러 내 증인이 되리라 하시니라 행 1:8

이 사회와 문화를 대변하는 각 영역에 '킹덤 빌더'들이 일어나 하나님의 뜻을 이룰 때 다시금 사회의 모든 영역에서 여호와의 전이 회복될 것이다.

2 말일에 여호와의 전의 산이 모든 산 꼭대기에 굳게 설 것이요 모든 작은 산 위에 뛰어나리니 만방이 그리로 모여들 것이라 **3** 많은 백성이 가며 이르기를 오라 우리가 여호와의 산에 오르며 야곱의 하나님의 전에 이르자 그가 그의 길을 우리에게 가르치실 것이라 우리가 그 길로 행하리라 하리니 이는 율법이 시온에서부터 나올 것이요 여호와의 말씀이 예루살렘에서부터 나올 것임이니라 사 2:2-3

당신의 일터가 당신이 다스리라고 주신 하나님나라의 현장임을 생각해 본 적이 있는가? 지난 세기를 되돌아보면 교회는 수많은 영혼을 구원하는 데는 성공했지만, 사회에 영향력을 미치는 데는 실패했다. 왜냐하면 개교회 중심적이고 가시적이며 단편적인 구제봉사 차원에서의 사회개혁만을 추구했기 때문이다.

이제는 교회에서 세상을 변화시키기 위해 훈련받은 성도들이 일터 중심적인 신앙생활을 전략적으로 시도해야 한다. 이것은 단지 일터에서 사람들을 전도해서 교회(예배당)로 데려오는 개념이 아니라, 자신이 교회(하나님의 백성)가 되어 일터로 교회를 가지고 가는 것이다. 그 일을 가능하게 하는 분이 바로 성령님이시다. 지금까지 교회의 비전은 늘 교회의 부흥, 전도, 선교에 있었다. 그 배후에는 교회의 부흥이 자연스럽게 사회의 변혁을 일으킨다는 믿음이 자리 잡고 있었는지 모르지만, 그것은 하나님나라와 그 복음에 대한 무지에서 비롯된 오해와 착각일 뿐이었다.

전도와 선교는 하나님나라의 실체를 보여주는 것이다

지난 100년 동안 교회는 교회의 부흥, 전도와 선교에 총력을 기울여 왔다. 교회를 부흥시킴으로써 더 많은 영혼을 구원하고, 열방으로 나아가 선교하고, 새로운 교회들을 개척하고, 그 교회들을 또다시 부흥시켰다. 그 모든 사역들은 결국 예수님이 주신 대위임령에 기초한 것이었다(마 28:19-20).

그러나 오늘날 세상을 볼 때, 그렇게 열심히 전도하고 선교했지만 우리가 기대하고 소망했던 변화는 이루어지지 않았다. 그렇다면 우리의 전략에서 빠진 부분이 있었던 것은 아닐까 생각해 보아야 한다. 이 문제를 보다 구체적으로 알아보기 위해서 예수님이 처음 언급하셨던 '교회'에 대해서 다시 생각해 보자.

헬라어로 교회, 즉 '에클레시아'(ekklesia)는 '~으로부터'라는 뜻의 전치사 '에크'(from)와 '내가 부른다'라는 동사 '칼레오'(to call)의 합성어에서 파생한 단어다. 그러므로 교회란 (하나님의 통치가 미치지 않는 영역인) 세상으로부터 하나님께서 친히 불러내셔서 예수 그리스도 안에서 함께 모이게 하신 사람들의 공동체다. 예수 그리스도 안에 있는 자들이 머리 되신 그분의 몸으로서 참 생명 가운데 하나된 것이 교회다. 이것은 하나님의 자녀들이 어둠의 나라에서 빛의 나라로 옮겨진 것이기도 하다.

13 그가 우리를 흑암의 권세에서 건져 내사 그의 사랑의 아들의 나라로 옮기셨으니 골 1:13

이 말씀에는 물리적인 의미뿐만 아니라 영적인 의미도 함께 포함되어 있다. 그러나 지금까지 우리는 주로 물리적인 의미로 그 내용을 해석, 적용함으로써 세상은 흑암의 권세가 지배하는 곳인 반면, 교회는 세상과 구별되는 거룩한 장소라고 생각해 왔다. 물리적으로 세상과 단절되고 격리된 유형적 교회만을 교회로 여겨 온 것이다. 그 결과 우리에게 있어 가장 중요한 예수 그리스도의 대위임령은 세상에 있는 사람을 열심히 빼내어(전도해서) 교회로 데려오라는 명령으로 오해될 수밖에 없었다.

세상 신에 묶여 사는 자들을 빛 가운데로 불러내어 예수 그리스도 안에서 함께 모인 새로운 공동체(에클레시아)를 이룬다는 것이 단지 그들을 지금 있는 곳(직장, 일터)에서 눈에 보이는 교회 안으로 불러들여 교회의 사람이 되게 한다는 뜻일까? 이것은 완전히 이원론적인 개념이며, 성경을 잘못 해석한 것이다. 전도는 단순히 세상이라는 장소에서 교회라는 다른 장소로 사람들을 옮기는 물리적인 공간 이동이 아니다. 진정한 의미의 전도는 세상 신에 의해 지배받는 자들을 빼내어 그들로 하나님의 지배를 받게 하는 것이다. 생각해 보라. 일터에서 자신의 사회적 임무를 수행하고 있던 사람들을 그곳으로부터 빼내어 시공간적으로 분리된 교회 안으로 계속 불러들이기만 한다면, 그들의 일터는 어떻게 되겠는가? 누가 그 영역을 다스리겠는가? 그리고 남아 있는 사람들은 그들을 어떻게 생각하겠는가?

한편, "너희는 가서 모든 민족을 제자로 삼아"(마 28:19)라는 말씀을 이루기 위해서 선교가 요청된다. 선교는 우리 모두가 가든지 아니면 보내든지 해야 할 소명이다. 일반적으로 우리는 선교를 지금 자신이 있는 곳이 아닌 다른 곳으로 가서 사람들에게 복음을 전하고, 그들로 예수 그리스도를 믿게 하고, 새로운 교회를 세우는 것이라고 생각하는 데 익숙해 있다. 그러나 이러한 선교 개념에는 한 가지 잘못 생각하고 있는 중요한 사실이 있다. 그것은 선교에 헌신하는 자가 지금 자신의 삶 터(그곳의 변혁)는 포기했든지 아니면 그곳이 이미 하나님나라가 되었다고 가정하고 있다는 점이다. 그러나 정말 그런가? 자신의 삶 터, 즉 사회의 변혁과 온 세상의 선교는 동시에 이루어져야 하는 것이지, 둘 중 어느 하나도 포기할 수 없는 것이다.

16 하나님이 세상을 이처럼 사랑하사 독생자를 주셨으니 이는 그를 믿는 자마다 멸망하지 않고 영생을 얻게 하려 하심이라 **17** 하나님이 그 아들을 세상에 보내신 것은 세상을 심판하려 하심이 아니요 그로 말미암아 세상이 구원을 받게 하려 하심이라 요 3:16–17

위의 두 구절을 요약하면, '가서 모든 민족을 제자로 삼아 세상을 구원하라', 즉 '하나님나라로 만들어라'는 뜻이다. 그런데 우리는 이 명령을 "가서 세례를 주고 교회를 개척하고 신앙생활을 하게 하라"로 바꿔 버렸다. 이것이 문제다. 물론 교회가 불필요하다는 뜻이 절대 아니다. 다만 교회의 본질을 잊어버리고 있음을 상기시키고자 하는 것이다. 교회는 세상을 변화시키기 위해서 필요한 것이지, 교회를 위해서 세상이 존재하는 것은 아니다. 세상 가운데 하나님나라를 이루기 위해서 교회가 주어진 것이고, 교회를 통해서 그 사회가 반드시 하나님나라로 변혁되어야 한다. 그런데 교회와 성도가 영향력을 미쳐야 할 사회는 포기한 채 그곳을 떠나 다른 곳에 새로운 교회를 개척하고 신자를 끌어 모으는 것이 선교라고 생각하는 것이 과연 바람직하다고 말할 수 있는가?

이제는 일터와 삶 터에서 사람들을 끌어내어 그곳과 분리된 거룩한 장소에 모으는 기존의 교회와 전도 개념 대신, 그들을 영적으로 깨워서(불러내서) 삶의 현장으로 내보내는 새로운 교회와 전도 개념이 필요하다. 다른 말로 교회에 나오는 것이 전부가 아니라, 세상 속에서 우리 자신이 교회가 되어야 하는 것이다.

새로운 전도는 단순히 사람들을 교회(예배당)로 데려와서 그곳을 가득 채우는 것이 아니라 교회(하나님의 백성)인 자신이 일터와 삶 터에서 하나님나라를 회복하고 확장하는 것이다. 이제 우리는 전도한 사람들을 일터에서 교회 문화 속으로 데리고 오는 것만으로 만족하는 대신, 우리 자신의 삶을 통해서 그들에게 하나님나라의 실체를 보여 주어야 한다. 그들과의 관계 속에서 그리스도의 영에 의해서 인도함을 받는 것이 무엇인지를 나타내고, 그들이 자기 삶의 현장을 하나님나라로 만들 수 있도록 누룩을 심어 주며 주의 뜻을 행하도록 양육해야 한다. 전도와 선교의 참된 목적은 기독교라는 종교를 전파하고 교회를 세우는 것이 아니라, 하나님나라를 전하고 그 삶을 살게 하는 것이다. 교회는 이제 교회 부흥을 내려놓고, 성도들을 교회 활동으로 묶어 두지 말고 그들을 각자의 삶 터로 파송하여 그곳에서 하나님나라의 도래를 위하여 피 흘리기까지 싸우도록 해야 한다. 교회 부흥은 전도, 사회 변혁 그리고 선교의 열매이지 결코 그 자체가 목적이 될 수는 없다. 교회는 성도들이 예수 그리스도와 기독교에 대한 메시지를 전하도록 만드는 가르침과 본을 보여 주는 것이 아니라, 바로 성도들 자신이 예수 그리스도의 메시지가 되도록 만드는 가르침과 본을 보여 주어야 한다. 지금 교회는 이러한 패러다임의 변화가 그 어느 때보다 절실하다.

세상을 하나님나라로 바꾸라

지난 세기 동안 교회는 하나님의 백성이 모이는 장소적 의미로 강조되어 왔지만, 사실은 그리스도의 몸을 구성하는 하나님의 백성 자체가 교회의 본질적인 의미다. 교회를 이 두

가지 관점에서 균형 있게 바라볼 때, 결국 교회와 세상은 우리의 본질이 바뀌는 곳이 아니라 우리의 소명이 바뀌는 곳이다. 교회 안에서나 세상에서나 우리의 본질은 동일하다. 그러나 그 본질의 실현 방법은 달라진다. 교회가 하나님께 예배드리고, 하나님의 소명을 받고, 그분의 뜻을 이루기 위해서 훈련받는 곳이라면, 세상은 우리 스스로가 교회가 되어 하나님의 소명을 실제적으로 이루어 가는 곳이다.

이원론적인 관점은 교회 안과 밖을 성스러운 곳과 세속적인 곳으로 대비시킨다. 그러나 하나님의 관점에서 볼 때 교회나 세상이나 그곳에 하나님의 영광을 지닌 하나님의 백성이 있느냐 없느냐가 문제이지 결코 장소 자체가 문제가 될 수 없다. 가장 중요한 핵심은 세상 어느 곳이든 그곳에 하나님의 통치, 주권, 다스림이 있느냐 없느냐가 문제라는 것이다. 하나님의 백성과 그 백성이 모이는 장소라는 교회의 두 가지 의미를 모두 고려할 때, 그리스도인들의 삶은 모이는 교회(유형적 교회)와 흩어진 교회(하나님의 백성)의 조합으로 이루어져 있다. 따라서 신앙이란 그리스도인들이 어떤 삶을 사느냐는 방향성의 문제이지, 교회 안에 있느냐 밖에 있느냐와 같은 구조적(장소적)인 문제가 아닌 것이다.

우리는 지금까지 하나님, 교회 그리고 세상에 대해서 어떤 그림을 그려 왔는가?

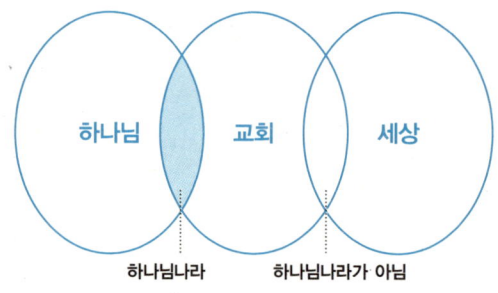

[그림 1] 이원론적 관점에서의 하나님, 교회, 세상의 관계

흔히 우리는 예수를 믿는 순간 지금까지 해온 세상에서의 삶을 포기하고 교회생활을 통해 날마다 하나님과 더 깊은 교제를 나누는 것이 좋은 신앙생활이라고 생각해 왔다. 그것을 다이어그램으로 표현하면 [그림 1]과 같을 것이다.

이러한 관점에서 본다면, 우리는 교회에 다니면서 하나님과 교제하고 세상에서도 주님과 동행은 하지만, 세상에는 하나님나라가 없다. 왜냐하면 하나님은 교회에만 영향을 미치실 뿐 세상에는 영향력이 없으신 분으로 간주되기 때문이다. 그렇다면 우리는 이 세상에 속하거나 이 세상을 사랑하지 않고, 교회 안에서 열심히 신앙생활을 해야 하는 것이다. 아울러 모든 시간과 정열을 다하여 아직 세상에 속해 있는 잃어버린 영혼들을 전도하여 교회 안으로 불러와야 하는 것이다.

이러한 모델이 정말로 복음적일까? 교회가 세상과 하나님을 연결시키는 가교 역할만 한다면, 우리는 (로마 가톨릭이 사제들을 통해서만 하나님과 교제하는 것이 가능하다고 주장하는 것과 유사하게) 교회를 통해서만 거룩해질 수 있고 하나님과 교제할 수 있다는 생각을 갖게 된다. 교회를 세상의 죄를 씻고 하나님 앞으로 나아가는 데 필수적인 중간 단계로 여기게 되는 것이다. 그러나 한 발은 삶의 현장인 세상에 두고 있으면서 다른 한 발로는 교회 안에서 하나님과 더 깊은 관계를 추구해야 하는 이원론적 신앙관은 구조적인 갈등에서 벗어날 수 없다. 세상으로부터 발을 빼어 가능한 한 모든 시간과 노력을 들여 교회생활에 전념하려고 하지만, 일터와 삶 터가 세상 속에 있고 흑암의 권세에 사로잡혀 있기에 삶이 고달파진다.

하나님은 절대로 교회에만 영향력을 미치시고 세상과는 아무런 관계가 없는 분이 아니다. 오히려 세상과 교회를 대립시키는 이원론적 신앙관이 하나님과 세상을 무관하게 만들 뿐이다. 하나님은 세상을 끝없이 사랑하시기 때문에 독생자 예수님을 이 땅에 보내 주셨고(요 3:16), 우리로 하여금 영생을 얻게 하셨으며, 그런 우리가 이 세상을 구원하는 통로로 살아가기를 원하신다. 그래서 [그림 2]의 다이어그램이 표현하고 있는 통합적인 관계의 시각이 필요하다고 본다.

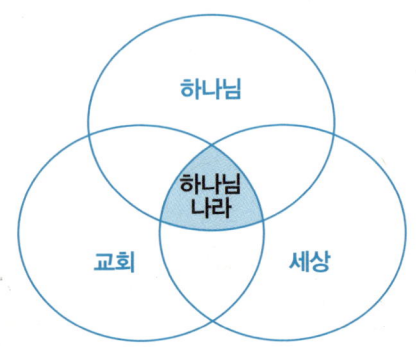

[그림 2] 통합적 관점에서의 하나님, 세상, 교회의 관계

　하나님은 믿는 자만의 주님이 아니라 모든 인류의 주님이시며, 교회만의 주인이 아니라 모든 세상의 주인이시다. 하나님은 무소부재하고 전지전능한 분이시다. 따라서 하나님의 통치주권이 미치지 않는 곳은 존재할 수 없다. 하나님나라 복음의 진리는 교회와 세상 모두가 하나님의 통치주권 안에 있다는 것이다. 하나님은 모든 상황과 장소에서 우리가 예수 그리스도와 동행할 뿐만 아니라 실제적으로 그곳을 하나님나라로 바꾸기 원하신다. 따라서 [그림 1]에서는 교회를 다니는 신자만 존재하는 반면, [그림 2]에서는 세상을 하나님나라로 바꾸는 '킹덤 빌더'가 존재한다.

교회의 부흥은 킹덤빌더를 통한 사회 변혁의 열매다

우리가 세상을 하나님나라로 변화시키기 위해서는 그리스도의 영의 인도함을 받아 교회에서 배운 말씀을 세상의 삶에서 활용할 수 있어야 한다. 그러나 불행하게도 자신의 직장에서 하나님나라의 삶을 살 수 있도록 성경적인 원리(하나님나라의 법과 그 적용)를 제대로 훈련받은 사람은 극소수일 뿐이다. 일반적으로 교회는 종교생활을 가르치는 데 치중할 뿐, 이 세상을 실제적으로 바꿀 수 있는 훈련도 시키지 않고 능력도 보여 주지 못하고 있다. 더욱이 안타깝게도 세속화되어 단순히 자기계발이나 긍정적 믿음만을 가르치는 경우도 있다. 교회는 지금까지 성도들에게 세상에 물들지 않는(천국에 가기 전까지 성도 자신을 보호하는) 법을 가르쳤을 뿐 세상을 변화시키는(하나님의 뜻을 이루는) 법을 가르치고 그 능력을 전수해 주는 경우는 별로 없었다(고전 4:20).

오늘날 대부분의 교회는 성장과 부흥을 통해서 더 많은 불신자들을 전도하고 사회에 더 큰 영향력을 미치려고 한다. 그 목적을 이루기 위해 성도들에게 더 많은 시간적, 물질적 지원과 헌신을 요구한다. 교회의 요구에 부응하는 이들은 인정과 칭찬을 받지만, 그렇지 못한 이들은 스스로 신앙심이 없다고 판단하거나 죄책감을 갖게 된다. 물론 교회가 의도적으로 그렇게 한 것은 아니라 할지라도, 교회에 파고든 종교의 영에 의해서 그렇게 되고 있다. 지금까지는 이러한 패턴이 작동했지만 이제는 새로운 패턴이 적용되어야 한다.

교회의 다양한 활동이나 외부적인 사역은 세상과 사회에 선한 영향을 미칠 수 있고, 불신자들로 하여금 기독교 신자가 되게 할 수도 있지만, 그들을 그리스도의 영에 인도함을 받는 (하나님나라 백성의) 삶으로 바꿀 수는 없다. 열심히 신앙생활을 하는 성도라도 자신을 그리스도 영의 인도함을 받는 삶으로 변화시키는 것이 얼마나 어려운지 생각해 보라. 구제와 선행은 절대적으로 필요하고 교회가 마땅히 해야 할 일이다. 그러나 구제와 선행을 통해서는 누군가의 삶의 환경을 개선할 수는 있을지언정 하나님의 자녀로서 하나님나라의 삶을 살게 할 수는 없다. 사회를 변화시키기 위해서는 제도나 규범이나 선행과 같은 외부적인 요소들의 변화뿐만 아니라 세상 신이 아닌 그리스도의 영에 의해서 인도함을 받는 삶을 가능하게 하는 내부적인 변화가 반드시 선행되어야 하기 때문이다. 그러한 내부적 변화는 교회의 구제나 선행을 통해서가 아니라, 교회 안에서 새로운 피조물로서 훈련받은 성도들이 각자의 삶 터에서 그 삶의 실체를 보여 주고 선한 영향력을 나타낼 때 이루어진다. 다시 말해, 더 이상 자신의 삶(열심, 헌신, 선행 등이 아닌)이 아닌 그들의 혼과 육을 통하여 (그들 안에 있는) 예수의 생명이 나타나야 하는 것이다.

11 우리 살아 있는 자가 항상 예수를 위하여 죽음에 넘겨짐은 예수의 생명이

또한 우리 죽을 육체에 나타나게 하려 함이라 12 그런즉 사망은 우리 안에서 역사하고 생명은 너희 안에서 역사하느니라 고후 4:11-12

사회의 각 분야를 변화시킬 수 있는 주체는 그 분야의 전문가들(성도들)이지 목회자나 선교사가 아니다. 교회는 더 이상 그러한 전문가들을 교회 안에만 붙들어 두어서는 안 된다. 교회는 이 사회를 변화시켜야 할 성도들을 철저히 훈련시켜서 세상에서 피 흘리기까지 싸우는 법을 가르쳐야 한다. 바로 이러한 사역에 교회가 매진할 때, 각 성도의 일터와 삶 터에서 하나님나라가 확장될 것이고, 새로운 세계의 실체를 경험한 그곳의 불신자들이 자원하여 교회로 들어올 것이다. 그렇게 해서 진정한 성도들의 숫자가 늘어나고 서로 간의 연합이 이루어질 때, 사회는 하나님나라의 규범과 체제를 갖추게 될 것이다. 그러므로 교회의 부흥은 세상 속에 하나님나라가 확장됨으로써 나타나는 결과이지, 그 자체가 목적이 될 수는 없다.

지금의 현실을 볼 때 진정한 '킹덤 빌더'가 조속히 세워지지 않는다면 교회뿐만 아니라 사회도 더 이상 소망이 없을 것 같다. 우리는 이미 그러한 결과를 서구 사회와 교회의 현실을 통해서 잘 알고 있다. 더 이상 전도든 교회 부흥이든 어려울 것이고, 이방 종교가 판을 칠 것이며, 세상은 정사와 권세와 어둠의 세상 주관자들에 의해서 완전히 지배당할 것이기 때문에 우리가 거할 곳은 교회 안이라는 고립된 섬이나 아니면 신앙을 포기하는 수밖에 없을 것이다.

신앙생활을 교회생활과 동일시할 경우, 신자는 절대로 세상을 사랑할 수도, 세상을 하나님나라로 만들 수도 없음을 깨달아야 한다. 그러므로 이제 교회는 예배, 양육과 훈련, 성도간의 교제와 하나됨, '킹덤 빌더'의 파송을 담당해야 하며, 세워진 '킹덤 빌더'는 각자의 일터에서 하나님나라의 삶을 살아감으로써 전도와 교회 부흥의 열매를 맺어야 한다. 거듭 강조하지만, 교회 부흥은 교회의 목적이 아니라 '킹덤 빌더'를 통한 사회 변혁의 열매가 되어야 한다. 즉, 교회 부흥은 성도 수, 건물의 대형화, 조직과 운영의 전문화, 프로그램의 다양성 등에 달린 것이 아니라, 교회에서 훈련되고 기름 부음 받아 파송된 하나님나라 백성들이 일군 일터의 변혁에 따른 당연한 결과여야 한다.

그렇다면 어떻게 이러한 일을 이룰 수 있을까? 교회는 첫째, 현실을 정확히 파악하고 규정해야 한다. 둘째, 하나님의 목적이 무엇이며, 그 목적을 왜, 어떻게 성취할 것인가를 성경적으로 알려 주어야 한다. 셋째, 전쟁을 위해 '킹덤 빌더'들을 세우고 훈련시켜서 보내야 한다. 한마디로 교회는 대적이 장악한 이 땅 가운데 새로운 기초를 놓는 일에 목숨을 걸어야 한다. '킹덤 빌더'들에게 비전을 주어 지금 그들이 살고 있는 세상 나라가 하나님의 영원한 목적과 연결되어 있는 땅이라는 사실을 깨닫도록 도와야 한다. 그리고 적의 영토를 차지할 성경적 전략을 주고, 기름 부음을 통해 신적 위임과 그에 따르는 권능을 주어 영적 전쟁의 현장으로 파송해야 한다.

CHAPTER

3 성령님이 하나님나라를 살게 하신다

성령의 임재와 하나님나라

예수님은 니고데모에게 "사람이 거듭나지 않으면 하나님나라를 볼 수 없다"고 했다. 거듭난다(born again, born from above or from the heaven)는 단어의 정확한 의미는 하늘로부터 난다 또는 성령으로 난다는 것이다. "사람이 물과 성령으로 나지 않으면"이라는 말은 우리가 죄사함을 받고 그리스도의 영이 우리를 통치할 때, 하나님나라로 들어갈 수 있다는 것이다. 그러므로 하나님나라와 성령님의 임재는 직접적인 연관성이 있다.

3 예수께서 대답하여 이르시되 진실로 진실로 네게 이르노니 **사람이 거듭나**

지 아니하면 하나님의 나라를 볼 수 없느니라 4 니고데모가 이르되 사람이 늙으면 어떻게 날 수 있사옵나이까 두 번째 모태에 들어갔다가 날 수 있사옵나이까 **5** 예수께서 대답하시되 진실로 진실로 네게 이르노니 **사람이 물과 성령으로 나지 아니하면 하나님의 나라에 들어갈 수 없느니라 6** 육으로 난 것은 육이요 성령으로 난 것은 영이니 요 3:3-6

우리가 거듭남으로써 보게 되는 하나님나라는 단지 지역적, 공간적 의미에서 어떤 특별한 영역이나 장소를 가리키는 것이 아니라, 근본적으로 하나님의 통치, 주권, 다스림을 나타낸다. 다음의 세 구절을 연관시켜 생각해 보라. 하나님나라의 임재는 그분의 영광의 임재이고, 그 임재를 통한 그분의 통치, 주권, 다스림을 의미한다. 바로 성령님이 임하심으로 말미암아 이루어지는 우리의 중생 그리고 그 성령님에 의한 통치가 하나님나라의 도래인 것이다.

1 또 그들에게 이르시되 내가 진실로 너희에게 이르노니 여기 서 있는 사람 중에는 죽기 전에 **하나님의 나라가 권능(뒤나미스)으로 임하는 것을 볼 자들도 있느니라** 하시니라 막 9:1

21 또 여기 있다 저기 있다고도 못하리니 **하나님의 나라는 너희 안에 있느니라** 눅 17:21

8 오직 성령이 너희에게 임하시면 너희가 권능(뒤나미스)을 받고 예루살렘과 온 유대와 사마리아와 땅끝까지 이르러 내 증인이 되리라 하시니라 행 1:8

이것은 시편에 나오는 주의 나라와 통치에 대한 말씀과도 동일하다.

13 주의 나라는 영원한 나라이니 주의 통치는 대대에 이르리이다 시 145:13

바리새인들과 예수님 사이에 오간 하나님나라에 대한 질문과 대답을 통해서 우리는 이 땅에 도래한 현재적 하나님나라의 실체를 좀 더 구체적으로 알 수 있다.

20 바리새인들이 하나님의 나라가 어느 때에 임하나이까 묻거늘 예수께서 대답하여 이르시되 하나님의 나라는 볼 수 있게 임하는 것이 아니요 **21** 또 여기 있다 저기 있다고도 못하리니 하나님의 나라는 너희 안에(among, inside, within, in the midst of) 있느니라 눅 17:20-21

바리새인들이 하나님나라에 대해서 그것이 "어느 때에 임하나이까?"라고 물었던 것은 어떤 장소에 눈으로 볼 수 있도록 임하는 나라를 마음에 두고 질문한 것이었다. 이 질문에 대해서 예수님은 하나님나라는 실존하지만 눈에 보이는 물리적 차원의 나라가 아니며, 실재하지만 어떤 장소를 의미하는 것이 아니라고 말씀하셨다. 하나님나라는 '너희 안에' 있다는 것이다. 이 말씀은 우리를 참으로 어렵게 한다. 왜냐하면 경험과 과학을 중시하는 오늘날에는 우리 손에 잡히지 않고 머리에 그려지지 않는 그 무엇을 실존과 실체로 인정하는 것이 거의 불가능하게 느껴지기 때문이다. 그러나 하나님나라의 실체와 본질이 바로 그 불가능 속에 감추어져 있는 것이다.

성령의 임재와 하나님나라의 도래에 대해서는 특별히 예수님이 나사렛 회당에서 설교하신 내용을 세밀히 살펴볼 필요가 있다. 갈릴리 지역 특히 가버나움에서 이미 공생애 사역을 시작하신 후 나사렛으로 돌아오신 예수님은 회당에서 이사야 61장 1-2절의 말씀을 인용하면서 하나님나라의 도래를 선포하셨다.

1 주 여호와의 영이 내게 내리셨으니 이는 여호와께서 내게 기름을 부으사 가난한 자에게 아름다운 소식을 전하게 하려 하심이라 나를 보내사 마음이 상한 자를 고치며 포로된 자에게 자유를, 갇힌 자에게 놓임을 선포하며 2 여호와의 은혜의 해와 우리 하나님의 보복의 날을 선포하여 모든 슬픈 자를 위로하되 사 61:1-2

18 주의 성령이 내게 임하셨으니 이는 가난한 자에게 복음을 전하게 하시려고 내게 기름을 부으시고 나를 보내사 포로 된 자에게 자유를, 눈먼 자에게 다시 보게 함을 전파하며 눌린 자를 자유롭게 하고 19 주의 은혜의 해를 전파하게 하려 하심이라 하였더라 … 21 이에 예수께서 그들에게 말씀하시되 이

글이 오늘 너희 귀에 응하였느니라 하시니 눅 4:18-21

여기서 예수님은 자신의 성령 체험과 아버지께서 주신 메시아적 통치와 소명의 관계가 무엇인지를 알려 주시면서, 그 통치와 소명이 지금 그 자리에서 이미 시작되었음을 선포하셨다 ["이 글이 오늘 너희 귀에 응하였느니라"(눅 4:21)].

흥미로운 사실은 이사야 61장에서 "여호와의 은혜의 해와 우리 하나님의 보복의 날을 선포하여"라고 언급된 것이 예수님의 선포 속에는 "주의 은혜의 해를 전파하게 하려 하심이라"로 변경되어 있다는 점이다. 이것은 예수님 자신의 메시아적 소명이 당시 대부분의 유대인들이 기대했던 것처럼 악을 심판하는 메시아적 통치와는 다르기 때문이다. 이는 도래한 현재적 하나님나라의 핵심 가치가 은혜인 반면, 주님의 심판적 소명은 장차 그분이 다시 오실 때(미래적 하나님나라가 시작될 때) 실현될 것임을 암시하고 있다.

이처럼 나사렛 회당에서 하나님의 은혜적 통치가 이 땅에 임했음을 선포하신 후부터 예수님은 그 소명이 의미하는 실체를 지속적으로 보여 주셨다. 가난한 자들에게 하나님나라의 복음을 선포하셨고(눅 6:20), 악한 영에 묶여 있는 자들을 해방시키셨으며(눅 4:31-37, 8:26-39), 질병으로 고통받는 자들을 치유하심으로써(눅 4:38-40, 5:12-26, 6:6-11) 도래한 하나님나라의 징표를 보여 주신 것이다(마 4:23). 성령의 강림과 하나님나라의 도래 그리고 그 나라에서 이루어지는 사역이 의미하는 바가 무엇인지에 대해서 예수님은 친히 이렇게 말씀하셨다.

28 그러나 내가 하나님의 성령을 힘입어 귀신을 쫓아내는 것이면 하나님의 나라가 이미 너희에게 임하였느니라 마 12:28(참조: 눅 11:20)

성령으로 잉태되신 예수님은 성령의 충만함 속에서 성령의 지혜와 능력으로 하나님나라의 도래를 선포하시며 그 징표들을 보여 주셨다. 하나님나라는 예수 그리스도를 통해서 세상 속에 나타난 하나님의 함께하심과 그분의 통치하심이었으며, 그 모든 것은 성령의 임재와 긴밀히 연결되어 있다.

37 곧 요한이 그 세례를 반포한 후에 갈릴리에서 시작하여 온 유대에 두루 전파된 그것을 너희도 알거니와 **38** 하나님이 나사렛 예수에게 성령과 능력을 기름 붓듯 하셨으매 그가 두루 다니시며 선한 일을 행하시고 마귀에게 눌린 모든 사람을 고치셨으니 이는 하나님이 함께하셨음이라 행 10:37-38

오순절의 성령강림과
하나님나라의 도래

하나님나라에 대한 예수님의 말씀들을 살펴보면, 초기 설교에서는 예수님이 '하나님나라가 가까이 왔다'고 말씀하셨지만(마 4:17, 10:7), 어떤 시점부터는 '그 나라가 이미 우리에게 임했다'고 선포하시는 것을 본다(마 12:28; 눅 11:20). 그렇다면 '가까이 온 것'과 '이미 도래한 것'을 구분한 예수님의 관점(기준)은 무엇이었을까? 우리는 그것이 다름 아닌 성령님의 실제적인 임재 여부라는 점에 거듭 주목해야 한다.

공생애 사역 동안 예수님은 성령의 충만함 속에서 성령의 지혜와 능력으로 현재적인 하나님나라를 선포하며 나타내셨다. 그리고 그 성령의 임재와 역사가 예수님만의 전유물이 아니라 장차 그분을 믿는 제자들에게도 주어질 것임을 거듭 약속하셨다.

> **37** 명절 끝날 곧 큰 날에 예수께서 서서 외쳐 이르시되 누구든지 목마르거든 내게로 와서 마시라 **38** 나를 믿는 자는 성경에 이름과 같이 그 배에서 생수의 강이 흘러나오리라 하시니 **39** 이는 그를 믿는 자들이 받을 성령을 가리켜 말씀하신 것이라 (예수께서 아직 영광을 받지 아니하셨으므로 성령이 아직 그들에게 계시지 아니하시더라) 요 7:37-39

> **7** 그러나 내가 너희에게 실상을 말하노니 내가 떠나가는 것이 너희에게 유익이라 내가 떠나가지 아니하면 보혜사가 너희에게로 오시지 아니할 것이요 가면 내가 그를 너희에게로 보내리니 요 16:7

> **13** 너희가 악할지라도 좋은 것을 자식에게 줄 줄 알거든 하물며 너희 하늘 아

버지께서 구하는 자에게 성령을 주시지 않겠느냐 하시니라 눅 11:13

49 볼지어다 내가 내 아버지께서 약속하신 것을 너희에게 보내리니 너희는 위로부터 능력으로 입혀질 때까지 이 성에 머물라 하시니라 눅 24:49

그러므로 예수님이 하나님나라에 대해서 말씀하시면서 '가까이 온 하나님나라'로부터 '이미 도래한 하나님나라'로 초점을 옮기신 것은 장차 믿는 자들에게 동일하게 임하실 성령님의 역사를 염두에 두셨기 때문이다. 예수님이 이 땅에 계시는 동안에는 성령님이 오직 예수님 안에서 역사하셨고, 아직 제자들에게는 임하실 수 없었다. 그러나 예수님이 십자가에 못 박혀 죽으시고 부활 승천하신 후에는 그를 믿는 모든 자들에게 약속하신 보혜사 성령님을 보내 주실 것이고, 그 성령님의 임재와 역사를 통해서 비로소 하나님나라가 실제적으로 도래하는 것이다.

이러한 성취를 이미 마음에 두고 예수님은 믿지 않는 자들에게는 율법의 완전성을 제시하시며 '회개하고 천국에 들어가라'고 촉구하신 반면, 믿는 자들에게는 '이미 하나님나라가 도래했으니 율법적인 삶이 아닌 은혜의 삶을 누리라'고 말씀하신 것이다. 성령 강림에 대한 주님의 약속은 오순절에 놀랍게 성취되었고 그때로부터 하나님나라의 새로운 삶이 실제적으로 그리스도인들과 교회를 통해서 나타나게 되었다.

1 오순절 날이 이미 이르매 그들이 다같이 한 곳에 모였더니 **2** 홀연히 하늘로부터 급하고 강한 바람 같은 소리가 있어 그들이 앉은 온 집에 가득하며 **3** 마치 불의 혀처럼 갈라지는 것들이 그들에게 보여 각 사람 위에 하나씩 임하여 있더니 **4** 그들이 다 성령의 충만함을 받고 성령이 말하게 하심을 따라 다른 언어들로 말하기를 시작하니라 행 2:1-4

43 사람마다 두려워하는데 사도들로 말미암아 기사와 표적이 많이 나타나니 **44** 믿는 사람이 다 함께 있어 모든 물건을 서로 통용하고 **45** 또 재산과 소유를 팔아 각 사람의 필요를 따라 나눠 주며 **46** 날마다 마음을 같이하여 성전에 모이기를 힘쓰고 집에서 떡을 떼며 기쁨과 순전한 마음으로 음식을 먹고 **47** 하나님을 찬미하며 또 온 백성에게 칭송을 받으니 주께서 구원받는 사람을 날마다 더하게 하시니라 행 2:43-47

흔히 보수적인 입장에서는 메시아로서 예수의 역할과 제자로서 그리스도인들의 역할이 구별되어야 하듯이, 공생애 사역을 위한 요단강에서의 예수 성령체험과 그분을 믿는 그리스도인들의 성령체험 역시 구별되어야 한다고 주장한다. 그러나 다음의 말씀들을 고찰해 본다면, 그러한 주장은 실제적인 성령체험을 통해 주의 나타나심을 경험하지 못한 데서 비롯된 이론적 사변일 수밖에 없다고 생각된다.

12 내가 진실로 진실로 너희에게 이르노니 나를 믿는 자는 내가 하는 일을 그

도 할 것이요 또한 그보다 큰 일도 하리니 이는 내가 아버지께로 감이라 요 14:12

32 적은 무리여 무서워 말라 너희 아버지께서 그 나라를 너희에게 주시기를 기뻐하시느니라 눅 12:32

3 그가 고난받으신 후에 또한 그들에게 확실한 많은 증거로 친히 살아 계심을 나타내사 사십 일 동안 그들에게 보이시며 하나님나라의 일을 말씀하시니라 행 1:3

8 오직 성령이 너희에게 임하시면 너희가 권능을 받고 예루살렘과 온 유대와 사마리아와 땅끝까지 이르러 내 증인이 되리라 하시니라 행 1:8

20 하나님의 나라는 말에 있지 아니하고 오직 능력에 있음이라 고전 4:20

결국 예수 그리스도께서 보여 주셨고 오순절 성령 강림을 통해 그리스도인들의 삶 속에서 실제적으로 도래하게 된 하나님나라는 가시적 장소나 지리적 개념이 아니라 성령님이 역사하심으로 하나님의 영광이 임한 곳을 의미한다. 하나님의 영광이 임했다는 것은 그분의 통치주권이 실현됨을 말한다. 성령님의 영광스러운 임재 가운데 하나님이 친히 우리의 실제 삶을 통치하시는 것이 현재적인 하나님나라의 도래인 것이다. 또한, 하나님은 무소부재하신 분이지만, 자녀들이 그의 나라와 의를 구할 때 자녀들을 통하여 어떤 시기와 장소에 그분의 영광을 현시하신다. 그것이 이루어질 때 바로 그 시간과 그 장소 역시 하나님나라가 되는 것이다. 즉, 시간과 공간 속에 현시된 하나님 영광의 임재가 이 땅에 도래한 하나님나라를 나타낸다. 하나님나라는 이 세상에 존재하지만 이 세상에 속하지 않는, 그러나 이 세상에 강력한 영향을 미치는 주님의 현존을 통해 실제적으로 이루어져 가는 영적인 나라인 것이다.

내 안에 있는 하나님나라

이처럼 하나님 영광의 현시, 보혜사 성령님의 임재, 하나님의 통치주권의 실현, 현재적 하나님나라의 시공간적 도래는 내적으로 긴밀히 연결되어 있음을 알 수 있다. 하나님의 영광이 부활 승천하신 예수 그리스도의 영의 임재로 인하여 우리 가운데 임하실 때 하나님의 통치주권이 우리에게 역사하며, 그 나라의 통치가 우리 안에서 시작될 때 우리가 살아가는 시공간의 영역에서도 하나님나라가 실제적으로 도래하는 것이다.

그렇다면 모든 그리스도인 안에는 성령님이 계시는데 왜 하나님나라의 온전한 삶이 나타나지 않느냐고 반문할 수 있다. 분명히 성경은 우리가 예수 그리스도와 연합하여 죽으면, 또한 그분과 연합하여 산다고 말하고 있다. 다른 말로, 우리가 진정으로 예수 그리스도를 주라고 시인하면, 성령님이 이미 우리 안에 오셨다는 것이다.

> 3 그러므로 내가 너희에게 알리노니 하나님의 영으로 말하는 자는 누구든지 예수를 저주할 자라 하지 아니하고 또 성령으로 아니하고는 누구든지 예수를 주시라 할 수 없느니라 고전 12:3

그리스도인들 안에 성령님이 내주하신다면, 그분으로 말미암아 하나님나라의 실제적인 역사가 당연히 우리를 통해서 나타나야 하지 않을까? 성령님의 내주는 사실이지만 그렇다고 해서 성령님의 내주하심이 자동으로 그분의 통치하심을 의미하지는 않는다는 점을 알아야 한다. 하나님나라 백성의 삶은 '성령님이 우리 안에 계시는가, 안 계시는가?'에 의해서만 결정되는 문제가 아니다. 보다 정확히 말하자면, 그것은 우리의 옛 자아가 스스로 성령님을 소유하고 있다는 착각 속에 빠져 있는지 아니면 성령님이 우리의 새로운 자아를 통해서 우리의 삶을 통치하는 것을 깨닫고 체험하고 있는지에 대한 문제인 것이다.

예수 그리스도는 육체적인 고난을 당하시고, 하나님 아버지와 영적 분리(영적 죽음)를 경험하시고, 피 흘려 죽으심으로 음부에서 사망의 고통을 겪으셨다. 그러나 사탄과 지옥의 모든 권세를 이기시고 부활하셔서 대제사장으로서 자신의 보배로운 피를 가지고 하늘의 지성소로 들어가서 하나님의 공의를 만족시키셨다.

그분은 아들로서 영광을 받으시고 하나님 우편에서 우리의 중보자가 되심으로써 우리를 위한 사역을 완성시키셨다. 이미 완성된 그리스도의 사역은 인간이 죄로부터 벗어나기 위해 필요한 모든 조건(하나님의 공의)을 충족시켰다. 즉, 우리가 (성령의 내주를 통해) 예수 그리스도를 믿고 중생했을 때, 칭의와 성화는 (우리의 영 안에서) 이루어진 것이다. 그러나 문제의 핵심은 이것이다. 비록 우리가 구원을 받았고 성령께서 우리 안에 계신다 할지라도, 성령체험(외부로부터의 성령 강림, 그리스도인의 혼과 육이 성령님께 사로잡히는 체험) 전까지는 이 사실을 실제 삶에서 경험하지 못한다는 것이다. 왜냐하면 실제 삶은 여전히 옛 자아가 자신의 삶을 통치하는 것처럼 느껴지기 때문이다. 따라서 중생 이후 모든 성도에게는 성령체험이 절대적으로 필요하다. 성령체험을 통해서 우리의 의식을 작동하는 혼과 육이 성령님의 지배를 받게 될 때, 우리의 의식은 비로소 우리 안에 계신 예수 그리스도와 그분의 영의 인도하심을 인식할 수 있게 된다. 이러한 성령체험은 성결운동에서 말하는 소위 '은혜의 두 번째 사역'이 아니라 이미 예수 그리스도께서 완성하신 사역을 확증하는 것이다.

영국 런던에서 한인 목회자와 선교사를 위한 강의를 하는 동안 시간을 내어 버킹엄 궁을 구경할 때였다. 길을 걸어가는 동안 하나님께서 갑자기 영국이 킹덤(kingdom)인지 아닌지를 물으셨다. 나는 곰곰이 생각한 후에 영국은 진정한 킹덤이 아니라고 답했다. 그때 나는 하나님께서 나의 대답을 매우 기뻐하심을 느꼈다. 영국은 'the united kingdom'이고 여왕이 존재한다. 그러나 실제적인 통치권이 여왕에게 주어진 것은 아니다. 이와 마찬가지로 우리가 구원받았을 때 분명히 성령님은 우리 심령에 계시지만, 그분이 우리의 혼과 육을 온전히 통치하는 것을 체험하지 못하는 한 우리의 마음이 새롭게 되었음을 스스로 느낄 수 없다. 우리가 우리의 가장 깊은 심령뿐만 아니라 육과 혼까지도 그분께 내어 드릴 때, 비로소 그분은 우리의 존재 전부를 통치하게 되며 우리는 그분의 나라와 백성이 되는 것이다. 그럴 때 성령님이 우리를 통하여 이 땅에 그분의 영광과 능력을 나타내실 수 있는 것이다.

결국 하나님나라 경험의 실제성(우리가 하나님나라가 되느냐, 되지 못하느냐)은 성령의 내재성(그분이 우리 안에 계시는가, 안 계시는가)의 문제가 아니라 성령의 통치주권성(그분이 우리를 소유하시느냐 못하시느냐)에 달린 것이다. 성령체험을 한다는 것은 성령님이 위로부터 우리에게 임하셔서 우리의 새로운 자아를 일깨우시는 사건을 경험하는 것이다. 그리고 성령충만의 삶이란 성령체험이라는 일회적인 경험으로 만족하는 것이 아니라, 그때부터 자신의 삶을 포기하고 그분에게 마음(생각, 감정, 의지)을 내어 드림으로써 지속적으로 성령님의 인도하심을 받는 것을 의미한다. 이와 같은 내적 관계성을 이해한다면 우리가 왜 성령체험을 해야 하고 성령충만한 삶을 살아야 하는지에 대해서 더욱 분명하게 깨달을 수 있다. 성령님이 나의 새로운 자아(divine nature)를 일깨워 주시는 경험이 성령체험이며, 나의 모든 인식과 일에 지속적으로 그분의 인도하심을 받는 삶이 성령충만한 삶이다[이 부분에 대한 보다 상세한 내용은 《알고 싶어요 성령님》(규장)을 참고하라].

18 술 취하지 말라 이는 방탕한 것이니 오직 성령으로 충만함을 받으라 엡 5:18

25 만일 우리가 성령으로 살면 또한 성령으로 행할지니 갈 5:25

하나님나라의 삶은 성령님이 역사하심으로 하나님 아버지와 자녀의 관계가 회복되고, 그분의 뜻(말씀)이 현실에서 실체로 변화되는 것을 경험하는 것이다. 그런데 대부분의 그리스도인들은 진리를 아는(배우는) 것에만 초점을 맞추고 신앙생활을 할 뿐, 그 진리를 실제 삶에 적용시키는 데는 무지하거나 무기력한 경향이 있다. 우리는 하나님의 말씀을 통하여 말씀이신 하나님을 만나 교제해야 하며, 하늘에서 이미 이루어진 그 말씀이 우리 안에 있는 참된 믿음(예수 그리스도 안에 있는 믿음, 딤후 3:15; 갈 2:20 참조)을 통하여 현실에서 실체로 나타나는 것을 경험해야 한다. 이 놀라운 비밀이 열리고 체험되는 것은 '하나님(그리스도)의 영이 거하시는 것'과 '그리스도의 영으로 인도함을 받는 것'의 차이를 체험하느냐 못하느냐에 달려 있다. 안타깝게도 많은 그리스도인들이 이 차이를 잘 알지 못한다.

9 만일 너희 속에 하나님의 영이 거하시면 너희가 육신에 있지 아니하고 영에 있나니 **누구든지 그리스도의 영이 없으면 그리스도의 사람이 아니라** 롬 8:9

14 **무릇 하나님의 영으로 인도함을 받는 사람은 곧 하나님의 아들이라** 롬 8:14

구원을 받은 후에도 많은 그리스도인들은 여전히 옛 사람(육적인)의 사고방식으로 살아간다. 그래서 사도 바울은 우리 안에 예수 그리스도께서 계심에도 불구하고 몸은 여전히 죄로 말미암아 죽은 것이며, 그러한 몸의 행실을 죽여야 한다고 말했다.

10 **또 그리스도께서 너희 안에 계시면 몸은 죄로 말미암아 죽은 것이나 영은 의로 말미암아 살아 있는 것이니라 11 예수를 죽은 자 가운데서 살리신 이의 영이 너희 안에 거하시면 그리스도 예수를 죽은 자 가운데서 살리신 이가 너희 안에 거하시는 그의 영으로 말미암아 너희 죽을 몸도 살리시리라** 롬 8:10-11

13 너희가 육신대로 살면 반드시 죽을 것이로되 **영으로써 몸의 행실을 죽이면 살리니** 롬 8:13

그렇다면 "영으로써 몸의 행실을 죽이면"이라는 말의 의미는 무엇일까? 그것은 바로 우리의 마음(혼의 의식)으로 영이신 하나님을 이해하거나 그분과 교제하려는 것이 아니라, 우리 안에 오신 하나님의 영께서 친히 그분의 뜻(말씀)을 우리 마음에 풀어 주심으로 그 말씀의 생명력에 의해 우리 마음(생각, 감정, 의지)이 실제적으로 변화되는 것을 의미한다. 이러한 내용은 사도 바울의 서신서 곳곳에 숨겨져 있다. 로마서 8장 6절의 "영의 생각"이 본래 의미하는 바는 '성령님에 의해서 통치함을 받는 마음'이고, 에베소서 4장 23절의 "심령이 새롭게 되어"는 '성령님이 우리의 마음을 새롭게 함으로써'라는 뜻임을 생각해 보라.

6 육신의 생각은 사망이요 **영의 생각은** 생명과 평안이니라 **7** 육신의 생각은 하나님과 원수가 되나니 이는 하나님의 법에 굴복하지 아니할 뿐 아니라 할 수도 없음이라 롬 8:6-7

23 오직 너희의 심령이 새롭게 되어 24 하나님을 따라 의와 진리의 거룩함으로 지으심을 받은 새 사람을 입으라 엡 4:23-24

이러한 진리를 제대로 알지 못하면 자기가 열심히 하나님을 믿고 헌신하고 봉사하면 그것이 바로 하나님의 일이라고 생각한다. 하지만 하나님이 원하시는 것은 '하나님을 위한 우리의 일'이 아니라 '하나님께서 친히 우리를 통하여 하시는 일'이다. 예수님의 의미심장한 말씀을 다시 한 번 묵상해 보라.

10 내가 아버지 안에 거하고 아버지는 내 안에 계신 것을 네가 믿지 아니하느냐 내가 너희에게 이르는 말은 스스로 하는 것이 아니라 아버지께서 내 안에 계셔서 그의 일을 하시는 것이라 요 14:10

5 나는 포도나무요 너희는 가지라 그가 내 안에, 내가 그 안에 거하면 사람이 열매를 많이 맺나니 나를 떠나서는 너희가 아무것도 할 수 없음이라 요 15:5

하나님나라가 우리 안에 있고 우리가 그의 나라라고 불리는 것은 더 이상 우리 자신이 통치의 주체가 아니라는 뜻이다. 그것은 하나님 영광의 임재(성령님의 통치하심)로 인하여 하나님의 자녀에게 주어진 특권이다. 하나님의 통치와 다스림을 받는 자에게 주어지는 하나님나라는 그리스도의 영을 통하여 인간의 심령 안에서 이루어지는 나라다.

17 하나님의 나라는 먹는 것과 마시는 것이 아니요 오직 성령 안에 있는 의와 평강과 희락이라 롬 14:17

그러나 그 나라는 단지 심령에 국한된 나라가 아니라 우리가 스스로 자아와 육체를 포기하는 만큼 이 땅에 실제적으로 영향을 미치는 영적인 나라다. 심령 속에 하나님나라가 이루어진 사람들이 하나님나라의 새 백성으로서의 교회이며, 바로 그들의 모임을 위해 유형적인 예배당으로서 교회가 세워지는 것이다. 예수님이 이 땅 위에 그분의 교회를 세우신 것은 바로 교회인 우리를 통해서 이 세상을 하나님나라로 만들기 위해서다. 우리는 이 일을 위해서 성령체험을 해야 하고, 기름 부으심을 받아야 하며, 당신의 삶 터에서 하나님이 주시는 거룩한 부담감에 순종하는 삶을 살아야 한다. 그럴 때 하나님의 통치가 임하는 그 나라의 역사를 경험하게 될 것이다. 할렐루야!

> 9 그러나 너희는 택하신 족속이요 왕 같은 제사장들이요 거룩한 나라요 그의 소유가 된 백성이니 이는 너희를 어두운 데서 불러내어 그의 기이한 빛에 들어가게 하신 이의 아름다운 덕을 선포하게 하려 하심이라 벧전 2:9

> 14 그가 우리를 대신하여 자신을 주심은 모든 불법에서 우리를 속량하시고 우리를 깨끗하게 하사 선한 일을 열심히 하는 자기 백성이 되게 하려 하심이라 딛 2:14

CHAPTER

4 하나님나라의 법으로 은혜를 누리라

**사탄은 패했고
그리스도인은 승리했다**

현재적 하나님나라의 실현은 이 땅을 점령한 사탄의 나라와의 전쟁을 통해서 나타난다. 사탄으로 인하여 죄가 이 세상에 들어왔고, 죄로 말미암아 저주가 찾아왔으며, 우리는 온갖 질병과 가난, 악한 영의 묶임 그리고 영원한 사망 아래 놓이게 되었다. 예수님이 전하신 하나님나라 복음의 핵심은 사탄이 점령한 이 땅에 다시 하나님의 통치가 시작되었다는 것이다. 그분은 성육신하여 이 땅에 오신 후 성령충만함을 입고, 하나님나라의 도래를 실증해 보이셨다.

생각해 보라. 하나님의 통치가 시작되면 어떤 일들이 일어나겠는가? 하나님은 무엇보다도 먼저 타락하여 사탄의 노예가 된 인간들을 그분의 자녀로 회복시키기 원할 것이다. 그리고 그들이 죄와 저주로 말미암아 받고 있는 고통과 질병, 가난, 영적인 죽음, 악한 영의 공격으로부터 해방시키고 싶으실 것이다. 그리고 흑암의 권세를 붙들고 있는 마귀를 멸하심으로써 이 땅을 다시 하나님께서 친히 통치하시는 나라로 만드실 것이다. 실제로 예수님은 공생애 동안 바로 이런 일들을 행하셨다. 예수님은 요단강에서 세례를 받은 뒤 성령충만함을 받고, 곧바로 성령님의 이끄심을 따라 광야로 가서 마귀의 모든 시험을 이기셨다. 그 이후 그분은 우리의 죄를 사해 주셨고 온갖 질병을 치유하셨으며 악한 영의 묶임과 저주의 굴레를 풀어 주심으로써 마귀의 일을 멸하셨다.

38 하나님이 나사렛 예수에게 성령과 능력을 기름 붓듯 하셨으매 그가 두루 다니시며 선한 일을 행하시고 마귀에게 눌린 모든 사람을 고치셨으니 이는 하나님이 함께하셨음이라 행 10:38

8 죄를 짓는 자는 마귀에게 속하나니 마귀는 처음부터 범죄함이라 하나님의 아들이 나타나신 것은 마귀의 일을 멸하려 하심이라 요일 3:8

예수님은 성령의 임재와 통치로 이루어지는 하나님나라의 삶에 대해서 말씀하시면서, 먼저 강한 자를 결박하지 않고서 어떻게 그의 집에 들어가서 세간을 강탈할 수 있겠냐고 반문하셨다. 이 말씀은 흑암의 권세에 묶인 이 세상(집)에 들어가서 마귀(강한 자)를 결박하지 않고서는 사람(세간)들을 구원하고 회복시키는 것이 불가능하다는 영적 세계의 비밀을 말씀하신 것이다. 여기서 강한 자의 집에 들어간다는 표현은 흑암의 나라 안으로 침투함으로써 이 땅에 하나님나라의 새 역사가 도래함을 의미한다.

> **29** 사람이 먼저 강한 자를 결박하지 않고서야 어떻게 그 강한 자의 집에 들어가 그 세간을 강탈하겠느냐 결박한 후에야 그 집을 강탈하리라 마 12:29

이미 공생애 사역 동안 예수님은 마귀를 결박하고 악을 멸하며 인생들을 자유하게 만드는 하나님나라의 생명과 능력이 무엇인지를 보여 주셨다. 그러나 이제 그 생명과 능력이 그분을 믿는 모든 이들의 삶에서도 실체로 나타나기 위해서는 예수 그리스도의 십자가 죽음과 부활 승천 그리고 보혜사 성령님의 강림이 뒤따라야 했다. 왜냐하면 죄와 저주와 질병과 죽음과 사탄에 대한 근본적인 승리는 예수님의 십자가 대속의 죽음과 부활 승천을 통해서 그리고 그 승리의 현재적 적용과 실현은 오순절 이후 자녀 안에 임하시고 그 삶을 인도하시는 보혜사 성령님을 통해서 이루어지기 때문이다. 예수 그리스도께서 우리를 위해 이미 이루어 놓으신 승리에 대해 선포하고 있는 다음의 구절들을 보라.

10 이제는 우리 구주 그리스도 예수의 나타나심으로 말미암아 나타났으니 그는 사망을 폐하시고(헬, 카타르게오, katargeo: 힘을 쓰지 못하게 하다, 효력이 없어지게 하다, 활동하지 못하게 하다, 못쓰게 만들다, 폐지하다, 무효로 하다, 치워 버리다) 복음으로써 생명과 썩지 아니할 것을 드러내신지라 딤후 1:10

14 자녀들은 혈과 육에 속하였으매 그도 또한 같은 모양으로 혈과 육을 함께 지니심은 죽음을 통하여 죽음의 세력을 잡은 자 곧 마귀를 멸하시며(헬, 카타르게오, katargeo) **15** 또 죽기를 무서워하므로 한평생 매여 종 노릇 하는 모든 자들을 놓아 주려 하심이니 히 2:14-15

14 우리를 거스르고 불리하게 하는 법조문으로 쓴 증서를 지우시고 제하여 버리사 십자가에 못 박으시고 **15** 통치자들과 권세들을 무력화하여(헬, 아페크뒤오마이, apekdyomai: 무장해제하다, 벗기다: 관직에서 물러날 때 자신의 관직을 나타내는 겉옷을 벗어야 한다는 뜻) 드러내어 구경거리로 삼으시고 십자가로 그들을 이기셨느니라 골 2:14-15

8 죄를 짓는 자는 마귀에게 속하나니 마귀는 처음부터 범죄함이라 하나님의 아들이 나타나신 것은 마귀의 일을 멸하려(헬, 뤼오, lyo: 취소하다, 권위를 박탈하다, 폐지하다) 하심이라 요일 3:8

사탄이 근본적으로 무장해제되고 힘이 빠지며 권위를 박탈당한 것은 예수 그리스도의 십자가 죽음과 부활 승천의 결과다. 사탄은 더 이상 어떤 힘도 없다. 그는 단지 이빨 빠진 늙은 호랑이에 불과하다. 물론 이 세상은 여전히 사탄의 지배와 영향력 아래 있는 것처럼 보이고, 실제로 사탄은 죄와 저주와 질병과 죽음으로 많은 인생들을 묶고 있다. 그러나 성령의 역사하심 아래 주 예수 그리스도의 이름으로 현재적 하나님나라가 실제적으로 임하는 곳에는 흑암의 권세가 더 이상 아무런 능력이 없다. 이는 마치 빛이 임하면 어두움이 자동으로 물러가는 것과 같다. 하나님나라에 속한 왕의 자녀들에게는 발악하는 사탄과 그의 졸개들을 짓밟고 멸할 수 있는 놀라운 권세와 능력이 주어졌다. 마지막 때 예수 그리스도께서 하나님나라를 아버지께 바치실 때 비로소 사탄과 귀신들은 영원한 불못에 던져질 것이다. 그러나 도래한 현재적 하나님나라에서도 우리는 이미 승리가 보장된 영광스러운 전투를 수행하고 있는 것이다.

12 영접하는 자 곧 그 이름을 믿는 자들에게는 하나님의 자녀가 되는 권세를 주셨으니 요 1:12

17 믿는 자들에게는 이런 표적이 따르리니 곧 그들이 내 이름으로 귀신을 쫓아내며 새 방언을 말하며 **18** 뱀을 집어올리며 무슨 독을 마실지라도 해를 받지 아니하며 병든 사람에게 손을 얹은즉 나으리라 하시더라 막 16:17-18

7 그런즉 너희는 하나님께 복종할지어다 마귀를 대적하라 그리하면 너희를 피하리라 약 4:7

성령의 새로운 법을 적용하는 삶

1. 법은 왜 필요한가?

우주의 운행에도 법이 있으며, 모든 것은 그 법에 의해서 움직인다. 모든 법을 만드신 분은 친히 우주를 창조하시고 운행하시는 하나님이시다. 인간은 하나님이 허락하신 과학이라는 도구를 통해서 그분이 제정하신 법을 알아내고 있는 중이다. 우리가 태양계로 우주선을 보낼 수 있는 것도 우주의 법과 질서에 대한 지식을 가지고 있기 때문이다.

마찬가지로 세상의 모든 시스템은 법과 질서에 의해서 유지되고 있다. 모든 것의 판단 기준은 무엇인가? 바로 법이다. 인간이 모여 사는 사회도 법에 의해서 움직이고 있다. 그렇다면 법의 근원적인 역할은 무엇일까? 첫째는 공의와 올바른 삶에 대한 지침이고, 둘째는 불의와 올바르지 않은 삶에 대한 경고다.

지금 우리가 살아가는 사회에 법이 있고, 또 법을 적용해야 하는 가장 근본적인 이유는 무엇일까? 바로 죄 때문이다. 죄로 인한 불법이 없다면 굳이 법을 기준으로 판단하고 벌을 줘야 하는 이유도 없을 것이다. 그러나 '눈 뜨고 코 베인다'는 말이 있을 정도로 불법이 판을 치는 이 세상에서 옳고 그름을 가리고 올바른 길을 추구하며 제대로 살아가기 위해서는 절대적 가치와 권세를 가지는 법이 반드시 있어야 하고, 그 법을 아는 것이 필요하다.

법에는 성문법과 불문법, 공법과 사법, 헌법, 형법, 민법, 행정법, 상법, 각종 소송법 등 다양한 법이 있으며, 수많은 관계와 일의 질서가 눈에 보이지 않는 법에 의해서 유지되고 있다. 문제가 발생하지 않았을 때는 법이 아무것도 아닌 것처럼 여겨지지만, 일단 문제가 터지면 일상의 모든 부분이 법에 의해 통제되고 있음을 깨닫게 된다. 그래서 문제를 해결하기 위해서 법을 다루는 변호사를 찾게 되고, 복잡한 소송과정이 진행되고, 법원에서는 그 사안에 대해서 판결을 내린다. 싫든 좋든, 알든 모르든 모든 인간의 삶은 법에 의해서 규정되고 법에 의해서 움직이고 있다. 누구든지 법의 저촉을 받고 있는 것이다. 그러므로 우리 스스로 죄를 짓지 않기 위해서, 또는 다른 이들의 불법 때문에 피해를 당하지 않기 위해서는 자신이 혹은 남이 하는 일이 옳고 그른지를 분별해 주는 법을 제대로 알아야 한다. 그리고 그 법을 준수해야 한다.

그런데 중요한 또 하나의 사실은 단지 법을 아는 것이 아니라, 지금 유효한 법을 아는 것이 필요하다는 점이다. 특별히 새롭게 제정된 법에 대해서 잘 알고 있어야 한다. 그렇지 못하면 큰 어려움을 당할 수 있다. 예를 들어, 과거에는 동성동본불혼법이 있어서, 같은 본을 가진 남녀는 서로 결혼할 수 없었다. 그러나 지금은 법이 바뀌어서 8촌 이상이면 결혼할 수 있게 되었다. 만약 같은 본을 가진 두 사람이 서로 사랑하는데, 그들이 과거의 법밖에 모르고 있다면 어떤 일이 일어날까? 사랑하지만 눈물을 머금고 헤어지거나 아니면 혼인신고서를 제출하지 않고 모든 사회적인 혜택도 포기한 채 어딘가 숨어서 동거하지 않겠는가? 그러므로 기존의 법이 개정되거나 새로운 법이 공포될 때 그 내용과 의미를 정확히 알고 오히려 그 법의 혜택을 누릴 수 있어야 한다.

2. 생명의 새 언약을 주셨다

우리는 흔히 성경의 법은 교회와 신앙에 관련된 것이고, 세상의 법은 사회에 적용된다고 생각한다. 그러나 결코 그렇지 않다. 성경의 법은 모든 법의 근원이며 상위법이다. 여기서 성경에 기록된 모든 법에 대해서 이야기할 수는 없지만 가장 단순한 생명법에 대해서 생각해 보자. 우리가 죄를 짓고 범법함으로 세상 신인 사탄은 합법적인 권세를 가지고 인간을 도둑질하고 죽이고 멸망시킬 수 있게 되었다.

12 그러므로 한 사람으로 말미암아 죄가 세상에 들어오고 죄로 말미암아 사망이 들어왔나니 이와 같이 **모든 사람이 죄를 지었으므로** 사망이 모든 사람

에게 이르렀느니라 **롬 5:12**

하나님은 죄 가운데 있었으나 기준(법)을 모르던 우리에게 모세의 율법을 주심으로써, 죄와 그 결과가 무엇인지, 하나님이 우리를 얼마나 사랑하시는지, 그리고 죄를 어떻게 사함 받을 수 있는지에 대해서 알려 주셨다.

첫째, 죄는 하나님의 뜻을 어기는 불법이요, 죄를 지으면 죄 값을 받아야 한다. 그 죄 값은 죽음이다.

23 죄의 삯은 사망이요 하나님의 은사는 그리스도 예수 우리 주 안에 있는 영생이니라 **롬 6:23**

둘째, 피 흘림 없이는 죄사함이 없다.

22 율법을 따라 거의 모든 물건이 피로써 정결하게 되나니 **피흘림이 없은즉 사함이 없느니라** 히 9:22

셋째, 육체의 생명은 피에 있으며, 동물의 피로 죄를 속해 준다.

11 육체의 생명은 피에 있음이라 내가 이 피를 너희에게 주어 제단에 뿌려 너희의 생명을 위하여 속죄하게 하였나니 **생명이 피에 있으므로 피가 죄를 속**

하느니라 레 17:11

구약에서는 대제사장이 대속죄일에 자신과 이스라엘 백성의 죄를 사함 받기 위해 놋제단에서 희생제물을 죽이고 지성소에 들어가서 분향하고 희생제물의 피를 뿌려야 했다. 그러나 1년에 한 번씩 드리는 짐승의 피로는 인간의 죄를 완전히 제거할 수 없었다. 율법을 다 지킬 수 있는 사람은 아무도 없기 때문에, 인간은 누구나 죄를 짓고 저주 아래 있을 수밖에 없다. 결국 그 삯은 사망이다.

3 그러나 이 제사들에는 해마다 죄를 기억하게 하는 것이 있나니 4 이는 황소와 염소의 피가 능히 죄를 없이 하지 못함이라 히 10:3-4

10 무릇 율법 행위에 속한 자들은 저주 아래에 있나니 기록된 바 누구든지 율법 책에 기록된 대로 모든 일을 항상 행하지 아니하는 자는 저주 아래에 있는 자라 하였음이라 갈 3:10

그 때문에 하나님은 마침내 그분이 정하신 때가 이르자, 예수 그리스도를 이 땅에 보내셔서 새 언약의 법을 주셨다. 우리의 죄와 저주를 속량하기 위해서 죄 없으신 예수님을 죄와 저주가 되게 하셨고, 우리에게 영원한 기업의 약속을 주셨다.

8 우리가 아직 죄인 되었을 때에 **그리스도께서 우리를 위하여 죽으심으로** 하나님께서 우리에 대한 자기의 사랑을 확증하셨느니라 롬 5:8

12 염소와 송아지의 피로 하지 아니하고 오직 자기의 피로 영원한 속죄를 이루사 단번에 성소에 들어가셨느니라 **13** 염소와 황소의 피와 및 암송아지의 재를 부정한 자에게 뿌려 그 육체를 정결하게 하여 거룩하게 하거든 **14** 하물며 영원하신 성령으로 말미암아 흠 없는 **자기를 하나님께 드린 그리스도의 피가** 어찌 너희 양심을 죽은 행실에서 깨끗하게 하고 살아 계신 하나님을 섬기게 하지 못하겠느냐 **15 이로 말미암아 그는 새 언약의 중보자시니 이는 첫 언약 때에 범한 죄에서 속량하려고 죽으사 부르심을 입은 자로 하여금 영원한 기업의 약속을 얻게 하려 하심이라** 히 9:12–15

구약과 신약은 동일한 대상을 위한 동등한 두 가지 법이 아니다. 하나님의 생명이 내주하지 않는 자에게 적용되는 법이 구약(옛 언약)이라면, 신약(새 언약)은 이제 하나님의 생명이 그 안에 있음으로 이 땅에 도래한 하나님나라의 삶을 사는 자를 위한 법이다.

7 저 첫 언약이 무흠하였더라면 둘째 것을 요구할 일이 없었으려니와 히 8:7

13 새 언약이라 말씀하셨으매 첫 것은 낡아지게 하신 것이니 낡아지고 쇠하는 것은 없어져 가는 것이니라 히 8:13

3. 새로운 법은 거저 주시는 은혜를 누리는 법이다

법이 바뀐 상황에서는 더 이상 옛날 법을 가지고 살 수 없다. 더 좋은 새 법이 제정되었으므로 우리는 그 법을 가지고 살아야 한다. 첫 언약은 이 땅에서 축복받는 법에 대한 것이었지만, 새 언약은 이 땅에 도래한 하나님나라의 법에 대한 것이다. 옛날 법은 우리가 스스로 지키고 행해야 하는 법이었지만, 믿음의 새로운 법은 우리 안에 계신 예수 그리스도로 인하여 이루어 가야 하는(그분이 친히 우리를 통하여 이루어 가시도록 해야 하는) 법이다. 이 땅에 하나님나라가 도래했기에 더 이상 당신이 보고 생각하고 느끼는 (현상적인) 세상이 참 세상이 아니라, 예수님이 바라보시고 생각하시고 느끼시며 우리에게 말씀해 주시는 그 세상이 참 세상(즉, 이 땅에 도래한 하나님나라)인 것을 알아야 한다. 예수님이 말씀하신 것은 당신 자신으로 인하여(성자 하나님께서 성육신하심으로 인하여) 세상의 법이 사라진 것이 아니라 보다 상위 법이 임했기에 세상을 변화시킬 수 있다고 선포하신 것이다. 이제는 이 세상의 현실(법)로부터 출발하는 것이 아니라, 하나님나라(영적 세계)로 들어가서 그곳에서 예수님이 말씀하시는 새 법을 배우고, 그것을 이 땅(세상)에 적용해야 한다고 말씀하셨다.

> 10 나라가 임하시오며 뜻이 하늘에서 이루어진 것같이 땅에서도 이루어지이다 마 6:10

> **5** 이는 우리 복음이 너희에게 말로만 이른 것이 아니라 또한 능력과 성령과 큰 확신으로 된 것임이라 우리가 너희 가운데서 너희를 위하여 어떤 사람이 된 것은 너희가 아는 바와 같으니라 살전 1:5

하나님나라 안에 있는 당신은 이제 더 이상 과거의 법에 의해서 지배받거나 판단받거나 제한받지 않는 존재다. 당신은 정말로 이것을 알아야 한다. 과거의 법에 근거해서 죄나 마귀가 더 이상 당신을 괴롭힐 수 없다. 단, 우리가 새 법을 아직 모르거나 제대로 적용하지 않을 때(옛날 법을 믿고 따르는 만큼) 그들은 우리를 괴롭히고 고통을 줄 수 있다. 우리를 위해 죽으시고 보혜사 성령님으로 우리 안에 계신 예수 그리스도로 말미암아 새로운 피조물로서 이 진리를 알고 적용하는 것이 바로 믿음이다.

> **7** 이는 우리가 믿음으로 행하고 보는 것으로 행하지 아니함이로다 고후 5:7

> **17** 그런즉 누구든지 그리스도 안에 있으면 새로운 피조물이라 이전 것은 지나갔으니 보라 새 것이 되었도다 고후 5:17

당신이 예수님을 영접하고 예수 그리스도 안에 거할 때 당신은 새로운 법 아래에 있으며, 그 법의 혜택을 누릴 수 있다는 것을 알고 있는가? 몇 가지를 다시 한번 확인해 보자.

첫째, 당신이 예수 그리스도를 믿을 때 다음과 같은 사실이 이루어졌다는 것을 정말로 알고 있는가?

- 예수님이 우리의 죄 값을 치르기 위해서 피 흘리고 죽으셨다.
- 따라서 죄사함을 받았다. 그것은 우리가 지은 죄뿐만 아니라 우리 마음의 죄의식까지도 포함된다.
- 예수 그리스도께서 우리 안에서 그것을 증거하고 계신다.
- 만약 당신 스스로가 당신이 지은 죄 값을 치르려 한다면 당신은 이미 폐기된 옛날 법의 감옥에 갇혀서 고통 가운데 지내는 것과 같다.
- 그리스도의 영에 당신의 혼과 육이 순종함으로 당신은 하나님나라에 속한다.
- 따라서 당신은 어둠의 나라가 아닌 하나님나라의 법을 지킴으로써 그 혜택을 누려야 한다.

새 법을 적용하면, 우리는 더 이상 율법 아래 있지 않고, 은혜 아래 있게 된다. 과거의 법 아래서는 우리를 사망으로 이끄는 죄가 왕으로 군림하였지만, 새로운 법 아래서는 우리를 생명으로 이끄는 '하나님의 의'로 말미암아 예수 그리스도의 은혜가 모든 것을 통치하게 된다.

14 죄가 너희를 주장하지 못하리니 이는 너희가 법 아래에 있지 아니하고 은

혜 아래에 있음이라 롬 6:14

21 이는 죄가 사망 안에서 왕 노릇 한 것같이 은혜도 또한 의로 말미암아 왕 노릇 하여 우리 주 예수 그리스도로 말미암아 영생에 이르게 하려 함이라 롬 5:21

둘째, 당신은 율법(죄와 사망의 법) 아래 있는가, 은혜(생명의 성령의 법) 아래 있는가?

당신이 죄를 지었을 때 어떤 마음을 가지는가? 회개하라.

1 그러므로 이제 그리스도 예수 안에 있는 자에게는 결코 정죄함이 없나니 롬 8:1

9 만일 우리가 우리 죄를 자백하면 그는 미쁘시고 의로우사 우리 죄를 사하시며 우리를 모든 불의에서 깨끗하게 하실 것이요 요일 1:9

죄책감, 정죄감을 가지지 말라. 사탄은 당신이 행한 일에 대해서 끊임없이 참소하며 책임을 지라고 말할 것이다. 당신이 "또 졌습니다. 내가 다시 죄를 지었습니다. 나는 죄인입니다"라고 말하게 만드는 것은 과거에 속한 죄와 사망의 법이다. 자신이 죄인이라는 생각에 매여 있는 것은 "나는 하나님께 속한 자가 아니라 여전히 마귀에게 속한 자입니다"라고 고백하는 것과 같다. 그러나 그 참소에 속기 전에 당신이 근본적으로 예수 그리스도 안에 있는가 아니면 예수 그리스도 밖에 있는가를 생각해 보라. 당신이 예수 그리스도 안에 있는 존재라면, 당신이 죄를 지었음에도 불구하고 더 이상 자신을 정죄할 필요가 없다.

당신이 느끼는 죄책감이나 무력감이 자신을 정죄하도록 허용하지 말고, 예수 그리스도에 대한 절대적 의존성으로 변화되도록 하라. 죄를 또 짓는다 하더라도, 예수 그리스도의 이름으로 죄사함을 받고 새롭게 되었음을 선포하라. 당신 마음에 자신을 속이는 것이 아닌가라는 생각이 들 때도 하나님이 당신의 죄를 사했음을 믿어라. 그것이 온전한 믿음이다. 그렇다면 계속 죄를 짓는데도 그렇게 하라는 말인가? 그것은 방종이 아닌가? 결코 그렇지 않다.

1 그런즉 우리가 무슨 말을 하리요 은혜를 더하게 하려고 죄에 거하겠느냐 **2** 그럴 수 없느니라 **죄에 대하여 죽은 우리가 어찌 그 가운데 더 살리요** 롬 6:1-2

여기서 사도 바울은 우리가 거듭날 때 우리 안에 그리스도의 영이 들어오심으로 우리의 옛 자아가 죽었으니, 아무리 우리 육신에 죄의 세력이 들어와서 괴롭힌다 하더라도 어찌 그 가운데서 살 수 있겠느냐고 반문하고 있다. 내가 문제를 해결하기 위해서 예수 그리스도의 도움이 필요한 것이 아니라, 이 문제는 오직 예수 그리스도만이 해결하실 수 있다는 것을 믿어야 한다. 죄를 지었을지라도 당신의 행위로 그 문제를 해결하지 않겠다는 마음을 가지는 것(마음을 지키는 것), 오직 주님에게 모든 것을 내어 드리는 것이 바로 믿음이다. 율법의 기준하에서 잘못된 행위에 대해서는 회개하라. 그리고 죄사함을 받아라. 문제를 자신의 생각과 노력으로 해결할 수 없다는 것을 고백하라. 내 삶에 예수님의 마음이 없으면 또 다른 죄를 지을 수밖에 없음을 고백하라.

셋째, 매일의 삶에서 당신의 관심사는 죄를 짓지 않는 것인가 아니면 하나님의 뜻을 이루는 것인가?

사탄은 당신이 (당신 안에 계신) 그리스도의 삶(그분을 나타내는 삶)이 아니라 당신 자신의 삶을 살도록 만든다. 그것이 사탄의 전략이다. 그 때문에 당신이 자신의 생각과 의지로 죄를 짓지 않으려고 무단히 노력할 때, 사탄은 그러한 종교적 열심과 자기 의를 매우 기뻐한다. 왜냐하면 당신은 이렇든 저렇든 반드시 실패할 수밖에 없고 사탄은 죄책감과 정죄감, 낙심과 좌절, 원망과 불평, 자랑과 교만 등의 굴레로 당신의 삶을 꽁꽁 묶어 둘 수 있기 때문이다. 그러나 하나님은 우리 자신의 의로운 행위를 원하시는 것이 아니라, 그분의 뜻이 우리를 통해 이루어지기를 원하신다.

8 너희는 그 은혜에 의하여 믿음으로 말미암아 구원을 받았으니 이것은 너희에게서 난 것이 아니요 하나님의 선물이라 9 행위에서 난 것이 아니니 이는

누구든지 자랑하지 못하게 함이라 10 우리는 그가 만드신 바라 그리스도 예수 안에서 선한 일을 위하여 지으심을 받은 자니 이 일은 하나님이 전에 예비하사 우리로 그 가운데서 행하게 하려 하심이니라 엡 2:8-10

당신 자신의 생각과 의지로 죄를 짓지 않으려는 헛된 노력을 포기하고, 예수 그리스도만을 의지하고자 하는 믿음으로 나아갈 때 당신 안에 계신 예수님이 친히 역사하신다. 그래서 하나님의 선하시고 기뻐하시고 온전하신 뜻이 당신을 통해서 이 땅 가운데 이루어지게 하신다. 그리스도의 법인 새 언약의 복음은 단지 눈에 보이는 세상의 삶에서 승리하게 하는 법을 말하는 것이 아니라, 우리가 주를 믿음으로 이 땅에 도래한 하나님나라에서 주의 마음으로 주의 뜻을 이루는 삶을 살게 하는 것이다.

넷째, 당신은 육신으로 문제를 해결하지 않고 영을 따라 행하기를 원하는가?

1 그러므로 이제 그리스도 예수 안에 있는 자에게는 결코 정죄함이 없나니 2 이는 그리스도 예수 안에 있는 생명의 성령의 법이 죄와 사망의 법에서 너를 해방하였음이라 3 율법이 육신으로 말미암아 연약하여 할 수 없는 그것을 하나님은 하시나니 곧 죄로 말미암아 자기 아들을 죄 있는 육신의 모양으로 보내어 육신에 죄를 정하사 4 육신을 따르지 않고 그 영을 따라 행하는 우리에

게 율법의 요구가 이루어지게 하려 하심이니라 롬 8:1-4

사탄은 인간 자신의 능력에 근거한 율법의 행위로 당신을 묶어 두려고 한다. 그러나 하나님은 예수 그리스도 안에 있는 새 피조물의 삶을 위해서 생명의 성령의 법이 역사하도록 하셨다. 그것은 육신의 일 대신 영의 일을 생각하는 것이다. 하나님의 영으로 인도함을 받는 것이다. 주의 영이 계신 곳에서 자유를 누리는 것이다. 당신이 생명의 성령의 새로운 법을 제대로 적용하기 시작한다면, 죄나 질병이나 저주나 악한 영이 더 이상 당신을 괴롭히지 못한다. 당신이 그 법을 안다면, 악한 것들을 꾸짖고 쫓아내야 한다.

만약 그것들이 계속 당신을 괴롭힌다면 그것은 불법이다. 생각해 보라. 당신이 죄인이었을 때 죄가 당신을 괴롭힌 것은 합법이다. 그러나 당신이 죄사함을 받고 난 다음 성령의 인도함 가운데 하나님나라에 거하고 있는데도 여전히 죄가 당신을 괴롭힌다면 그것은 불법이다. 모든 불법은 성령님의 인도하심 아래 오직 예수 그리스도 안에서 예수 그리스도의 이름으로 그분이 주시는 영의 말씀을 선포함으로 쫓아내야 한다.

그러나 우리가 반드시 기억해야 할 일은, 우리(하나님의 자녀)의 삶은 하나님의 법을 이 땅에 적용함으로써 주의 뜻을 이루어 가는 것이지, 그 법을 지킴으로써 우리에게 세상적 기준의 업적, 건강, 명예가 보상되는 것은 아니라는 사실이다. 만약 그렇게 생각한다면 우리는 하나님의 자녀가 아니라 하나님과 거래하는 자가 될 것이다(이러한 신앙적 관점을 기복신앙이라고 부른다). 사는 동안에 누리는 풍성함은 하나님 나라를 이루어 가는 자녀에게 베푸시는 은혜이지 믿음으로 법을 지킨 결과물이 아니다.

따라서 우리가 현재적 하나님나라의 삶을 사는 동안에도 우리가 이해할 수 없는 고통과 질병과 어려움을 얼마든지 당할 수 있다. 하나님의 자녀는 자신의 문제를 해결하기 위해서 하나님의 법을 적용하는 자가 아니라 주 안에서 영적 교제를 하고 하나님나라의 법을 적용하며 주의 뜻을 이루어 가는 삶을 살아가는 사람이다. 또한 그분이 우리에게 주시는 그분의 마음을 더 알아 가는 삶을 살아가는 사람이다. 그럴 경우, 문제가 해결되지 않을 수도 있고, 질병이 치유되지 않을 수도 있고, 고통이 사라지지 않을 수도 있다. 그러나 그러한 상황에서도 하나님의 뜻을 얼마든지 더 나타낼 수 있는 삶을 살 수 있다. 예를 들어, 사도 바울의 질병이나 최근 많은 그리스도인들에게 좋은 영향을 미치는 복음전도자 닉 부이치치(Nicholas Vujicic)의 삶을 생각해 보라.

하나님나라의 법, 이렇게 적용하라

1. 기적이 상식이 되는 삶을 살라

우리가 분명히 알아야 할 사실은 우리는 두 차원의 세계, 즉 삼차원의 물리적 세계와 초자연적인 영적 세계에 걸쳐서 살고 있다는 것이다. 물리적 세계는 지구 위의 수많은 나라와 민족들이 공존하는 이 땅이다. 우리는 이 땅의 시공간적 세계에서 몸이라는 장막을 지니고 유한한 삶을 살고 있다. 그러나 우리는 동시에 빛의 나라(하늘나라) 또는 어둠의 나라라는 영적 세계에도 속해 있다. 두 차원의 세계는 모두 실제로 존재한다. 물리적 세계가 보이는 세계인 반면, 영적 세계는 보이지 않는 세계다. 물리적 세계에는 수백 개의 나라가 있지만, 영적 세계에는 두 나라밖에 없다. 하나님나라와 사탄의 나라가 바로 그것이다. 물론 사탄의 나라는 절대 주권자이신 하나님의 허용하에서만 존재할 수 있는 피조 세계이지만, 두 영적 세계는 우리로 인하여 서로에게 영향을 주고 있으며, 우리 또한 두 영적 세계에 영향을 받고 있다.

물리적 세계에서 우리의 모든 지위와 신분, 권리와 책임 등은 그 나라의 법에 기초하고 있다. 물리적 세계 속에 존재하는 모든 인간은 동시에 각기 서로 다른 영적 세계에 관계하며 살게 된다. 다시 한번 강조하지만, 우리가 이 땅에서 산다는 것은 물리적인 어떤 나라의 백성으로 사는 것과 동시에 그 땅 가운데 임한 영적 세계와도 동시에 관계하며 산다는 것을 의미한다. 우리가 살고 있는 이 땅의 어떤 물리적 지역이 어느 나라에 속해 있든지 그곳은 하나님의 통치 주권에 따라 하나님나라일 수도 있고 아니면 사탄이 점령한 어둠의 나라일 수도 있다. 그러므로 그리스도인으로 산다는 것은 지금 속한 물리적 세계의 나라가 어디든 하나님나라의 영적 세계와 관계하며 사는 것을 의미한다. 그리스도인은 하늘나라에서 이미 이루어진 주의 뜻을 이 땅에 나타냄으로써 하나님의 통치권을 넓히고, 어떤 땅의 족속이라도 하나님나라의 백성이 되도록 해야 하는 대사적 임무를 지니고 살고 있다. 이 일을 위해서 하나님나라의 백성은 어둠의 세계의 영향 아래 있는 이 세상의 법보다 상위법인 하나님나라의 법을 준수하고 적용하도록 부르심을 받았다.

다음의 말씀을 통해서 하나님나라 법의 놀라운 비밀을 알아보자.

10 나라가 임하시오며 뜻이 하늘에서 이루어진 것같이 땅에서도 이루어지이다 마 6:10

2천 년 전 예수님은 그분의 공생애(지상사역) 동안에 앞으로 이 땅에 도래하게 될 하나님나라를 바라보시며 제자들에게 참된 기도가 무엇인지 가르쳐 주셨다. 그러나 지금 예수님은 어디에 계시는가? 부활 승천하신 예수님은 하나님 우편에 앉아 계실 뿐 아니라 동시에 우리 안에도 와 계시고 역사하심으로 인하여(천상사역) 하나님나라가 이미 이 땅에 임했다. 따라서 이제 우리는 주님께서 가르쳐 주신 기도의 내용을 더 이상 미래적으로 받아들여서는 안 된다. 하나님나라가 언젠가 임하도록 기도하는 것이 아니라 이미 그 나라가 우리 가운데 임했기 때문에(현재) 주께서 주신 모든 약속의 말씀이 이미 하늘에서 이루어졌으며(과거), 그 결과 하늘에서 이루어진 것같이 이 땅에도 실제적으로 이루어질 것이라(미래)고 기도해야 한다. 이것이 바로 과거와 현재와 미래 그리고 두 차원을 아우르는 하나님나라 복음의 총체적인 관점이다. 우리 안에 성령님이 임하심으로 말미암아 (행 1:8; 요 14:20) 하나님나라가 이미 우리 안에 있으며(눅 17:20-21), 예수 그리스도께서는 세상 끝날까지 우리와 함께하신다(마 28:20). 이제 이 땅에는 현재적으로 하나님의 통치가 임하고 있다.

'하나님의 거처'(abode of God)인 하늘은 영원과 영광의 초자연적인 영역을 의미한다. 바로 그 하늘의 속성과 본질이 이 땅에도 동일하게 이루어지는 것이 하나님의 현재적 통치로서의 하나님나라다. 이 통치가 임하는 곳에는 우리가 다시 하나님 자녀의 신분으로 회복되고, 죄와 마귀의 공격으로 인한 모든 질병과 고통과 저주로부터 해방되며, 주의 자녀로서 주의 유업을 이어받아 이 땅에 주의 뜻을 이루게 되는 선한 역사가 일어난다. 여기에는 마귀의 일을 멸하는 것이 포함된다.

당신은 단지 구원만 받은 신자인가 아니면 진정한 하나님의 자녀인가? 당신은 이 땅에만 속한 자인가 아니면 이 땅에 도래한 하나님나라에 속한 자인가? 하나님의 뜻이 이루어진다는 것은 당신이 이 세상에서 하나님을 위해 헌신하는 것인가 아니면 하나님께서 친히 하늘에서 이루신 그 뜻을 이 땅에 나타내는 것인가? 하나님나라의 기적은 이 땅의 법칙에 의해서 일어나는 것이 아니다. 기적은 하나님나라의 말씀이 이 땅에서 실체로 나타나게 되는(빛이 있으라 하심에 빛이 생겨난 것처럼) 창조의 법칙에 의해서 일어나는 것이다. 기적은 단지 현실 세계의 특별한 상호작용에서 기인하는 것이 아니라, 보이지 않는 하늘에서 이루어진 것이 보이는 이 땅에 나타나는 것이다. 하나님의 자녀에게는 이러한 삶이 상식이 되어야 한다.

2. 하나님나라의 법을 적용하라

우리가 정말로 하늘에서 이루어진 하나님의 뜻을 이 땅에 나타내는 일을 행하려면, 하나님나라의 법을 제대로 알고 그 법을 어떻게 적용하는지에 대해서 배워야 한다. 하나님의 통치가 임했고 하나님의 자녀인 우리가 이 땅에 그분의 뜻을 이루기 위해서는 우리가 속해 있는 세상 나라의 법이 아닌 하나님나라의 법을 적용시켜야 한다. 하나님나라에는 하나님나라의 법만이 적용되기 때문이다. 이 땅에 도래한 하나님나라에 대한 이해가 없다면 이 땅에서 승리하는 삶이 불가능하기에 그리스도인에게 가장 중요한 개념은 하나님나라와 그 법의 적용이라 하겠다.

하나님나라의 법과 적용의 문제에 대해 한 예를 들어 생각해 보자. 바리새인들이 예수님을 옭아매기 위해 세금에 대해 질문했을 때 예수님은 놀라운 지혜의 말씀으로 대답하셨다.

15 이에 바리새인들이 가서 어떻게 하여 예수를 말의 올무에 걸리게 할까 상의하고 16 자기 제자들을 헤롯 당원들과 함께 예수께 보내어 말하되 선생님이여 우리가 아노니 당신은 참되시고 진리로 하나님의 도를 가르치시며 아무도 꺼리는 일이 없으시니 이는 사람을 외모로 보지 아니하심이니이다 17 그러면 당신의 생각에는 어떠한지 우리에게 이르소서 **가이사에게 세금을 바치는 것이 옳으니이까 옳지 아니하니이까 하니** 18 예수께서 그들의 악함을 아시고 이르시되 외식하는 자들아 어찌하여 나를 시험하느냐 19 세금 낼 돈을 내게 보이라 하시니 데나리온 하나를 가져왔거늘 20 예수께서 말씀하시되 이 형상과 이 글이 누구의 것이냐 21 이르되 가이사의 것이니이다 이에 이르시되 **그런즉 가이사의 것은 가이사에게, 하나님의 것은 하나님께 바치라 하시니** 22 그들이 이 말씀을 듣고 놀랍게 여겨 예수를 떠나가니라 마 22:15-22

우리는 이 말씀을 통하여 하나님나라의 삶을 어떻게 적용할 수 있는지에 대한 놀라운 비밀을 깨닫게 된다. 하나님나라의 비밀을 깨닫지 못할 때는 단지 가이사(로마 황제)와 하나님이 대비되는 것으로 보인다. 그러나 이 말씀을 영적으로 보다 깊이 들여다본다면, 예수님은 세상에 속한 사탄의 통치와 영적 세계의 하나님 통치를 염두에 두고 계시다. 하나님이 통치하시는 나라와 사탄이 지배하는 세상 나라의 갈등을 우리가 인식하는 시공간의 물리적 세계에 제한시키려는 것은 참으로 어리석은 일이 아닐 수 없다.

물론 세상의 법과 질서도 하나님께서 허락하신 것이다. 단지 인간의 죄로 인해 사탄이 통치하게 되었고 그 결과 타락하고 왜곡되고 부패되었을 뿐이다. 바리새인들은 자신의 제한된 생각으로 예수님을 올무에 걸리게 하려고 질문을 했다. 그러나 예수님은 하나님이 허락하신 세상의 법을 무시하거나 거절하는 것이 아니라 순종해야 하지만, 그 세상의 법을 바꾸기 위해서는 무엇보다 하나님나라의 법에 순종해야 마땅하다고 말씀하신다. 즉, 우리가 하나님나라에 들어가서 하나님나라의 법에 순종할 때 궁극적으로 세상의 법을 변화시킬 수 있다는 것이다. 이는 구원받은 우리가 육적으로는 세상에 관여하고 속해 있지만, 영적으로는 새롭게 태어난 자로서 하나님나라에 속해야 한다는 의미로도 이해될 수 있다.

지구상 어떤 나라의 국민이라도 자국법에 의해서 지위와 신분을 보장받으며, 그 법의 혜택을 받게 된다. 그러나 그가 다른 나라로 가면 그 지위와 신분 그리고 법의 혜택은 상실된다. 왜냐하면 그는 그 나라의 국민(백성)이 아니기 때문이다. 우리가 대한민국 국적을 가지고 산다는 것은 알든 모르든 간에 우리가 국민적 책임을 다할 뿐만 아니라 대한민국의 법을 준수하고 있으며, 동시에 그 법적 신분과 그 법이 정한 자국민의 혜택을 누리고 있는 것이다.

가장 안타까운 사실은 수많은 그리스도인들이 자신이 속해 있는 현재적 하나님나라에 대해서 알지 못한 채 단지 이 세상(물리적 세계)에서 교회(신앙)생활을 열심히 하면 하나님이 복을 주신다는 믿음으로 살고 있다는 점이다. 이는 마치 세상 나라에서 하나님나라의 법의 혜택을 누리려고 애쓰는 것과 같다. 다른 말로 한국민이 더 열심히 기도하고 성경 보고 헌신하면 미국 법의 혜택을 누릴 수 있다고 믿는 것과 같다. 미국 사람만이 미국 법의 혜택을 누릴 수 있다. 과연 당신의 국적은 어디인가?

한편, 지금은 신앙생활이 힘들고 어렵지만 언젠가 도래할 미래적 하나님나라의 천국시민권을 소망하며 살고 있는 그리스도인도 있다. 예수님이 약속하신 모든 혜택은 죽고 나서 누릴 수 있다고 믿는 것이다. 그러나 그것은 바른 복음이 아니다. 우리는 앞으로 누리게 될 천국의 혜택뿐만 아니라 지금 이 땅에서도 하나님나라의 자녀에게 주어지는 모든 혜택을 누려야 한다. 그리고 이를 위해서 하나님나라에서 그 나라의 삶을 살아야 한다.

예수님이 왜 지금 "먼저 그의 나라와 의를 구하라"고 하셨는지를 생각해 보라. 그 나라 국적이 없으면 그 나라의 신분과 법적 혜택을 누리지 못하기 때문이다.

> **33** 그런즉 너희는 먼저 그의 나라와 그의 의를 구하라 그리하면 이 모든 것을 너희에게 더하시리라 마 6:33

우리는 믿음생활을 하면서 성경의 말씀대로 예수 그리스도의 이름으로 많은 것을 간구하고 선포한다. 그럼에도 불구하고 우리 자신의 기도가 정말 능력이 있으며, 말씀의 약속대로 무엇이든지 구하면 얻으리라는 믿음을 가지지 못하고 있다. 왜 그런가? 한마디로 말하자면, 하나님나라의 법을 하나님나라가 도래하지 않은 이 땅에서만 선포하고 적용했기 때문이다. 지금 이 땅은 마귀의 영적 세계에 의해서 지배를 받고 있다. 하나님나라의 법(말씀)은 하나님나라에서만 적용되며 그 나라와 상관없는 이 땅에서는 결코 유효하지 않다. 생각해 보라. 마태복음 6장 10절의 말씀은 이 땅에 하나님나라가 임했다고 선포했고, 마태복음 6장 33절은 그렇기 때문에 너희는 먼저 그의 나라를 구해야 한다고 도전하고 있지 않은가? 여기에 바로 하나님나라를 침노해야 할 이유가 있는 것이다.

그렇다면 "그의 의를 구한다"는 말이 의미하는 바는 무엇인가? 그것은 하나님의 통치(그 나라)가 임했기 때문에 우리가 그분의 통치 안에 들어감으로써 그분의 마음에 우리의 마음이 일치하게 될 때, 하늘에서 이미 이루어진 하나님의 뜻이 이 땅에서도 이루어진다는 것이다. 다시 말해서, 우리가 하나님나라에 들어가서 그분의 자녀로서 그 나라의 법을 적용할 때 하늘나라(초자연적인 영적 세계)에서 이미 온전히 이루어진 하나님의 뜻(약속의 말씀)이 바로 이 땅(마귀가 통치하고 있는 물리적 세계)에서도 이루어진다는 것이다. 얼마나 놀라운 일인가? 바로 예수 그리스도를 통해서 우리에게 주어진 모든 약속의 말씀이 우리의 삶에서 이루어진다는 것이다[이 부분에 대한 구체적인 내용은 《알고 싶어요 하나님의 의》(두란노)를 참고하라]. 그렇다면 우리는 구체적으로 어떻게 하나님나라를 구현할 수 있는가? 먼저 어떤 장소나 공간에 하나님의 주권을 인정하고 그분의 영광이 임하시도록 초청해야 한다. 그럴 때 그곳에 하나님이 친히 임하신다. 이때 우리는 그 나라 안으로 침노해 들어가야 한다. 그 말은 단지 의식적으로 믿는다는 의미가 아니라, 우리의 영은 물론 우리의 혼과 육까지도 하나님의 통치함을 받도록 허용해야 한다. 그럴 때 우리 영 안에 계신 하나님의 영으로부터 우리의 혼에 부어지는 그분의 말씀이 믿어지고[마음으로 믿어 의에 이르고(롬 10:10)], 우리가 그 말씀을 믿고 말하고 행동으로 옮길 때 하나님의 생명과 권능이 나타나게 된다.

우리의 문제를 가지고 하나님나라 법을 실제적으로 적용해 보자. 하나님나라 법의 실제적 적용에 있어 가장 중요한 첫 번째 단계는 내 문제를 해결하기 위해서 하나님이 필요한 것이 아니라 하나님의 문제를 해결하는 것이 내 삶이라는 것을 깨닫는 것이다. 생각해 보라. 당신이 정말로 하나님의 자녀라면 더 이상 당신의 문제를 해결하는 삶은 없어지는 것이다. 당신의 질병, 고통, 가난, 묶임이 어디로부터 왔는가? 마귀가 불법으로 당신을 죽이고 도둑질하고 멸망시키는 것 아닌가? 그것을 해결하는 것이 당신의 문제인가 아니면 하나님의 뜻을 이루는 일인가?

두 번째는 하나님나라에 들어가 영을 좇아 행하는 것이고(롬 8:4),

세 번째는 이미 하늘에서 이루어진 것을 믿고 이 땅에서도 이루어지도록 하는 것이다(마 6:10). 어떻게 이러한 일들이 일어날 수 있는가? 중생했다는 것은 우리가 더 이상 육적인 존재가 아니라 영적인 존재(예수 그리스도 안에서 하나님의 자녀)가 되었다는 것이다. 따라서 하나님 나라의 법을 적용시키기 위해서는 그 영적인 법을 제정한 분으로부터 그 법의 적용에 대해서 들어야 한다. 그것은 기록된 법(문자로서의 성경)을 내가 읽고 믿는 것(나의 인간적인 믿음, 육신의 생각)이 아니라, 지금도 그 법에 대해서 친히 말씀하시는 하나님으로부터 듣고 믿어야 한다는 것을 의미한다. 하나님의 자녀의 영 안에 그분이 성령으로 와 계신다. 따라서 우리 영으로부터 우리 마음에 부어 주시는 그분의 생명의 말씀(영의 생각)을 들어야 한다.

> **6** 육으로 난 것은 육이요 영으로 난 것은 영이니 요 3:6

> **4** 육신을 따르지 않고 **그 영을 따라 행하는 우리에게 율법의 요구가 이루어지게 하려 하심이니라** **5** 육신을 따르는 자는 육신의 일을, 영을 따르는 자는 영의 일을 생각하나니 **6** 육신의 생각은 사망이요 영의 생각은 생명과 평안이니라 **7** 육신의 생각은 하나님과 원수가 되나니 이는 하나님의 법에 굴복하지 아니할 뿐 아니라 할 수도 없음이라 **8** 육신에 있는 자들은 하나님을 기쁘시게 할 수 없느니라 롬 8:4-8

하나님나라의 삶이란 더 이상 육신을 따르지 않고 그 대신 우리 안에 계신 그리스도의 영을 따라 행함으로써 율법의 저주로부터 자유함을 얻는 것이며, 내 안에 계신 예수 그리스도로 말미암아 율법을 완성시키는 것이다. 그것을 위해서 우리는 더 이상 육신의 생각(오감에 묶여 있는 마음)이 아니라 영의 생각(그리스도의 영에 통치함을 받는 마음)으로 살아가는 것을 배워야 한다. 그 삶이 무엇인지 그리고 어떻게 그 삶을 살 수 있는지를 가르쳐 주는 것이 바로 성경이고 그 실체를 누리도록 우리 안에서 역사하시는 분이 성령님이시다.

하나님나라의 법이 믿음과 기도에 어떻게 적용되는지 한 예를 들어 생각해 보자.

흔히 마가복음 11장 24절은 믿음의 기도에 대한 것으로 간주한다. 그러나 이 말씀은 단지 이 땅에서 자신의 인간적인 믿음을 발동시키는 자에게 주어진 약속이 아니라, 하나님나라에 거하는 자들에게 하나님의 뜻을 이루기 위해서 그 나라의 법이 어떻게 이 땅에서 적용되는가를 알려 주는 귀중한 말씀이다. 여기에는 "나라가 임하시오며 뜻이 하늘에서 이루어진 것같이 땅에서도 이루어지이다"(마 6:10)의 내용과 함께 시간적 의미와 차원적 의미가 모두 포함되어 있다. 즉 이 말씀 안에는 현재, 과거, 미래의 시제가 공존하며, 그 관계성과 의미는 하늘의 차원과 땅의 차원으로 접근할 때 비로소 설명될 수 있다.

24 그러므로 내가 너희에게 말하노니 **무엇이든지 기도하고 구하는 것은** 받은 줄로 믿으라 그리하면 너희에게 그대로 되리라 막 11:24

<u>"무엇이든지"</u>: 우리의 모든 필요성을 지칭하는 것이 아니라, '주 안에 거하는 우리'를 전제하고 있다. 여기서 "무엇이든지"가 의미하는 바를 온전히 이해하기 위해서는 다음의 두 구절을 함께 살펴보아야 한다. 예수님이 확실한 응답을 약속하시는 "무엇이든지"는 주의 자녀가 이 땅에 하나님나라를 이루기 위해서 필요한 "무엇이든지"이지, 육적인 삶의 욕구를 충족시키기 위한 "무엇이든지"가 아니다.

7 너희가 내 안에 거하고 내 말이 너희 안에 거하면 무엇이든지 원하는 대로 구하라 그리하면 이루리라 요 15:7

14 그를 향하여 우리가 가진 바 담대함이 이것이니 그의 뜻대로 무엇을 구하면 들으심이라 **15** 우리가 무엇이든지 구하는 바를 들으시는 줄을 안즉 우리가 그에게 구한 그것을 얻은 줄을 또한 아느니라 요일 5:14-15

<u>"기도하고 구하는 것은"</u>: 현재시제이며, 이 땅에 도래한 하나님나라에서 지금 기도하고 구한다는 의미다.

<u>"받은 줄로 믿으라"</u>: '받은'은 과거완료시제인 반면, '믿으라'는

현재시제다. 즉, 기도하고 구하는 것이 이미 하늘에서 이루어진 것을 이 땅에 도래한 하나님나라에서 현재로 믿어야 한다. 현재적 믿음을 통해서 시간, 공간, 물질을 초월한 영원의 영적 영역에서 이미 이루어진 것을 바라보아야 한다는 뜻이다.

1 믿음은 바라는 것들의 실상이요 보이지 않는 것들의 증거니 히 11:1

"그리하면 너희에게 그대로 되리라": 미래시제로 하나님의 뜻이 하늘에서 이미 이루어진(과거) 결과로 미래에 그 실체가 이 땅 위에 믿은 대로 나타난다는 것이다. 이 말씀은 이 세상의 물리법칙 안에서 어떤 일이 일어나는 것을 말하는 것이 아니다. 우리가 비록 이 땅에 거하지만 성령에 의해서 우리 자신이 하나님나라(하나님의 통치 안에 있는 자녀)가 되어 그분의 뜻대로 구할 때(즉, 그의 의를 구할 때), 이미 2천 년 전에 예수 그리스도를 통해서 이루어진 (영적 세계에 속한) 약속의 말씀이 이 땅에 실체로 현시됨으로써 하나님나라를 나타낸다는 뜻이다[이러한 관점에서 실제적 기도는 《왕의 기도》(규장)를 참고하라].

천국을 소망하는
그리스도인의 실제적인 삶

1. 육신의 죽음을 바라보는 그리스도인의 태도

매일 우리는 죽음에 대한 소식을 다양한 매체를 통해서 접하고 있다. 사고, 재난, 테러 등으로 몇 사람이 죽었다는 소식을 먼 나라 남의 이야기처럼 듣고 있다. 그리스도인들은 예수님을 믿어 영생을 누린다는 막연한 기대감 때문에 오히려 불신자들보다 죽음에 대한 실제적인 생각이나 준비가 부족한 것 같다. 그러나 우리가 겸허하게 직면해야 할 진리는 인생에는 반드시 끝이 있다는 사실이다. 인생을 가장 아름답게 살기 원한다면 이 땅에 머무는 모든 시간이 하나님의 은혜로 주어진 것이며, 그 시간은 한정되어 있다는 것을 항상 잊지 말아야 한다. 인생의 끝은 죽음이며, 생의 시작부터 우리는 그 종착점을 향해 가고 있다. 임종 무렵에서가 아니라 바로 지금 죽음에 대해서 충분히 인식하고 잘 죽기(well-dying) 위한 준비를 하며 죽음 후에 일어날 일들에 대해서도 확신을 가지고 살아야 한다. 그것이 가장 아름답고 가치 있는 삶의 조건이라고 생각한다.

> **1** 범사에 기한이 있고 천하 만사가 다 때가 있나니 **2** 날 때가 있고 죽을 때가 있으며 심을 때가 있고 심은 것을 뽑을 때가 있으며 전 3:1-2

14 내일 일을 너희가 알지 못하는도다 너희 생명이 무엇이냐 너희는 잠깐 보이다가 없어지는 안개니라 약 4:14

올바른 천국 신앙을 가지려면 먼저 인생에 끝이 있으며, 지옥도 실제로 존재한다는 것을 알아야 한다. 그런데 많은 경우 사람들은 사후의 운명에 대해서 천국에 가거나 가지 못하거나 둘 중의 하나인 것처럼 생각한다. 그러나 중간 단계는 없다. 천국 아니면 지옥일 뿐이다. 성경에는 분명히 지옥에 대한 말씀들이 많이 나와 있다.

33 뱀들아 독사의 새끼들아 너희가 어떻게 지옥의 판결을 피하겠느냐 마 23:33

4 내가 내 친구 너희에게 말하노니 몸을 죽이고 그 후에는 능히 더 못하는 자들을 두려워하지 말라 **5** 마땅히 두려워할 자를 내가 너희에게 보이리니 곧 죽인 후에 또한 지옥에 던져 넣는 권세 있는 그를 두려워하라 내가 참으로 너희에게 이르노니 그를 두려워하라 눅 12:4-5

22 나는 너희에게 이르노니 형제에게 노하는 자마다 심판을 받게 되고 형제를 대하여 라가라 하는 자는 공회에 잡혀가게 되고 미련한 놈이라 하는 자는 지옥 불에 들어가게 되리라 마 5:22

41 인자가 그 천사들을 보내리니 그들이 그 나라에서 모든 넘어지게 하는 것

과 또 불법을 행하는 자들을 거두어 내어 **42** 풀무 불에 던져 넣으리니 거기서 울며 이를 갈게 되리라 마 13:41-42

29 만일 네 오른 눈이 너로 실족하게 하거든 빼어 내버리라 네 백체 중 하나가 없어지고 온몸이 지옥에 던져지지 않는 것이 유익하며 마 5:29

지옥에 관한 가장 생생한 묘사는 부자와 나사로의 비유 속에 나타나 있다. 이 말씀을 통하여 우리는 첫째, 지옥이 존재한다는 것과 둘째, 죽음 이전(이생)의 삶이 사후의 삶을 결정한다는 것과 셋째, 죽고 난 다음에는 돌이킬 수 없다는 것을 알게 된다. 우리가 살아 있는 동안 제멋대로 사는 것은 천국과 지옥을 제대로 알지 못하기 때문이다.

19 한 부자가 있어 자색 옷과 고운 베옷을 입고 날마다 호화롭게 즐기더라 **20** 그런데 나사로라 이름하는 한 거지가 헌데투성이로 그의 대문 앞에 버려진 채 … **22** 이에 그 거지가 죽어 천사들에게 받들려 아브라함의 품에 들어가고 부자도 죽어 장사되매 **23** 그가 음부에서 고통 중에 눈을 들어 멀리 아브라함과 그의 품에 있는 나사로를 보고 **24** 불러 이르되 아버지 아브라함이여 나를 긍휼히 여기사 나사로를 보내어 그 손가락 끝에 물을 찍어 내 혀를 서늘하게 하소서 내가 이 불꽃 가운데서 괴로워하나이다 **25** 아브라함이 이르되 얘 너는 살았을 때에 좋은 것을 받았고 나사로는 고난을 받았으니 이것을 기억하라 이제 그는 여기서 위로를 받고 너는 괴로움을 받느니라 **26** 그뿐 아니라 너

희와 우리 사이에 큰 구렁텅이가 놓여 있어 여기서 너희에게 건너가고자 하되 갈 수 없고 거기서 우리에게 건너올 수도 없게 하였느니라 눅 16:19-26

2. 천국에 대한 그리스도인의 태도

지금 이 땅에서 우리가 열심히 신앙생활을 하고 있다 해도, 하늘에 있는 천국에 대해서 모두가 같은 생각을 가지고 있지는 않는 것 같다. 어떤 부류는 이 땅의 삶이 너무나 만족스럽기 때문에 천국에 대해서는 관심도 소망도 없다. 오직 이 땅에서 더 오래 사는 일에 집착한다. 다른 부류는 이 땅의 삶이 불만족스럽더라도 천국은 죽고 나서 생각해 볼 문제라고 여긴다. 또 다른 부류는 이 땅의 삶에 만족하지 못하기 때문에 (일종의 현실도피로) 오직 천국에 소망을 둔다. 모두 성령님과 동행하지 못하고 하나님나라의 진리에 대해서 알지 못하기 때문에 가지는 생각들이다.

그렇다면 그리스도인은 어떻게 올바르게 살아야 하는가?

BBFM(the bigger, the better, the faster, the more: 더 큰 것, 더 좋은 것, 더 빠른 것, 더 많은 것)의 강박 아래 분초를 다투며 성공을 지향하는 사람들에게 천국은 별천지 휴식이나 안식처 등으로만 여겨진다. 그래서 아무 일 없이 한가롭게 지내는 천국에 대해서 별로 흥미를 느끼지 못한다. 그러나 이런 사람은 천국을 전혀 모르고 있다. 자신의 처지에서 막연히 상상하는 천국이 아니라 천국의 실체를 제대로 알아야 한다.

우리에게 정말 중요한 것은 죽고 난 다음에 가는 천국에 대해서 사변적으로 논하는 것이 아니라 지금 우리와 함께하는 현재적인 하나님나라를 체험하는 것이다. 이 땅에 도래한 하나님의 통치를 삶 가운데서 누릴 때 육신의 죽음 후에 가게 되는 천국이 두려움의 대상이 아니라 오히려 새로운 소망의 대상이 된다. 이 땅의 삶 대신에 천국만을 소망하거나 육신의 죽음을 두려워하는 것이 아니라, 이 땅에 도래한 하나님나라의 삶을 온전히 누릴 때, 우리는 영원한 천국의 더 온전한 삶으로 나아가게 된다는 사실을 알아야 한다.

3 우리 주 예수 그리스도의 아버지 하나님을 찬송하리로다 그의 많으신 긍휼대로 예수 그리스도를 죽은 자 가운데서 부활하게 하심으로 말미암아 우리를 거듭나게 하사 산 소망이 있게 하시며 **4** 썩지 않고 더럽지 않고 쇠하지 아니하는 유업을 잇게 하시나니 곧 너희를 위하여 하늘에 간직하신 것이라 벧전 1:3-4

하나님나라의 복음을 제대로 체험하는 자만이 올바른 천국관을 가질 수 있다. 왜냐하면 성령 안에서 예수님이 가르쳐 주신 하나님나라의 비밀을 깨닫게 될 때, 현재 이 땅에 도래한 하나님나라에서 자신의 존재와 하늘에 있는 자신의 존재를 비로소 이해할 수 있고, 육신이 죽을 때 맞이할 천국과 새롭게 될 부활체에 대해서도 확신할 수 있기 때문이다. 이러한 내용들은 고린도후서 5장에 가장 잘 나타나 있다.

1 만일 땅에 있는 우리의 장막 집이 무너지면 하나님께서 지으신 집 곧 손으로 지은 것이 아니요 하늘에 있는 영원한 집이 우리에게 있는 줄 아느니라 2 참으로 우리가 여기 있어 탄식하며 하늘로부터 오는 우리 처소로 덧입기를 간절히 사모하노라 3 이렇게 입음은 우리가 벗은 자들로 발견되지 않으려 함이라 4 참으로 이 장막에 있는 우리가 짐진 것같이 탄식하는 것은 벗고자 함이 아니요 오히려 덧입고자 함이니 죽을 것이 생명에 삼킨 바 되게 하려 함이라 5 곧 이것을 우리에게 이루게 하시고 보증으로 성령을 우리에게 주신 이는 하나님이시니라 6 그러므로 우리가 항상 담대하여 몸으로 있을 때에는 주와 따로 있는 줄을 아노니 7 이는 우리가 믿음으로 행하고 보는 것으로 행하지 아니함이로라 8 우리가 담대하여 원하는 바는 차라리 몸을 떠나 주와 함께 있는 그것이라 9 그런즉 우리는 몸으로 있든지 떠나든지 주를 기쁘시게 하는 자가 되기를 힘쓰노라 10 이는 우리가 다 반드시 그리스도의 심판대 앞에 나타나게 되어 각각 선악간에 그 몸으로 행한 것을 따라 받으려 함이라 고후 5:1-10

"만일 땅에 있는 우리의 장막 집이 무너지면 하나님께서 지으신 집 곧 손으로 지은 것이 아니요 하늘에 있는 영원한 집이 우리에게 있는 줄 아느니라"(1절) : 땅에 있는 우리의 장막 집이 하늘에 있는 영원한 집과 비교되고 있다. 이 말씀은 고린도후서 4장 16절 이하에 나오는 겉사람과 속사람, 잠시 받는 환난의 경한 것과 크고 영원한 영광의 중한 것, 보이는 것과 보이지 않는 것의 대조와 연장선상에 있다. 이것은 육신이 있는 지금 이 땅의 삶과 죽고 난 다음 저 하늘의 삶을 비교한 것이 아니라, 지금 영이 속해 있는 하나님나라의 삶과 육이 속해 있는 이 땅의 삶을 비교한 것이다. 따라서 땅에 있는 장막 집이 무너진 다음에야 하늘에 있는 영원한 집이 마련되는 것이 아니라, 땅에 있는 유한한 장막 집이 서 있는 동안에도 우리에게 속한 하늘의 영원한 집이 있다는 말이다. 집은 우리의 존재(영혼)가 거하는 곳이라는 의미다. 장막은 덮은 것(covering) 혹은 천막(tent)으로서 지상에서의 연약하고 제한적인 육신을 비유한 것인 반면, 하늘에 있는 영원한 집은 하나님 우편에 계신 예수 그리스도와 함께하는 영의 몸을 말한다(엡 2:6). 따라서 이 땅에서 우리의 영혼은 육신에 거하지만 동시에 하나님 우편에 계신 예수 그리스도 안에 있는 영의 몸에 거하기도 한다. 이것은 성경의 다른 곳에서도 육의 몸과 영의 몸(고전 15:44), 흙에 속한 자의 형상과 하늘에 속한 이의 형상(고전 15:49), 썩을 것과 썩지 아니할 것(고전 15:53)으로 표현되고 있다.

이와 같은 해석의 신빙성을 확증해 주는 것은 "하늘에 있는 영원한 집이 우리에게 있는 줄 아느니라"에서 "(우리에게) 있는"으로 번역된 동사 '에코멘'(헬: ekomen, we have)이 직설법 현재형으로 사용되었다는 점이다. 만약 일반적으로 생각하는 것처럼 현재 육신이 죽고 다음에 부활이 있다면 당연히 미래형을 사용해야 한다. 그러나 여기에서 현재형 시제가 사용된 것은 지금 우리의 육신은 이 땅에 거하지만, 예수 그리스도 안에 거하는 자는 이미 하늘에 새생명으로 존재하고 있음을 말해 주는 것이다.

"참으로 우리가 여기 있어 탄식하며 하늘로부터 오는 우리 처소로 덧입기를 간절히 사모하노라"(2절): 비록 우리가 육신의 몸으로 이 땅에 거하고 있지만 하나님의 생명에 온전히 사로잡히기를 간절히 사모한다는 뜻이다. 즉, 구원받은 우리의 심령 안에 성령님이 함께하시지만 그분께서 우리의 혼과 육까지도 통치하시기에 이 땅에 도래한 하나님의 통치 안에서 온전히 하나님의 자녀가 되는 삶을 갈망한다는 뜻이다.

13 너희가 육신대로 살면 반드시 죽을 것이로되 영으로써 몸의 행실을 죽이면 살리니 롬 8:13

23 그뿐 아니라 또한 우리 곧 성령의 처음 익은 열매를 받은 우리까지도 속으로 탄식하여 양자 될 것 **곧 우리 몸의 속량을 기다리느니라** 롬 8:23

"이렇게 입음은 우리가 벗은 자들로 발견되지 않으려 함이라"(3절) : 타락 전 우리는 하나님 영광의 옷을 입은 자들이었다. 그러나 우리는 죄를 지음으로써 무화과 나뭇잎으로 자신을 가릴 수밖에 없는 존재로 전락했다. 예수 그리스도를 믿는 우리는 육신이 다시 하나님의 영에 의해서 통치받게 됨으로써 새로운 의의 옷을 입게 되었다. 따라서 우리가 다른 사람들에게 자신의 육체와 마음이 원하는 대로 사는 자로 발견되지 않기를 원한다는 뜻이다.

"참으로 이 장막에 있는 우리가 짐진 것같이 탄식하는 것은 벗고자 함이 아니요 오히려 덧입고자 함이니 죽을 것이 생명에 삼킨 바 되게 하려 함이라"(4절) : 이 말씀은 우리의 육신이 부담스럽기 때문에 영적인 영원한 것만을 추구하고자 하는 영지주의적 사고방식을 대변하는 것이 아니라, 비록 죽을 수밖에 없는 몸이지만 그것이 하나님의 생명에 사로잡히게 될 때 이미 이 땅에서도 주의 뜻을 나타내는 통로로 쓰임 받을 수 있음을 알려 준다. 그것은 오직 예수 그리스도 안에 있을 때만 가능한 것이다.

54 이 썩을 것이 썩지 아니함을 입고 이 죽을 것이 죽지 아니함을 입을 때에는 사망을 삼키고 이기리라고 기록된 말씀이 이루어지리라 고전 15:54

"곧 이것을 우리에게 이루게 하시고 보증으로 성령을 우리에게 주신 이는 하나님이시니라"(5절) : 성령님이 우리 영 안에만 계시는 것이 아니라, 우리의 혼과 육을 통치하심으로 인하여 우리는 우리가 이 땅에 거하는 동안에도 영적 세계(천국)에는 부활의 몸이 있다는 것과 육신의 몸이 죽은 뒤에는 그 삶이 계속된다는 것을 알고 있다는 것이다.

11 예수를 죽은 자 가운데서 살리신 이의 영이 너희 안에 거하시면 그리스도 예수를 죽은 자 가운데서 살리신 이가 너희 안에 거하시는 그의 영으로 말미

암아 너희 죽을 몸도 살리시리라 롬 8:11

"그러므로 우리가 항상 담대하여 몸으로 있을 때에는 주와 따로 있는 줄을 아노니"(6절) : 우리가 항상 담대할 수 있는 이유는 우리 안에 계신 예수 그리스도와 그 함께하심을 증거하시는 성령님 때문이다. 그럼에도 불구하고 우리는 현재 본국(천국)에서 파송되어 이 땅에서 대사로서 임무를 수행하고 있기 때문에 본국에 있는 것처럼 주와 함께 거할 수는 없다. 이것은 교제의 단절을 의미하는 것이 아니라, 육체의 한계를 지적하는 말이다.

"이는 우리가 믿음으로 행하고 보는 것으로 행하지 아니함이로라"(7절) : 우리가 육신의 오감에 묶여 판단하거나 행하지 않고, 오직 믿음으로 행할 수 있는 이유는 바로 앞 절에서 말한 바와 같이 우리의 존재가 이 땅뿐만 아니라 천국에 있으며, 우리는 그 천국의 것을 덧입음으로 인하여 이 땅에 주의 뜻을 이루는 삶을 살아야 하기 때문이다. 하나님 자녀의 삶은 이 땅에서 이 땅의 법칙을 이루고자 하는 것이 아니라, 하나님의 뜻이 하늘에서 이루어진 것처럼 이 땅에서 이루어지도록 하는 삶이다. 이 삶을 위해서 필요한 것이 바로 믿음이다(히 11:1).

24 우리가 소망으로 구원을 얻었으매 보이는 소망이 소망이 아니니 보는 것

을 누가 바라리요 롬 8:24

"우리가 담대하여 원하는 바는 차라리 몸을 떠나 주와 함께 있는 그것이라"(8절) : 6절의 "그러므로 우리가 항상 담대하여"가 비록 우리 육신은 땅에 거하지만 우리의 새생명적 존재가 하늘에 동일하게 존재하는 것을 알기 때문에 담대한 것이라면, 여기서 "담대하여"라는 말은 우리 육신이 지금 죽는다 할지라도 조금도 두려움이 없다는 뜻이다. 이러한 진술은 죽음 후의 삶이 무엇인지를 아는 자 그리고 새로운 부활체로서 주님과 함께 교제하는 즐거움이 무엇인지를 아는 자만이 할 수 있는 고백이다. 바로 이것이 우리가 가져야 할 죽음에 대한 바람직한 태도이고, 올바른 천국관이다.

21 이는 내게 사는 것이 그리스도니 죽는 것도 유익함이라 빌 1:21

23 내가 그 둘 사이에 끼었으니 차라리 세상을 떠나서 그리스도와 함께 있는 것이 훨씬 더 좋은 일이라 그렇게 하고 싶으나 빌 1:23

"그런즉 우리는 몸으로 있든지 떠나든지 주를 기쁘시게 하는 자가 되기를 힘쓰노라"(9절) : 비록 지금 몸 안에서 제한된 삶을 살고 있지만 자신의 존재가 하늘에 속하고 본향이 하늘에 있음을 아는 자는 언제든 주님과 함께 있고 싶은 열망을 가지고 있다. 그러나 그분이 이 땅에 자신을 보내신 뜻을 알기 때문에 육신 안에 있을 때도 주를 기쁘시게 하는 자가 되기에 전념하고, 육신을 벗어버린 후에도 주를 기쁘시게 하는 자가 되기를 힘쓴다는 것이다. 이것이 바로 하나님 자녀의 삶의 목적과 존재 이유다. 우리는 이 삶을 위해서 지은 바 되었다.

"이는 우리가 다 반드시 그리스도의 심판대 앞에 나타나게 되어 각각 선악간에 그 몸으로 행한 것을 따라 받으려 함이라"(10절) : 구속받은 우리 모두의 삶의 결과는 성부 하나님의 위임을 받으신 그리스도의 심판대 앞에서 드러날 것이다. 이 심판은 불신자를 위한 정죄의 심판이 아니라 그리스도인들이 주와 따로 거하는 시간(이 땅에서 몸에 거하는 시기) 동안 주의 뜻을 행한 것에 대한 상급의 심판이다. 그것은 우리의 죽을 육신이 얼마나 생명에 삼킨 바 되었는지, 주님의 아름다운 덕을 얼마나 선전했는지, 새생명 가운데 얼마나 행했는지, 주의 선한 일에 얼마나 열심을 내었는지에 대한 심판일 것이다. 이 땅에 도래한 하나님나라의 삶을 온전히 경험하는 만큼 우리는 천국에 대한 올바른 소망을 가질 수 있다. 우리는 이 땅에 도래한 하나님나라에서 천국의 실체를 경험하며 주의 재림을 준비하는 소명의 삶을 살아야 한다.

3. 천국의 소망을 가진 자의 실제적 삶

그렇다면 이 땅에서 하나님의 자녀된 자들은 실제로 어떤 삶을 살아야 하는가? 두 가지의 비유를 들어 설명해 보자.

첫째, 우리는 생중계가 아니라 녹화 방송을 보는 삶을 살아야 한다.

예를 들어, TV 앞에 앉아서 한국과 일본의 축구경기를 생중계로 보고 있다고 생각해 보라. 심장이 벌떡벌떡 뛰고, 우리나라 선수 중 누군가가 골대 앞에서 실수를 하면 육두문자와 손가락질, 선수 개인뿐만 아니라 감독과 우리나라 축구의 과거와 미래에 대한 온갖 거친 말이 쏟아져 나올 것이다. 거기다 한 골을 먹으면, 흥분하여 피가 머리에 몰리고, 분노에 사로잡히고, 온몸의 신경이 곤두서게 될 것이다.

그러나 같은 경기를 생중계가 아닌 녹화된 방송으로 본다면 어떨까? 한일전에서 우리가 3:1로 이미 이겼다고 가정해 보자. 그렇다면 경기 중에 먼저 우리 팀이 한 골을 먹든 우리 선수 중 누가 실수를 하든 전혀 개의치 않는다. 왜냐하면 이미 승리라는 결과를 알고 있기 때문이다. 십자가 위에서 예수님이 다 이루었다고 말씀하셨다. 그렇다. 우리 인생도 마찬가지다. 우리는 이미 이 육신이 있는 가운데서 예수 그리스도로 말미암아 영생을 얻은 자다.

4 자녀들아 너희는 하나님께 속하였고 또 그들을 이기었나니 이는 너희 안에 계신 이가 세상에 있는 자보다 크심이라 요일 4:4

4 무릇 하나님께로부터 난 자마다 세상을 이기느니라 세상을 이기는 승리는 이것이니 우리의 믿음이니라 **5** 예수께서 하나님의 아들이심을 믿는 자가 아니면 세상을 이기는 자가 누구냐 요일 5:4-5

우리는 매일의 삶 속에서 처리하기 힘들고, 하기 싫고, 두려운 일들과 맞닥뜨린다. 그럴 때마다 우리의 마음은 세상, 관계, 물질, 과거의 상처 등에 묶여 일희일비하게 된다. 그러나 우리는 이미 승리한 삶을 살고 있기 때문에 비록 그러한 일들이 있더라도 그것에 우리의 마음이 묶여서는 안 된다. 우리는 마음을 하나님나라에 존재하는 진리의 말씀에 일치시킴으로써 주의 뜻을 이루어 가는 승리자의 삶을 살아야 한다.

14 그러나 내게는 우리 주 예수 그리스도의 십자가 외에 결코 자랑할 것이 없으니 그리스도로 말미암아 세상이 나를 대하여 십자가에 못 박히고 내가 또한 세상을 대하여 그러하니라 갈 6:14

둘째, 현실을 꿈처럼 여기며 살아야 한다.

언젠가 어떤 책에서 톨스토이의 말을 인용하여 "우리 인생은 마치 절벽 위에서 외줄을 타고 내려와서 절벽 중간에 있는 꿀통에서 꿀을 빼먹고 있는데, 밑에는 악어가 입을 벌리고 있고, 위에는 이리가 왔다갔다하며, 두더지가 와서 밧줄을 이빨로 갉아먹고 있는 것과 같다"고 했다. 상당히 그럴듯하게 느껴졌다. 그 당시 나는 이 문제에서 어떻게 벗어날 수 있을까 하고 아무리 생각해도 길이 보이지 않았다. 그래서 하나님께 여쭈어 보았다. "우리 인생이 이렇다면 어떻게 해야 됩니까?" 가만히 묵상하고 있는데 내면에서 "꿈에서 깨면 되지"라는 감동이 밀려왔다. 하나님이 대단히 유머러스한 분이라는 것은 잘 알고 있지만, 기가 막혔다. "주님! 지금 꿈 이야기가 아니라 현실 이야기를 하고 있는 게 아닙니까?"라고 되물었다. 그때 하나님께서는 "하나님나라로 들어가면 꿈에서 깨게 된단다"라고 말씀하셨다. 차원이 다른 삶에 대해서 말씀하신 것이다.

우리는 늘 이 현실 세계에서 탈출을 꿈꾼다. 그러나 진정한 하나님나라의 삶은 이 땅에서 도피하는 것이 아니라, 본향인 하나님나라에서 이 땅으로 들어와 사는 것이다. 이 땅의 삶을 꿈이라고 생각해 보라. 이것은 현실을 부인하라는 말이 아니다. 비록 이 땅에 살고 있지만, 우리는 전혀 차원이 다른 하나님나라에 속해 있음을 알아야 한다는 것이다. 육신에 묶인 삶이 아니라 영적인 삶에서 새로운 육체를 경험하라는 것이다. 이 진리에 대해 가장 잘 설명하는 성경말씀이 골로새서 3장 1-3절이다.

> **1** 그러므로 너희가 그리스도와 함께 다시 살리심을 받았으면 위의 것을 찾으라 거기는 그리스도께서 하나님 우편에 앉아 계시느니라 **2** 위의 것을 생각하고 땅의 것을 생각하지 말라 **3** 이는 너희가 죽었고 너희 생명이 그리스도와

함께 하나님 안에 감추어졌음이라 골 3:1-3

"그러므로 너희가 그리스도와 함께 다시 살리심을 받았으면"(1절) : 성령체험을 통해서 내가 하나님의 자녀이며 그리스도의 영에 의해서 인도하심을 받는 것을 경험했다면 죄에 대해서, 세상에 대해서, 초등학문에 대해서 죽은 자이기 때문에 이제는 더 이상 지금의 현실에 묶이지 말고 하늘에 속한 것을 열정적으로 구하라는 뜻이다.

"그리스도께서 하나님 우편에 앉아 계시느니라"(1절) : 히브리어의 관용적인 표현에 따르면 우편은 능력을 의미한다(오른손은 검이나 창 같은 공격용 무기를 잡고 적을 무찌르는 능력의 손이다). 따라서 하나님은 부활 승천하신 예수님으로 하여금 사망 권세를 이기게 하시고, 시공간을 초월하여 우주를 통치하시는 능력으로 예수님과 함께하신다는 뜻이다.

"위의 것을 찾으라… 위의 것을 생각하고"(1-2절) : 처음에는 "위의 것을 찾으라"고 하셨지만, 다음에는 그것을 구하기 위해서 먼저 "위의 것을 생각하라"고 말씀하신다. 땅의 것이 없다고 부정하라는 말이 아니라, 땅의 것이 있지만 우리의 생각이 그것에 묶이지 말고 하늘의 것을 생각하라는 것이다. 이 말씀은 관점의 변화를 일으키라는 도전이다. 이제는 하늘의 것을 생각함으로써 하늘의 것이 이 땅에 이루어지도록 하라는 말이지, 오직 기도함으로써 세상 삶으로부터 분리되어 살라는 것이 아니다.

다른 종교에서도 위의 것을 찾는 일을 행하고 있다. 이 땅의 삶이 허무함을 알고 이 세상에서 벗어나 영적인 것을 추구하는 행위들을 말함이다. 그러나 우리가 위의 것을 찾는다는 것은 바로 위에 계신 그리스도 안에서 찾는 것이다. 즉, 그리스도 안에서 주의 말씀을 구하는 것이다. 우리가 하나님의 자녀로서 하나님나라의 삶을 산다면, 삶에서 그분의 능력이 나타나지 않을 때 당신은 궁금해 해야 한다. "왜 하나님은 나를 통하여 그분의 뜻을 이루시지 않는 것일까?"

올바른 천국관은 무엇인가?

정통 교단에서는 천국신학에 대한 충분한 연구가 없었기 때문에 지금은 이단들이 자기들의 천국신학을 주장하고 있는 형편이다. 기존의 전통 보수 진영은 올바른 천국신앙에 대한 가이드라인 없이 주로 이단의 천국신학을 비판하고 부정하거나 양 무리가 그들에게 잡혀 갈까 걱정만 하고 있다. 하나님나라에 대한 올바른 가르침이 절실히 필요한 때다. 진짜가 진짜에 대해 말하지 않기 때문에 온갖 가짜(이단)들이 그릇된 천국신학을 주장하여 많은 그리스도인들을 유혹하고 있다. 또 최근 들어 천국 방문 체험에 대한 간증 서적이 쏟아져 나오고 있는 것에 주목해야 한다. 천국의 존재에 대해서는 예수 그리스도의 죽으심과 부활 사건을 통해서 그리고 성경 말씀을 통해서 이미 확실히 알고 있어야 함에도 불구하고, 천국 방문자들의 간증을 통해서 '죽고 난 다음에 가는 천국 혹은 지옥이 정말 있구나'라고 생각하게 된다는 것은 매우 아이러니한 일이다.

43 예수께서 이르시되 내가 진실로 네게 이르노니 오늘 네가 나와 함께 낙원에 있으리라 하시니라 눅 23:43

8 우리가 담대하여 원하는 바는 차라리 몸을 떠나 주와 함께 있는 그것이라 고후 5:8

1 무익하나마 내가 부득불 자랑하노니 주의 환상과 계시를 말하리라 **2** 내가 그리스도 안에 있는 한 사람을 아노니 그는 십사 년 전에 셋째 하늘에 이끌려 간 자라 (그가 몸 안에 있었는지 몸 밖에 있었는지 나는 모르거니와 하나님은 아시느니라) **3** 내가 이런 사람을 아노니 (그가 몸 안에 있었는지 몸 밖에 있었는지 나는 모르거니와 하나님은 아시느니라) **4** 그가 낙원으로 이끌려 가서 말로 표현할 수 없는 말을 들었으니 사람이 가히 이르지 못할 말이로다 고후 12:1-4

이렇게 된 데는 지금까지 우리가 배워 온 천국관이 너무나 추상적이고 관념적이기 때문이다. 예를 들어, 부모와 자식을 잃은 사람에게 '죽고 나면 가게 되는 아주 좋은 천국이 있다'라는 소망은 그다지 실제적이지 않고 도움도 되지 못한다. 그들은 죽은 다음 나 혹은 나의 사랑하는 가족에게 실제로 무슨 일이 벌어지는지를 알고 싶어 한다. 그래서 최근 다양한 천국 체험 관련 책들이 상당한 영향을 미치는 것 같다.

천국 체험에 관한 책들은 분명히 좋은 영향을 미치지만 다수의 간증 서적들에는 몇 가지 우려스러운 면이 있다. 첫째, 간증자들이 자신들의 체험을 천국의 전부인 것처럼 묘사하고 있다는 점이다. 그러나 그들이 경험한 천국은 그 사람의 신앙, 삶, 직업, 결핍에 따라 다르게 그리고 개인마다 특별하게 묘사되는 것을 알 수 있다. 둘째, 이러한 체험 간증은 일반 성도들로 하여금 현실을 무시한 내세 도피적인 신앙관을 가지게 할 수 있다. 현실의 삶을 도외시한 채 마치 입신과 천국 방문이 영적 성숙의 결과인 것처럼 비치게 하는 체험 신앙은 자칫 신비주의에 빠지게 할 수도 있다. 셋째, 천국은 바로 이 땅에 오신 예수 그리스도의 죽으심과 부활하심 그리고 우리의 믿음에 의해서 이루어진 것인데, 마치 천국을 어떤 특별한 신적인 부르심에 의해서만 가는 곳인 것처럼 오해할 수 있다. 사랑, 평강, 아름다움으로 가득한 천국 체험이라 할지라도 복음에 기초하지 않은 천국 체험은 매우 위험한 것임을 알아야 한다.

천국은 지금 육신으로 살고 있는 우리에게 구원의 확증이 되어야지 사후 세계에 대한 별개의 체험이 되어서는 안 된다. 구원은 오직 복음에 근거한 믿음으로 말미암아 이루어지는 것이지 신비한 체험으로 확증되어야 하는 것은 아니다.

지금이야말로 우리가 올바른 성경적 천국시민 의식을 가져야 할 때다. 천국은 믿는 자가 육신의 장막을 벗고 난 다음 가는 곳만이 아니라 영원하신 하나님이 계신 곳이며, 우리가 예수 그리스도 안에 있을 때 이미 우리가 거하고 있는 곳이기도 하다. 우리는 이 땅에서 예수님을 대표하며 그분의 뜻을 이루는 대사들이다. 우리는 현재적 믿음을 통하여 하늘에 계신 예수님의 생명이 우리 안에서 역사하여 그분의 뜻을 나타내도록 하는 존재다. 따라서 우리는 오직 예수의 생명에 기초한 신앙생활을 해야 하며, 무엇을 하든 어디를 가든 그분의 임재 가운데서 살아야 한다.

올바른 천국관을 가질 때 우리는,

첫째, 세월을 아낄 줄 안다. 자신을 위한 삶이 아니라 하나님을 나타내는 삶을 살기 때문이다.

둘째, 이 땅의 것에 집착하지 않게 된다. 더 가치 있는 것을 소유하고 있기 때문이다.

셋째, 육신의 장막을 벗는 것을 두려워하지 않는다. 몸의 부활을 알고 있기 때문이다.

에필로그
이 시대에
절대적으로 필요한
하나님나라의 복음

　아직 많은 인생을 경험한 것은 아니지만 시간이 지나면 지날수록 세상이 더 어두워져 감을 느낀다. 사탄이 자신의 뜻대로 한 사람이라도 더 구원받지 못하게 하기 때문이다. 모든 시대에 걸쳐 그리스도인의 관심은 '나는 지금 이 땅에서 어떤 삶을 살아야 하는가?'에 있다고 해도 과언이 아닐 것이다. 이 책을 쓰게 된 궁극적인 동기도 이것으로부터 잉태되었다. 그리고 괴로운 입덧과 산고 끝에 마침내 출산하게 되었다.

　하나님이 안 계시다는 것을 증명하기 위해 신앙생활을 시작한 내가 마침내 지금의 사역을 하기까지 내 마음에 가장 큰 영향을 미쳤고 지금도 미치고 있는 것이 있다. 첫째는 성경의 말씀이 진리라고 믿는다면 현재 그 진리에 따른 실체가 경험되지 않을지라도 말씀을 진리로 인정해야지 인간 수준의 신학이나 경험으로 왜곡시키거나 변질시키지 말아야 한다는 것이다. 둘째는 그렇다면 왜 지금은 그 말씀대로 이루어지지 않거나 말씀의 실체를 경험하지 못하는가에 대하여 하나님과 독대하여 질문하는 일이었다. 지금도 늘 "하나님! 왜 그렇습니까? 말씀은 진리인데 제가 무엇을 제대로 알지 못하고 있는 것입니까?"라고 기도한다.

그 결과로 하나님이 나에게 베푸신 은혜가 바로 킹덤 멘털리티(kingdom mentality)라고 여겨진다. 자신의 현실에서 주님을 바라보는 것이 아니라 주 안에서 자신의 현실을 바라보고, 타락 후의 삶에서 타락 전의 삶을 바라보는 것이 아니라 타락 전의 삶에서 타락 후의 삶을 바라보는 것, 이 땅에서 하늘을 바라보는 것이 아니라 하늘나라에서 이 땅을 바라보는 것, 문제에 대해서 내가 무엇을 어떻게 해야 하는가로 접근하는 것이 아니라 먼저 내가 누구인가로 시작해서 하나님의 뜻을 이루는 방식으로 접근하는 것을 말한다.

이러한 관점에서 볼 때 오늘날 우리가 직면하고 있는 복음과 교회와 신앙생활 그리고 세상의 다양한 문제들은 근원적으로 예수님이 말씀하신 하나님나라의 복음으로 돌아가지 않기 때문이라고 판단된다. 그리고 설령 하나님나라를 이해한다 하더라도 그 하나님나라의 복음을 선포할 수 없게 된 원인은 바로 우리가 성령 하나님을 제대로 알지 못하며, 그분과 교제하는 것이 교묘하게 방해받고 있기 때문이다. 삼위일체 하나님과 공히 온전하게 교제하지 못하게 하는 것은 마귀의 가장 교묘한 전략이기도 하다.

그와 더불어 우리는 오랫동안 여러 가지 이유들로 삼위 하나님 중 성령 하나님과의 교제를 소극적으로 해왔거나 심지어는 교묘하게 거부해 왔다. 그것은 우리의 혼과 육이 성령의 통치를 받아야 한다는 것에 무지했거나 혹은 교만해서 통치받고 싶어 하지 않았기 때문일 수도 있다. 그러나 성령 하나님의 인도함을 받을 때 우리는 비로소 하나님나라와 복음이 두 가지가 아니라 하나라는 사실을 알게 된다. 그 결과 성령과 말씀은 분리시킬 수 없는 생명적 진리이며, 진리를 추구하는 것과 진리를 실제 삶에 적용하는 것이 동일하게 귀한 것이고, 교회 없는 세상도 세상 없는 교회도 있을 수 없다는 사실을 체험하게 된다.

나는 이 책이 하나님나라의 복음을 신학적이나 개념적으로 소개하는 데 그치지 않고, 그의 나라와 의를 구함으로써 실제적인 하나님나라의 삶을 사는 데 도움을 주고자 했다. 그런 측면에서 우선 나 자신은 하나님나라의 삶을 얼마나 살고 있는가에 대한 질문을 스스로 던지곤 한다. 그럴 때면 담대함이나 자랑스러움보다는 부끄러움이 앞선다. 그럼에도 불구하고 성령과 말씀을 통하여 그 나라의 실체를 조금이나마 보았고 경험했기 때문에 오직 그 은혜에 감사할 따름이다. 어쩌면 이 책은 실제적 하나님나라의 삶을 갈망하던 많은 독자들을 감질(疳疾)나게 할 뿐 아니라 더 많은 의문을 제기하는 촉매제 역할을 할지도 모르겠다. 그러나 지금 이 시대에 절대적으로 필요한 것이 바로 하나님나라의 복음이라는 사실에 동의한다면, 열린 마음으로 사도행전 29장을 써 내려가며 주의 뜻을 이루어 가는 데 이 책이 조금이나마 기여할 것이라고 생각한다. 이 책을 시작으로 하나님나라의 실제적인 삶에 대한 더 많은 비밀들이 풀어지고 증거되며, 하나님나라의 현재적 삶과 더불어 천국에 대한 소망을 동시에 가지는 그리스도인들이 폭발적으로 늘어나기를 간절히 기도한다. 그리고 수많은 목회자와 선교사 그리고 신앙 선배들의 피와 땀으로 세상에 우뚝 선 교회가 이제 패러다임의 변화를 통하여 세상을 하나님나라로 변화시키는 굳건한 전초기지가 되기를 간절히 소망한다. 교회가 세상을 아름답게 이끌어 가는 모습을 정말 보고 싶다!

하나님나라의 복음이 온전하게 선포되지 않으면, 시간이 흐를수록 예수 그리스도 없이 성령에 기초한 신앙은 신비주의로 가게 될 것이며, 반면에 성령님에 의지함 없이 예수 그리스도에 기초한 신앙은 율법주의로 가게 될 것이다. 한편, 헬라적인 이원론적인 관점에 기초한 신앙은 영지주의로 흐르게 될 것이고, 인본주의에 기초한 신앙은 자신의 만족과 기쁨을 추구하는 도덕적, 심리요법적 뉴에이지로 흐르게 될 것이다.

이제 교회는 다시 하나님나라의 복음으로 돌아가야 한다. 우리를 기다리시는 아버지께 돌아가서 자녀로서 정체성을 회복하고 그분의 유업을 이어받아야 한다. 또한 우리는 이제 아버지의 자녀로서, 우리에게 맡기신 이 세상에 대한 책임의식을 가져야 한다. 할렐루야!

참고문헌

《4영리에 대하여 들어 보셨습니까?》 한국대학생선교회
《구원이란 무엇인가?》, 김세윤, 두란노아카데미, 2009
《그리스도 없는 기독교》, 마이클 호튼, 부흥과 개혁사, 2009
《기름 부으심이 넘치는 치유와 권능》, 손기철, 두란노, 2011
《땅 위에 임한 하나님의 나라》, 앨런 빈센트, 서로사랑, 2010
《복음과 하나님의 나라》, 그레엄 골즈워디, 성서유니온선교회, 2006
《복음주의 조직신학》, 밀라드 J 에릭슨, 크리스챤다이제스트, 2005
《복음이란 무엇인가?》, 김세윤, 두란노아카데미, 2009
《성령과 하나님나라》, 오순절신학연구소, 복음신학대학원대학교 출판부, 2011
《예수와 하나님나라》, 비슬리-머리, 크리스챤다이제스트, 2002
《예수의 가르침 속에 나타난 하나님의 나라》, 노먼 페린, 도서출판 솔로몬, 2002
《옥스퍼드 원어성경대전(신구약)》, 제자원(바이블 네트), 2006
《이교에 물든 기독교》, 프랭크 바이올라 · 조지바나(공저), 도서출판 대장간, 2011
《이스라엘 고난과 회복》, 오화평, 베드로서원, 2009
《잃어버린 복음》, 월터 챈트리, 규장, 2010
《조직신학》, 스탠리 그렌츠, 크리스챤다이제스트, 2003
《조직신학개론》, 밀라드 J. 에릭슨, 기독교문서선교회, 2001
《조직신학(하)》, 웨인 그루뎀, 은성, 2004
《천국을 준비했는가?》, 리처드 백스터, 규장, 2008
《천국의 발견》, 마일즈 먼로, 좋은 씨앗, 2006
《하나님나라》, 조지 앨든 래드, 크리스챤다이제스트, 2005
《하나님나라 어떻게 이해할 것인가?》, 양용의, 성서유니온선교회, 2008

《하나님나라》, 헤르만 리델보스, 도서출판 엠마오, 1989
《하나님나라》, 마틴 로이드 존스, 복있는사람, 2008
《하나님나라》, 박철수, 도서출판 대장간, 2009
《하나님나라 관점으로 성경 꿰뚫기》, 보언 로버츠, 규장, 2007
《하나님나라에 관한 중요한 문제들》, 조지 앨든 래드, 성광문화사, 1998
《하나님의 나라, 교회 그리고 세상》, 하워드 A. 스나이더, 드림북, 2007
《하나님나라의 복음》, 조지 앨든 래드, 서로사랑, 2002
《하나님나라의 원리들》, 마일스 먼로, 쉐키나 출판사, 2010
《헤븐》, 랜디 알콘, 요단, 2006

말씀과 성령님의 만지심

헤븐리터치

www.heavenlytouch.kr

HTM은 'Heavenly Touch Ministry'의 약어로 '하나님나라의 도래'와 '천국으로의 침노'를 지칭합니다. 우리는 회개함으로 구원을 받고, 우리 안에 계신 그리스도의 영으로 말미암아 하나님의 나라와 그 백성의 삶, 즉 하나님의 아름다운 덕을 나타내는 삶을 살아야 합니다. HTM은 말씀과 치유로 그 하나님나라를 경험할 수 있는 집회와 하나님나라를 세워갈 킹덤빌더들을 세우는 각종 훈련프로그램으로 교회와 성도들을 섬기는 사역단체입니다.

● HTM은 사단법인 한국독립교회 및 선교단체연합회에 소속된 선교단체입니다.

손기철 장로가 매주 인도하는
월요말씀치유집회

장소 | 선한목자교회 본당 (지하철 8호선 복정역 2번 출구)
일시 | 매주 월요일 저녁 7시 30분

* HTM 센터가 마련되어도 월요말씀치유집회는 선한목자교회에서 계속됩니다. 단, 천재지변이나 특별한 이유로 장소와 시간이 변경될 수도 있으니 꼭 홈페이지에서 확인하세요. 1년 중 1월과 8월은 해외 집회 관계로 집회가 없습니다.

HTM 홈페이지 안내
www.heavenlytouch.kr

HTM 홈페이지에서는 HTM의 모든 집회, 교육, 사역 안내와 손기철 장로의 말씀 영상을 볼 수 있으며, HTM 집회와 도서와 동영상 등을 통해 치유를 경험한 성도님들의 치유간증을 실시간으로 볼 수 있습니다.

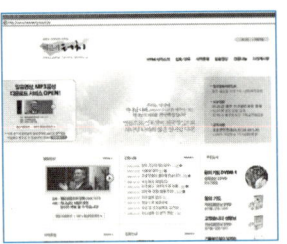

갓피플 닷컴 집회 영상,
MP3 다운로드 서비스 (유료)
htm.Godpeople.com

HTM 집회 동영상과 손기철 장로의 말씀을 언제 어디서나 듣기 원하는 분들을 위해 집회 영상, MP3 유료 다운로드 서비스를 제공합니다. PC, 개인용 동영상 플레이어(PMP), MP3 플레이어로 보고 들을 수 있습니다.

HTM 센터의 모습

'HTM 센터'가 당신을 기다립니다.

● 헤븐리터치미니스트리센터(HTM 센터) 위치 서울시 강남구 청담동 5-25번지 휴먼스타빌 2F, 3F

HTM 센터는 삶의 현장에서 모든 사람들이 하나님나라를 목도하고 침노할 수 있도록 먼저 하나님을 경배하고 각종 스쿨을 개최하며 하나님나라를 확장해나갈 터전이 될 것입니다. 이제 이 센터의 효율적인 운영과 영적 전쟁을 위한 동반자가 필요합니다.

HTM 동역을 위한 HTM 파트너를 모십니다!

하나님나라의 복음을 전하는 HTM의 비전과 사역을 위해 기도해주시고, 성령님께서 허락하신 이 공간이 잘 운영되고 활용될 수 있도록 HTM 파트너가 되어주십시오!

● **HTM 파트너에게 드리는 혜택**
  - * 매달 HTM 월간 소식지 발송
  - * HTM 각종 스쿨 및 세미나 등록 시 할인 혜택
  - * 매달 말씀 CD와 집회영상 DVD 증정
  - * 파트너스 컨퍼런스 초대

● **HTM 파트너가 되는 방법**
  HTM 홈페이지 참조 및 전화 문의
  핸드폰(사무국장) 010-2450-8681 이메일 htm0691@naver.com
  전화 02-576-0153 팩스 02-447-2039

● **HTM 파트너가 아니더라도 일회적으로 후원하실 경우 아래의 후원계좌를 이용해주십시오.**
  후원계좌 787201-04-069305 국민은행 | 헤븐리터치(후원)
  HTM 센터를 위해 헌금하신 분께는 연말정산(환급)용 기부금영수증을 발급해드립니다.

"월요말씀치유집회는 선한목자교회에서 열립니다!!"

HTM 센터에서는 주중의 HTM 스쿨과 기도회 등의 중소 규모 집회나 기타 센터 운영 목적에 맞는 행사들이 개최되고 있습니다. 월요말씀치유집회는 현재와 같이 선한목자교회에서 계속 열리고 있으니 착오 없으시기 바랍니다.

헤븐리터치

www.heavenlytouch.kr GODpeople 검색창에 헤븐리터치 검색
twitter twitter.com/htm0691